Jutta Rosenkranz
Mascha Kaléko

Mascha Kaléko (1907–1975) wurde um 1930 in Berlin als Autorin bekannt; sie gehörte zur künstlerischen Boheme und verkehrte im berühmten »Romanischen Café«. Sie schrieb Gedichte und Prosastücke für die ›Vossische Zeitung‹ sowie Chansons und Texte für das Kabarett. Die ersten Gedichtbände ›Das lyrische Stenogrammheft‹ (1933) und ›Kleines Lesebuch für Große‹ (1934) fanden einen breiten Leserkreis. Doch 1935 erhielt Mascha Kaléko Berufsverbot, 1938 emigrierte sie mit ihrer Familie nach New York. 1959 zog sie mit ihrem Mann nach Israel. Auf Vortrags- und Lesereisen besuchte sie regelmäßig Europa, auch Deutschland, und fand mit ihren spielerisch-eleganten, spöttisch-scharfsichtigen Texten wieder ein großes Publikum. Jutta Rosenkranz hat die erste umfassende Biografie Mascha Kalékos 2007 veröffentlicht; in die vorliegende Ausgabe hat sie neues Material eingearbeitet und insbesondere Zeittafel und Literaturverzeichnis aktualisiert und erweitert.

Jutta Rosenkranz, geboren 1957 in Berlin, studierte Germanistik und Romanistik und lebt als Autorin und Journalistin in Berlin. Sie hat Gedichte, Prosa und literarische Essays veröffentlicht, zahlreiche Autoren-Porträts und Features für den Hörfunk geschrieben und mehrere Lyrik-Anthologien herausgegeben. Sie ist Kuratorin der Ausstellung ›Mascha Kaléko – Mein Heimweh hieß Savignyplatz‹ (Literaturhaus Berlin, 2007; Fernuniversität Hagen, 2008) und Herausgeberin der kommentierten Mascha-Kaléko-Gesamtausgabe (Werke und Briefe) in der dtv Verlagsgesellschaft (2012). 2014 erschien ihr Buch ›Zeile für Zeile mein Paradies‹ – Bedeutende Schriftstellerinnen. 18 Porträts; 2016 »Eines jeden Glück – Mit Virginia Woolf durch den Garten«.

Jutta Rosenkranz

Mascha Kaléko

Biografie

dtv

MIX
Papier | Fördert gute Waldnutzung
FSC® C083411

Aktualisierte und erweiterte Taschenbuchausgabe 2012
10. Auflage 2025

Tumblingerstraße 21, 80337 München
produktsicherheit@dtv.de

Umschlagkonzept: Balk & Brumshagen
Umschlagfoto: Nina von Jaanson
Satz: Greiner & Reichel, Köln
Druck und Bindung: CPI books GmbH, Leck
Printed in Germany · ISBN 978-3-423-34671-9

INHALT

PROLOG

»Vor meinem eignen Tod ist mir nicht bang, / Nur vor dem Tode derer, die mir nah sind. / Wie soll ich leben, wenn sie nicht mehr da sind? (...) Bedenkt: den eignen Tod, den stirbt man nur, / Doch mit dem Tod der andern muß man leben.« Diese Zeilen, die ich im September 1975 in einer Zeitung entdeckte, haben mich berührt und neugierig gemacht. ›Memento‹ war das erste Gedicht, das ich von Mascha Kaléko las. Den Namen der Autorin hatte ich noch nie gehört. Welches Leben, welche Erfahrungen verbargen sich hinter diesen Worten? Ich kaufte mir die lieferbaren Bücher der Dichterin, die ›Verse für Zeitgenossen‹, ›Das lyrische Stenogrammheft‹ und den Band mit Gedichten aus dem Nachlass ›In meinen Träumen läutet es Sturm‹. Die Mischung aus satirischer Schärfe und leiser Wehmut in diesen Versen gefiel mir; die witzigen und melancholischen Detailschilderungen des Alltags waren fünfzig Jahre nach ihrer Entstehung noch immer faszinierend. Seitdem haben mich Mascha Kalékos Gedichte begleitet – mal mehr, mal weniger. Doch meine Neugier blieb, denn in den Literatur-Lexika fand ich den Namen der Dichterin entweder gar nicht oder nur einige Zeilen über sie, die noch weniger aussagten als die kurzen Angaben in ihren Büchern. Erst später stellte ich fest, dass Mascha Kaléko mit Informationen über ihr Leben sehr zurückhaltend war und Fragen nach ihrer Biografie immer mit dem Hinweis auf ihre sehr autobiografischen Gedichte beantwortete.

Anstatt der üblichen Statistik
Gönnt der Autorin etwas Mystik!
Die ganz privaten Lebensdaten
Wird euch ihr Grabstein einst verraten.
Doch mögt ihr, wollt ihr sie beschenken,
Am siebten Juni an sie denken.[1]

Mascha Kaléko hat einerseits die Spuren ihrer Herkunft, Kindheit und Familie verwischt, andererseits viele Briefe und Dokumente aufbewahrt, die es erlauben, die Höhen und Tiefen ihres Lebens und ihrer Karriere als Autorin nachzuzeichnen. Ihre umfangreiche Korrespondenz ist mitreißend und bedrückend zugleich; die dualistische Persönlichkeit der Dichterin zeigt sich in ihren Briefen noch deutlicher als in ihren Gedichten. So war ich bei der Lektüre der Briefe oft hin- und hergerissen zwischen dem forschenden Interesse der Biografin und der Scheu, vielleicht zu weit in das Privatleben der Autorin einzudringen. Bei meinen Recherchen gewann ich jedoch bald den Eindruck, dass Mascha Kaléko sehr genau überlegt hatte, was die Nachwelt erfahren durfte und was nicht. Dokumente und Korrespondenzen, die ihre Kindheit, ihre erste Ehe und ihre Familie betreffen, hat sie vernichtet, wie auch fast alle Briefe ihres zweiten Mannes Chemjo Vinaver, weil ihr diese Zeugnisse ihres Lebens zu intim waren. Als Biografin habe ich das zuweilen bedauert, andererseits hatte ich dafür auch Verständnis. Die Möglichkeit, dass man sich später mit ihrem Leben und Werk ausführlicher beschäftigen könnte, scheint Mascha Kaléko in Betracht gezogen zu haben. Rezensionen, Korrespondenz mit Verlagen und Leserbriefe aus den dreißiger Jahren hat sie sorgfältig aufbewahrt und von Kontinent zu Kontinent mitgenommen. Die Dichterin hat dabei vermutlich nicht nur an spätere Leser-Generationen gedacht, sondern auch an die Literaturwissenschaft, denn in einem Brief erwähnt sie zukünftige »MK-Forscher«[2]. Es war eine reizvolle und interessante Aufgabe, das vorhandene Material zu sichten und auszuwerten. Der Zusammenhang zwischen Leben und Werk, zwischen Erfahrung und literarischer Verarbeitung ist bei Mascha Kaléko sehr eng. Mir ging es darum, zu zeigen, wie die Dichterin ihr Leben in schwieriger Zeit gemeistert hat und sich Brüche, Niederlagen und Höhepunkte in ihrem Werk spiegeln. Ich bedanke mich bei ihr, dass sie durch ihre »preußische Gründlichkeit«[3] so viele Zeugnisse aufbewahrt hat, die es mir möglich machten, ihre spannende und bewegende Lebensgeschichte zu schildern. Natürlich gibt es in ihrem Werk – wie bei jedem Autor – starke und schwache Texte. Trotzdem sollte die Rezeption ihrer Dichtung eine neue bzw. erweiterte Richtung erfahren: Sie war nicht nur die junge Autorin, die treffsicher die täglichen Details des Großstadtlebens schilderte. Ihr Spektrum ist größer, als bisher wahrgenommen wurde: Ihre Exil-Gedichte zeichnen sich durch Witz und Tiefe aus, und die Reife und Weisheit ihrer späten Verse, die auch formal neue Wege gehen, gilt es noch zu entdecken. Mein Buch, das neue Daten und Fakten, unveröffentlichte Gedichte und Briefe sowie unbekannte Fotos der Dichterin enthält, mag dazu beitragen, das Interesse an Mascha Kalékos Werk neu zu wecken oder zu vertiefen. Es ist an der Zeit, dass die Dichterin den Platz in der deutschen Literaturgeschichte bekommt, den sie verdient.

Mein besonderer Dank gilt Gisela Zoch-Westphal (Zürich), der Nachlass-Verwalterin von Mascha Kaléko. Ohne sie wäre diese Biografie nicht denkbar gewesen. Sie erlaubte mir, den gesamten Nachlass einzusehen und auszuwerten, antwortete geduldig auf alle Fragen und hat das Entstehen des Buches mit vielen Hinweisen und Anregungen begleitet. Wichtige Informationen erhielt ich auch von Barbara Schopplick (Berlin), der ich für aufschlussreiche Gespräche und unbekanntes Material danke. Für weiterführende Auskünfte und Anregungen zum Manuskript danke ich Eli Dovev (Tel Aviv), Haim Ganel (Tel Aviv), Sabine Kretzschmar (Berlin), Erica Fischer (Berlin), Ruben Frankenstein (Freiburg) und meiner Lektorin Brigitte Hellmann (München). Außerdem bedanke ich mich für mündliche und schriftliche Mitteilungen bei Beatrice Bayer, Lore Ditzen, Dr. Florian Bassani, Thilo Koch (†), Ruth Mayer (†), Christoph

Meckel und Friedolin Reske. Darüber hinaus danke ich allen Zeitzeugen, die mir bereitwillig Auskunft über Erlebnisse gaben, die Jahrzehnte zurückliegen.

Meine Arbeit wäre nicht möglich gewesen ohne die hilfreiche Unterstützung zahlreicher Archive und ihrer Mitarbeiter, denen ich herzlich danken möchte: an erster Stelle Hildegard Dieke, Heidrun Fink und Thomas Kemme aus der Handschriftenabteilung des Deutschen Literaturarchivs in Marbach sowie den Mitarbeitern der Fotoabteilung, der Bibliothek und der Tondokumentation; außerdem den Mitarbeitern des Monacensia Literaturarchivs in München, dem Deutschen Exilarchiv 1933–1945 in Frankfurt am Main, der Akademie der Künste in Berlin – vor allem Gudrun Schneider vom Historischen Archiv –, dem Jüdischen Museum Berlin, dem Landesarchiv Berlin, der Zentral- und Landesbibliothek Berlin, dem Bundesarchiv / Document Center in Berlin, dem Presse-Archiv des RBB und dem Polen Institut in Darmstadt.

Berlin, im Dezember 2006 *Jutta Rosenkranz*

Seit dem Erscheinen meiner Biografie über Mascha Kaléko zu ihrem 100. Geburtstag 2007 sind fünf Jahre vergangen. Die große Aufmerksamkeit, die das Buch erfuhr, hat mich gefreut und bewiesen, dass das Interesse am Leben und Werk der Dichterin unvermindert anhält. Die erste Mascha-Kaléko-Ausstellung, die ich 2007/2008 für das Literaturhaus Berlin konzipiert habe, war die erfolgreichste seit der Eröffnung des Hauses 1986. Diese Entwicklung zeigt, dass die Autorin bisher zu Unrecht so wenig Beachtung in der Literaturgeschichte fand und längst eine Klassikerin der Moderne ist. Im Herbst 2012 erscheint im Deutschen Taschenbuch Verlag die von mir herausgegebene und kommentierte vierbändige Kassette ›Sämtliche Werke und Briefe‹ von Mascha Kaléko. Bei den Recherchen zu dieser Werk-Ausgabe bin ich auf einige neue Details gestoßen, die in die Taschenbuch-Ausgabe der Biografie eingeflossen sind. Aus drucktechnischen Gründen konnten große Ergänzungen im Text nicht erfolgen. Kleinere Korrekturen wurden – wie schon in den vorhergegangenen Auflagen – eingearbeitet. Einige Gedichte, bei denen der Abdruck in den Veröffentlichungen aus dem Nachlass durch Setzfehler deutlich von Mascha Kalékos Typoskripten oder dem Zeitungs-Erstdruck abwich, sind korrigiert worden. Die Zeittafel sowie vor allem das Literaturverzeichnis habe ich erweitert und aktualisiert.

Berlin, im Dezember 2011 *Jutta Rosenkranz*

Fischel Engel und seine Frau Rosa mit den Töchtern Lea (links) und Mascha, um 1916/17

KINDHEIT (1907–1918)

Die sogenannte Goldne Kinderzeit,
Nach der so viele von uns Heimweh haben,
Hat mein Gedächtnis abgrundtief vergraben
Und so von manchem Alpdruck mich befreit.
Was ich noch weiß aus jenen trüben Tagen,
Ist nur Erinnerung an Hörensagen.

Autobiographisches, LJ 17

»Ich bin als Emigrantenkind geboren …«

– CHRZANÓW, FRANKFURT AM MAIN UND MARBURG –

»Auf einmal ist das Kind wieder da. Wüsste ich nur, was mit ihm beginnen. Früher gelang es mir eher, es fortzuschicken«, erinnert sich Mascha Kaléko in einem unveröffentlichten Text Ende der fünfziger Jahre, in dem ihre ambivalente Haltung ihrer Kindheit gegenüber deutlich wird. »Das Kind, das ich einst war. War? Dass ich es bin, BIN, BIN, das hat es mir schon beigebracht. Rettungslos bin ich ihm ausgeliefert, wie es da vor sich hinplappert, ohne Scheu Vergessenes aus dem Dunkel ziehend. O wie quält mich sein unheimliches Wissen. Was hat es nicht alles aufbewahrt in dem Graustaubnetz seines altklugen Gedächtnisses. (…) Ich hatte mich eigentlich auf Logierbesuch eingerichtet, für Dauermieter ist bei mir kein Platz. (…) Ich habe alle Mühe, mich selber durch die herbstlichen Tage zu bringen.

Und gar die Nächte. Aber das ist es ja. Mitten in der Nacht weckt es mich. Auf einmal ist das Kind wieder da. Weißt du noch, sagt es …«[1]

Golda Malka Aufen, später Mascha genannt, wird am Freitag, den 7. Juni 1907, in Chrzanów in West-Galizien als erstes Kind einer jüdischen Familie geboren. Der dreiundzwanzigjährige Vater, Fischel Engel, ist russischer Staatsbürger und Kaufmann. Die gleichaltrige Mutter, Rozalia (Rosa) Chaja Reisel Aufen, stammt aus Mähren in Österreich und ist – laut Geburtsanzeige – ohne Beruf. Das Paar hatte sich das Ja-Wort vor einem Rabbiner gegeben, so galt die Ehe nach jüdischem Brauch als geschlossen. Da die Eltern aber bei Maschas Geburt noch nicht standesamtlich getraut waren, wird die älteste Tochter offiziell unehelich geboren. Mascha hat diese Tatsache, die damals noch als Makel galt, später immer verschwiegen.

> Ich war ein kluges Embryo,
> Ich wollte nicht auf die Welt.
>
> Nach zehn Monaten erst und
> Vollen zehn Tagen
> Erbarmte ich mich der jammernden Mutter
> Und suchte den Weg ins Unfreie.
> (…)
> Genug, an einem Junimorgen,
> Im Monat der Rosen, im Zeichen der »Zwillinge«,
> Bei Glockengeläut um fünf Uhr früh
> Gab ich zögernd den Widerstand auf
> Und verließ mein provisorisches Domizil.
> (…)
> *Auto(r)biografisches, Tr 102*

In der polnischen Geburtsurkunde wird der Name des Vaters nicht genannt. Erst in einer ins Deutsche übersetzten Geburtsurkunde vom April 1938 – da ist ›das Kind‹ Mascha mittlerweile dreißig Jahre alt – wird erwähnt, dass sich Fischel Engel zur Vaterschaft des Kindes bekennt. Außer dieser beglaubigten Übersetzung der Geburtsurkunde aus dem Polnischen sind keine Unterlagen über Maschas

Kindheit erhalten. Aus den wenigen Daten und Fakten lässt sich nichts über die Familiensituation erschließen. So ist man auf die Hinweise in Gedichten und Briefen angewiesen, um das Mosaik dieser Kindheit zumindest bruchstückhaft zusammenzusetzen.

Mascha als Baby

Ob die Mutter wirklich zehn Monate und zehn Tage schwanger war, ist nicht durch ärztliche Befunde o. ä. belegt. Medizinisch sind Schwangerschaften, die zehn Lunar-Monate dauern, möglich. Maschas Mutter erinnert sich jedenfalls noch über fünfzig Jahre später daran, dass sie bei der Geburt der Tochter vier Tage lang schwer gelitten habe und das Kind erst nach zehneinhalb Monaten zur Welt kam.[2]

Chrzanów in West-Galizien ist zu Beginn des 20. Jahrhunderts eine Kleinstadt, die eine wichtige Verbindung zwischen West- und Osteuropa bildet.[3] Sie liegt etwa vierzig Kilometer westlich von Krakau und zwanzig Kilometer nördlich von Auschwitz, auch die Grenze zu Preußen ist nur vierzig Kilometer entfernt. Bis 1918 war Galizien Kronland der Österreichisch-Ungarischen Monarchie, nach dem Ersten Weltkrieg fiel es an Polen. Im 18. Jahrhundert wurde Galizien zu einem bedeutenden Zentrum des ostjüdischen Kultur- und Geisteslebens. Gegen Ende des 19. Jahrhunderts verschlechterten sich die Lebensbedingungen der Juden. Die fortschreitende Industrialisierung des Landes führte dazu, dass den kleinen jüdischen Handels- und Handwerksbetrieben nach und nach die materielle Grundlage entzogen wurde. Daher waren die meisten jüdischen Familien sehr arm. Maschas Vater, Fischel Engel, ist als Kaufmann oft auf Reisen und verdient so viel, dass seine Familie nicht zu den ärmsten gehört. Immerhin werden nacheinander mehrere Kindermädchen beschäftigt. In einem Gedicht erinnert sich Mascha:

> Fremde gegen ein Monatsgehalt
> Bevölkerten meine Kindheit.
> Emma bewachte die Masern.
> Und Minna verband mir die Hände.
> (...)
> *Hätte ich einen Vater gehabt, LJ 121*

Die christlichen Kindermädchen, die in ihrer Familie arbeiten, kommen aus Berlin. Sie singen der Kleinen Lieder vor, erzählen Geschichten und berlinern. So ist Mascha der Berliner Dialekt, neben ihrer Muttersprache Deutsch und dem Jiddischen, von Kindheit an vertraut.[4] Noch bevor sie ein Jahr alt ist, kann sie laufen. Mit zwei Jahren singt sie lange Lieder und sagt der Kinderfrau, welche Melodien sie zum Einschlafen hören möchte. 1909, zwei Jahre nach Maschas Geburt, kommt die Schwester Lea zur Welt, die zum Lieblingskind der Mutter wird. Schon früh fühlt sich die ältere Schwester als Außenseiterin; gemeinsame Spiele mit Lea oder anderen Kindern werden nicht erwähnt. Die Rollenverteilung unter den Schwestern ist klar: Mascha eckt als lebhafte Tochter oft an, Lea ist gehorsam und brav. Noch viele Jahre später erinnert sich die Mutter daran, dass Mascha sich schon als Kind wie ein kluger Erwachsener benommen habe. Rückblickend stellt Rosa Engel fest: »Über Deine Kindheit könnte man Bücher schreiben. Kinderkrankheiten hattest Du normal. Du warst ein schwer erziehbares Kind.«[5] Damit bestätigt die Mutter noch Jahrzehnte später, dass sie mit Mascha, die sich offensichtlich schnell und eigenwillig entwickelte, schlecht zurechtkam. Vermutlich hatte die Mutter wenig Gespür für die Sensibilität ihrer ältesten Tochter.

Als ich der Mutter meinen Kummer klagte,
Ich höre noch, was sie dem Kinde sagte
Mit einem Lächeln, wie ich's nie gesehn –
»Sei still, es wird vorübergehn.«
(…)
Sei still, Tr 75

Noch als reife Frau erinnert sich Mascha, dass sie sich schon damals oft zurückzog und in ihrer eigenen Welt lebte. Selbstkritisch beschreibt sie sich in ihren Gedichten als ›schwieriges Kind‹ – mindestens einmal läuft sie von zu Hause fort:

(…)
Ich war halb fünf, als ich zum erstenmal
Mich freiheitsuchend aus dem Hause stahl.
Schön wars allein im Walde, unter Sternen,
Bis man mich fand, mit Fackeln und Laternen.
Der schnell versammelte Familienteetisch
Fand diesen Ausflug keineswegs poetisch.
(…)
Autobiographisches, LJ 17

Die älteste Tochter ist lebhaft und aufsässig und bereitet den Eltern viele Sorgen. Einmal sagt die genervte Mutter zu ihr: »Ich wünsche dir nur eines, du mögest solche Kinder haben wie dich.« Eine schwere innere Verletzung, die vermutlich auch dazu beigetragen hat, dass Mascha nur wenig über ihre Kindheit sprach. Nur in einigen ihrer Gedichte tauchen Episoden aus ihrer Kindheit auf.

(…)
Mein meistgesprochenes Wort als Kind war »nein«.
Ich war kein einwandfreies Mutterglück.
Und denke ich an jene Zeit zurück:
Ich möchte nicht mein Kind gewesen sein.
(…)
Interview mit mir selbst, LSt 8

Ängstlich scheint das Mädchen nicht zu sein. Mutig springt Mascha in den Bach, um eine Katze zu retten, und beim ›Lichtstreik‹ (vermutlich ein Stromausfall) steigt sie unerschrocken im Dunkeln die Treppen zur Großmutter hinauf. Es ist vom Kinobesuch am Sonntag die Rede, aber auch von einem frühen Gefühl des ›Nicht-Dazugehörens‹. Ihre Schwester Lea erinnert sich später, dass der Vater preußisch streng gewesen sei und zum Beispiel beim Essen nicht geredet werden durfte. Er fand, dass die Mutter den Kindern gegenüber zu nachgiebig sei.[6] Trotzdem ist Maschas Beziehung zum Vater enger als zur Mutter. So wird das Mädchen unter der Abwesenheit des Vaters, der beruflich viel auf Reisen war, gelitten haben. Schon früh vermisst das Kind die familiäre Geborgenheit. In einem späten, erst aus dem Nachlass publizierten Gedicht heißt es:

> Hätte ich einen Vater gehabt
> Oder gar eine Mutter!
> (…)
> Vier waren in der Familie
> Aber vier waren es beinahe nie.
> Vater beständig auf Reisen
> Und Mutter bei Tante Li.
> (…)
> Was ich mir wünschte
> Bekam ich nie.
> Aber auch darauf war kein Verlaß.
> Das Beinahe war schlimmer als das Nein.
> (…)
> Hätte ich ein Heim gehabt
> Oder gar eine Heimat
> Ich fremder Niemand aus Niemandsland.
>
> Mit sieben spielte ich mit meinem Kummer
> Verstecken.
>
> *Hätte ich einen Vater gehabt, LJ 121*

Die Mutter erinnert sich, dass ihre älteste Tochter schon als Kind über einen ausgeprägten sechsten Sinn verfügte und – vielleicht als Folge der langen Schwangerschaft – anderen Kindern in der Entwicklung voraus gewesen sei und sich sogar mit älteren Kindern langweilte. Mascha sucht eher die Nähe der Erwachsenen, doch diese behandeln sie selbstverständlich als Kind und zeigen wenig Einfühlungsvermögen. Das kommt in einem unveröffentlichten Gedichtentwurf aus dem Nachlass zum Ausdruck:

> Immer nur lobt man die kleinere Schwester
>
> Abendgesellschaft im Chippendalezimmer
> Mir bitte nur einen Schluck Hennessy
> Sag schön Gutnacht und heul nicht wie immer
> Ticken der Wanduhr. Und Melancholie.[7]

Schon in den Kinderjahren lernt Mascha das Emigrantendasein kennen. Das Mädchen ist sieben Jahre alt, als die Familie 1914 nach Deutschland auswandert. Wahrscheinlich ist der Ausbruch des Ersten Weltkrieges der Grund für diese Übersiedlung. Vielleicht befürchtete Fischel Engel, nach einem Einmarsch russischer Truppen in Polen als Russe eingezogen zu werden und gegen seine österreichischen Angehörigen kämpfen zu müssen.[8] Außerdem kommt es im ersten Jahrzehnt des 20. Jahrhunderts immer wieder zu Gewaltausbrüchen gegen Juden. Viele ostjüdische Familien fliehen daher aus Furcht vor möglichen Pogromen nach Wien, Prag oder Berlin. Die Unsicherheit und Angst der Erwachsenen überträgt sich auf die Kinder. Der Verlust der vertrauten Umgebung wirkt vor allem auf sie zutiefst verstörend. Auch für Mascha war diese erste Auswanderung eine prägende Erfahrung. In einem Gedicht, das erst Jahrzehnte später entsteht, schreibt sie:

(…)
Fernes Glockengeläut durch den Frost
Dunkel und Flüstern und Fliehen
Und atmen daß keiner dich hört

Und immer fremdere Orte und Nachbarn
Und andere Dialekte

Die alte Wobinichdennangst
Das feindliche Bett im Nirgendwo
Fremder Seifengeruch auf dem Kissen
(…)
Fragnichtsoviel
Die Fenster zu. Die Rolläden bleiben herunter.
Wer an der Tür läutet, der Postbote kann's nicht sein.
Kinder werden gesehn nicht gehört
Weinen ist lebensgefährlich
(…)
Notizen, Tr 65

Die Familie geht zunächst nach Frankfurt am Main. Dort wird der Vater, der russischer Staatsangehöriger ist, als feindlicher Ausländer interniert. In der unbekannten Stadt wird sich Mascha fremd gefühlt und den Vater noch mehr vermisst haben. Zwei Jahre lang, von 1914 bis 1916, besucht sie in Frankfurt die Volksschule. Vierzig Jahre später, im März 1956, während ihrer ersten Deutschlandreise nach der Emigration, ist Mascha anlässlich einer Lesung einen Tag in Frankfurt und sucht nach dem Haus, in dem sie damals mit der Mutter und der Schwester wohnte. In einem Brief berichtet sie: »Frankfurt ist grässlich. Es war kalt und rieselte, duster. (…) sauste noch an das Mainufer, um unser altes Haus 1915 zu sehen, es steht nicht mehr und wo ich Murmeln spielte, ist ein neues Gebäude… der Rest sind Trümmer und Schnee drauf und schmutziggrauer Regen und Schutt.«[9]

1916 übersiedelt die Mutter mit den beiden Töchtern nach Marburg an der Lahn. Dorthin ist der Vater aus der Internierung entlassen worden, mit der Auflage, sich täglich bei den Behörden zu melden. Wieder muss sich die inzwischen neunjährige Mascha an eine neue Umgebung und neue Klassenkameradinnen gewöhnen. Sie ist eine gute und begabte Schülerin und schreibt erste Gedichte. Mit einer Lehrerin macht sie einen Spaziergang, dabei trägt sie ihr eigene Verse vor und fragt, ob ihr die Gedichte gefallen. Zum Dank fürs Zuhören will das Mädchen der Lehrerin ein Stück Kuchen schenken. Doch diese weiß, dass Maschas Familie arm ist, und sagt dem Kind, es solle den Kuchen selbst essen, denn sicher hätte es Hunger. Mascha antwortet: »Aber es hat doch Ihre Zeit gekostet«[10]. In einem Prosatext, der Anfang der dreißiger Jahre entsteht, wird erwähnt, dass das Geld so knapp war, dass die Eltern den Kindern nicht einmal »die auf grauem Kriegspapier gedruckten Kinderbücher« kaufen konnten.[11] Vielleicht verbesserte sich die Situation der Familie nach der Entlassung des Vaters, obwohl nicht bekannt ist, ob er damals sofort wieder arbeiten konnte.

Auf einem repräsentativen Foto von 1916/17 posieren die Eltern mit den beiden Töchtern in festlicher Kleidung beim Fotografen. Ein zweites Bild zeigt Mascha mit ihrer Schwester 1917. Außer diesen beiden Fotos sind aus den vier Jahren in Frankfurt am Main und Marburg keine Dokumente erhalten.

In den ersten zehn Jahren ihres Lebens erlebt Mascha drei Ortswechsel. Heimatlosigkeit, Verlassenheit und Vaterlosigkeit sind Eindrücke, die das Mädchen früh geprägt haben und sein weiteres Leben bestimmen werden.

> (...)
> Ein Fremdling bin ich damals schon gewesen,
> ein Vaterkind, der Ferne zugetan,
> (...)
> *Auto(r)biografisches, Tr 102*

Mascha Kaléko auf Hiddensee, 1930

BERLIN (1918–1938)

Die Dächer glühn als lägen sie im Fieber.
Es schlägt der vielgerühmte Puls der Stadt.
Grell sticht Fassadenlicht. Und hoch darüber
Erscheint der Vollmond schlechtrasiert und matt.

Julinacht an der Gedächtniskirche, LSt 31

»Wir wuchsen auf in einer schweren Zeit ...«
– JUGENDJAHRE –

Nach dem Ersten Weltkrieg zieht Fischel Engel mit seiner Frau und den beiden Töchtern nach Berlin. Die deutsche Hauptstadt, die schon damals mehr als zwei Millionen Einwohner hat, erlebt politisch aufregende Zeiten. Kurz nach Kriegsende, im November 1918, muss Kaiser Wilhelm II. abdanken, und Philipp Scheidemann ruft die Republik aus. Den entbehrungsreichen Kriegsjahren mit der Rationierung von Lebensmitteln, Beleuchtung, Heizung und Kleidung folgt eine schwierige Nachkriegszeit. Politische Unruhen, Streiks, Inflation und Massenarbeitslosigkeit bestimmen das Leben in der Stadt. 1920 werden die umliegenden Gemeinden und Bezirke zu Groß-Berlin zusammengefasst. Damit ist Berlin mit fast vier Millionen Einwohnern nach London die zweitgrößte Stadt Europas. Trotz der sozialen und politischen Probleme in der Metropole scheint es Fischel Engel gelungen zu sein, die Familie mit verschiedenen Tätigkeiten über Wasser zu halten. Mascha nennt später den Beruf des Vaters »Religious Supervisor«. Dabei handelt es sich wahrscheinlich um einen »Maschgiach«, der in der Jüdischen Gemeinde z.B. für die Befolgung der Speisegesetze zu sorgen hat.[1] Einige Jahre lang ist Fischel Engel auch auf Handelsschiffen unterwegs. Im Berliner Telefonbuch ist er 1920 mit einem photographischen Vergrößerungsgeschäft eingetragen und von 1924 bis 1931 als Holzhändler.

Die Familie wohnt in der Grenadierstraße 17 in der Spandauer Vorstadt in Berlin-Mitte, dem sogenannten »Scheunenviertel«. In dieser Gegend im Zentrum Berlins rund um die Neue Synagoge in der Oranienburger Straße leben vor allem die ärmeren osteuropäischen Juden. Seit den achtziger Jahren des 19. Jahrhunderts und den russischen Judenpogromen waren viele jüdische Auswanderer nach Deutschland gekommen; die meisten von ihnen blieben in Berlin. Schon vor dem Ersten Weltkrieg hatte die Stadt die größte Jüdische Gemeinde in Deutschland, denn seit der Reichsgründung 1871 galten für Juden und Christen die gleichen Rechte im Deutschen Reich. Allerdings gab es zwischen den meist orthodoxen Ostjuden aus Polen, Russland und Galizien und den assimilierten deutschen Juden wenig Gemeinsamkeiten. Aus Galizien zu stammen galt damals in Westeuropa als Makel. Für das emanzipierte, liberale Westjudentum war das Ostjudentum minderwertig und stand für übertriebene Religiosität, Armut und Ghettoisierung. Ihren Geburtsort hat Mascha deshalb meist verschwiegen. Viele deutsche Juden fühlten national, hatten im Ersten Weltkrieg mit Begeisterung für Deutschland gekämpft und waren mit dem Eisernen Kreuz ausgezeichnet worden. Die Juden bereicherten das kulturelle Leben nicht nur durch ihre eigene Kultur, sondern prägten auch die deutsche Literatur, Musik und Wissenschaft. Gerade in Berlin lebten und arbeiteten bedeutende jüdische Künstler, u.a. der Komponist Leo Blech, der Dirigent Otto Klemperer, der Kritiker Alfred Kerr, die Schriftsteller Georg Hermann und Alfred Döblin, die Dichter Ernst Blass und Else Lasker-Schüler, die Maler Max Liebermann und Lesser Ury, die Schauspieler Elisabeth Bergner und Ernst Deutsch, die Verleger Paul Cassirer und

Samuel Fischer. Mascha Kaléko berichtet später, dass ihr »aus Kindheitsjahren« sowohl in Marburg als auch in Berlin »jene Welt deutsch-jüdischer Hochkultur«[2] nahe war. Das erstaunt etwas, denn der Vater, der aus einer alten Rabbiner-Familie stammte und eine Talmud-Schule besucht hatte, scheint streng orthodox gewesen zu sein. So ist er dagegen, dass seine Töchter am Sabbat, dem jüdischen Feiertag, zur Schule gehen. Mascha besucht daher die Mädchenschule der Jüdischen Gemeinde in der Kaiserstraße in Berlin-Mitte. Die traditionsreiche Schule, 1835 gegründet, unterrichtet Anfang der zwanziger Jahre rund sechshundert Schülerinnen. Schon damals übt das Schreiben auf Mascha eine besondere Faszination aus. Heimlich probiert sie im Büro des Vaters das Schreiben mit der Maschine[3] und sammelt in einem kleinen schwarzen Heft Gedanken, die ihr wichtig sind.[4] In Geografie bekommt sie einen Tadel, weil sie unterm Tisch Verse notiert.[5] Mascha schreibt gute Aufsätze, gehört mit einer Freundin zu den besten Schülerinnen der Klasse und spielt in einer Schulaufführung eine Hauptrolle.[6]

Im Oktober 1920 wird die Schwester Rachel, genannt Puttel, geboren. Für die dreizehnjährige Mascha ist die jüngste Schwester wie eine »Puppe« und »quasi ihr erstes Kind«, das sie sich »sehr gewünscht« hat und neun Monate »sehr mit trug«.[7] Maschas Beziehung zu Rachel ist daher viel enger als die zu ihrer Schwester Lea. Knapp zehn Jahre später widmet sie Rachel ihr Gedicht ›Einem Kinde im Dunkeln‹, das in ihrem ersten Buch veröffentlicht wird:

> Gib mir deine kleine Hand.
> So, nun bist du nicht allein.
> Kind, du sollst nicht einsam sein
> Mit dem Schatten an der Wand.
> (…)
> *Einem Kinde im Dunkeln, LSt 29*

Auch für Lea schreibt Mascha ein Gedicht, das 1935 im ›Kleinen Lesebuch für Große‹ abgedruckt wird. Es ist das einzige Gedicht, in dem sie sich an gemeinsame Kindertage erinnert:

(...)
Weißt du noch, es war so still im Zimmer.
Schularbeiten waren längst gemacht.
Überm Frost lag sanft Lamettaschimmer.
Beckers unten übten ›... Stille Nacht!‹

Weißt du noch, wir solltens noch nicht wissen:
Aus dem Schubfach rochs nach Marzipan...
Und wir ›staunten‹ – schurkenhaft gerissen –
Als wir dann die ›Überraschung‹ sahn.
(...)
So um Dezember ..., LSt 125

Die Rivalität zwischen den älteren Schwestern wird sich nach der Geburt der Jüngsten noch verstärkt haben. Spannungen bleiben nicht aus, zumal sich Mascha und Lea ein Zimmer in der elterlichen Wohnung teilen müssen. Mascha leidet darunter, dass die Mutter zu ihr nie zärtlich ist und die jüngere Tochter vorzieht. Lea wird von der älteren Schwester, die sie bewundert, als dumm bezeichnet und entwickelt starke Minderwertigkeitsgefühle. Bei einem Schulwettbewerb schreibt Lea Maschas Aufsatz »Wort für Wort« ab und reicht ihn vor der Schwester ein, die zwei Tage lang als »schwarzer Plagiator«[8] gilt, bevor der Schwindel auffliegt.

Im April 1922 heiraten die Eltern auf dem Standesamt in Berlin-Spandau. Damit werden die drei – nach deutschem Recht – unehelich geborenen Töchter legitimiert, aus der vierzehnjährigen Mascha Aufen wird Mascha Engel. Es gibt aus diesen Jugendjahren in Berlin weder Fotos noch Briefe oder andere Dokumente. Auch in Maschas Gedichten taucht diese Zeit noch seltener auf als ihre Kindheit. In einem kurzen Prosatext heißt es: »Wie sie mit Fünfzehn gewesen wäre? Na, wie man da zu sein pflegt: innen schüchtern, außen frech. Reden wir nicht darüber. (...) Dann aber fällt ein Stichwort: ›Schulstreiche‹, und wieder ist sie das vor die Klassentür gestellte *enfant terrible*, das Unfug stiftet hinter geschlossener Tür. Sie macht das alles noch einmal durch, jenes längst vergessene Mantelärmel-Zubinden, Mützenvertauschen, das Horchen am Konferenzzimmer auf dem mäuschenstillen Schulkorridor …«[9] Ob sie hier eigene Erfahrungen wiedergibt oder die Erlebnisse von Freundinnen oder Klassenkameradinnen verarbeitet, ist nicht bekannt. Auf jeden Fall durchlebt und durchleidet Mascha die typische Verwirrung der Teenager auf der Suche nach dem eigenen Weg in der Welt der Erwachsenen. In einem späteren Gedicht heißt es:

> (…)
> Ich möchte mich so gerne wieder sehnen,
> Wie man es nur mit fünfzehn Jahren kann.
> Ganz gleich wonach, sei es ein Stern, ein Mann,
> Der erste Kuß, die allerersten Szenen.
> (…)
> *Ich möchte wieder …, LJ 198*

Als im August 1924 der Bruder Chayim, später Haim[10] genannt, geboren wird, hat Mascha die Schule schon beendet. Im Oktober 1923, zur Zeit der Geldentwertung, verlässt sie die Mädchenschule der Jüdischen Gemeinde mit dem Zeugnis der Mittleren Reife. Gut zehn Jahre später, 1935, feiert ihre ehemalige Schule hundertsten Geburtstag. Und Mascha erinnert sich in einem bisher unveröffentlichten Gedicht:

> Hier saßen wir auf schmaler Schülerbank
> Mit wachem Herzen und gespannten Blicken.
> Hier kämpften wir mit der Grammatik Tücken
> Und litten, wenn Erstrebtes nicht gelang.
> (…)
> Wir wuchsen auf in einer schweren Zeit.
> Krieg, Nachkrieg, Inflation – drei harte Zeichen.
> (…)
> Und »Zukunft« war ein stummes Fragezeichen.
> Wir wurden groß in stiller Bangigkeit …
> *Einer Schule zum hundertsten Geburtstag*[11]

Tatsächlich sind die Zukunftsaussichten nicht ermutigend. Es herrscht hohe Arbeitslosigkeit, die Reparationszahlungen, die Deutschland leisten muss, behindern die wirtschaftliche Entwicklung und fördern die Geldentwertung, die 1923 einen Höhepunkt erreicht. Mascha war eine gute Schülerin, vielleicht hätte sie gern ein Studium begonnen. Doch ihr Vater ist der Meinung, dass ein Mädchen nicht zu studieren brauche.[12] In dieser Zeit der Suche nach einem Lebens- und Berufsziel ist Mascha sehr deprimiert; noch Jahrzehnte später erinnert sie sich daran und notiert: »Mit 16 Jahren lebensmüde suchte ich in den Büchern nach der Antwort. Da fand ich Schopenhauer. (…) Sein Pessimismus rettete mir das Leben.«[13] Auch in dem Gedicht ›Interview mit mir selbst‹ klingt eine gewisse Resignation über ihre weiteren Berufsaussichten an:

Beim Abgang sprach der Lehrer von den Nöten
Der Jugend und vom ethischen Niveau.
Es hieß, wir sollten jetzt ins Leben treten.
Ich aber leider trat nur ins Büro.

Acht Stunden bin ich dienstlich angestellt
Und tue eine schlechtbezahlte Pflicht.
Am Abend schreib ich manchmal ein Gedicht.
(Mein Vater meint, das habe noch gefehlt.)
(…)

Interview mit mir selbst, LSt 8

»Die paar leuchtenden Jahre«

– ANFÄNGE –

In kurzer Zeit entwickelt sich Berlin zum kulturellen, geistigen und wirtschaftlichen Zentrum Deutschlands. Die Währungsreform vom November 1923 begünstigt die wirtschaftliche Konjunktur, doch die

Arbeitslosenzahl bleibt hoch. 1924 findet die erste Funkausstellung in der Hauptstadt der Weimarer Republik statt. Im selben Jahr beginnt die sechzehnjährige Mascha Engel eine Bürolehre im »Arbeiter-Fürsorgeamt der jüdischen Organisationen Deutschlands« in der Auguststraße 17 in Berlin-Mitte. In ihrem Text ›Mädchen an der Schreibmaschine‹ hat sie den Büroalltag in den zwanziger Jahren beschrieben: »Die Maschine heißt Continental, römisch zwei. Das Mädchen: Fräulein Siebert. Zumindest zwischen neun und fünf. Nach Feierabend gibt es auch einen Vornamen ... (...) Punkt neun beginnt der ›Betrieb‹. Neun Uhr zehn, ausgeschlafen oder müde, keinen geht das an, klappern die schmalen Finger des Mädchens schon herum auf der stählernen Schreibkiste. Tipp tipp tick ... tipp tipp tick ... ein sanftes Klingeln, ping. Wir zeichnen mit vorzüglicher Hochachtung ... Im ersten Brief kommt ein Gähnen auf je ein Komma. Beim zweiten beginnt man den Ärger über die prallgefüllte U-Bahn langsam zu verwinden. Beim dritten aber ist man schon ganz mittendrin. Ja, es kann schon einmal vorkommen, daß man sich an der reinen Weiße eines knisternden Schreibmaschinenbogens über der Walze freut. Oder vielleicht über anderthalb Meter Sonnenstrahl, die durch das staubige Bürofenster auf die Tasten fallen, ein grellbeschienenes A oder Z, – es ist merkwürdig, wie einen derartige Lächerlichkeiten zuweilen froh stimmen können.«[1]

Mascha Engel (Mitte der zwanziger Jahre)

Die monotone Büroarbeit füllt sie nicht aus und ist für sie nur eine Möglichkeit, Geld zu verdienen. Mascha Engel ist eine attraktive junge Frau mit dunklen Haaren und lebhaften Augen. Sie trifft sich in

Cafés mit »den jungen Herren«, die sie anschwärmen, und beobachtet sehr genau das Großstadtleben. In ihrer Freizeit liest sie viel, verfasst Gedichte und besucht als Gasthörerin Abendkurse in Philosophie und Psychologie an der Lessing-Hochschule und an der Friedrich-Wilhelm-Universität. Vielleicht lernt die Neunzehnjährige dort 1926 den Philologen und Sprachlehrer Saul Kaléko kennen. Der dunkelhaarige Gelehrte mit der kleinen, runden Brille stammt aus Eischischki in Russland. Er ist knapp zehn Jahre älter, arbeitet für die ›Jüdische Rundschau‹ und gibt Fernunterricht in Hebräisch. Im Sommer 1926 fahren sie zusammen nach Bad Freienwalde. Nach dem ersten gemeinsamen Urlaub schenkt Mascha dem Freund ein Foto von sich mit der Widmung: »Zur Erinnerung an sonnige Sommertage nach düsteren Regentagen – Deine ›Zigeuner-Madja‹, Bad Freienwalde, den 3. 8. 1926«.[2]

Mascha Engel und Saul Kaléko in Bad Freienwalde im August 1926

Dr. Saul Kaléko

Zwei Jahre später, am 31. Juli 1928, heiraten der 30-jährige »Journalist Doktor Saul Aron Kaléko« und die 21-jährige »Kontoristin Golda Malka Engel«.[3] Im August fahren die beiden nach Oberhof in Thüringen, es ist vermutlich ihre Hochzeitsreise.[4] Die Eltern werden die Ehe ihrer ältesten Tochter mit einem Akademiker begrüßt haben, bedeutet sie doch für die junge Frau einen sozialen Aufstieg. Mascha zieht zu Hause aus und mit ihrem Mann zusammen. Ihre Tätigkeit in der Jüdischen Gemeinde gibt sie nicht auf. Vermutlich unterstützt sie ihren Mann bei der Arbeit an seiner Dissertation über ›Die Agrarverhältnisse in Weißrußland‹.

Im Jahr nach der Hochzeit können sie seine Promotion feiern. Anfang der dreißiger Jahre wohnt das Paar in Berlin-Neutempelhof, Hohenzollernkorso 68, später ziehen sie in die Meierottostraße 7 in Berlin-Wilmersdorf, dann in die Lietzenburger Straße 32 und schließlich in die Bleibtreustraße 10/11 nach Charlottenburg. In allen Wohnungen haben sie einen Telefonanschluss, der Eintrag im amtlichen Fernsprechbuch Berlin nennt nicht nur Dr. S. Kaléko, sondern auch seine Frau, Mascha Kaléko.

Das Gedicht ›Für Einen‹, veröffentlicht in ihrem zweiten Gedichtband 1935, bezieht sich vermutlich auf Saul Kaléko.

Die Andern sind das weite Meer.
Du aber bist der Hafen.
So glaube mir: kannst ruhig schlafen,
Ich steure immer wieder her.
(...)
Du bist der Leuchtturm. Letztes Ziel.
Kannst, Liebster, ruhig schlafen.
Die Andern ... das ist Wellen-Spiel,

Du aber bist der Hafen.

Für Einen, LSt 94

Nach Büroschluss – »werktags um 4 – freitags sogar um 3« –[5] geht Mascha Kaléko oft ins »Romanische Café« gegenüber der Gedächtniskirche, damals ein Treffpunkt der Berliner Künstlerszene. Meist sitzt sie allein oder mit ihrem Mann etwas abseits an einem Tisch in einer Ecke und beobachtet das Geschehen. Das »Romanische Café« ist die »wichtigste literarische und journalistische Nachrichtenbörse«

im Berlin der Weimarer Republik. Es gibt zwei Räume: einen großen, rechteckigen, das »Bassin für Nichtschwimmer«, und einen kleineren, schmalen, »das Bassin für Schwimmer«. Dort versammeln sich die Künstler: Schriftsteller, Maler, Kritiker und Schauspieler, um zu diskutieren, zu schreiben, zu philosophieren und die aushängenden nationalen und internationalen Zeitungen zu lesen. Und wenn sich der letzte Roman nicht gut verkauft hat, kann man einen halben Tag lang bei einer Tasse Kaffee sitzen, ohne Unmut zu erregen. Den noch ärmeren Künstlern bringt der Kellner sogar eine leere Tasse, um eine Bestellung vorzutäuschen. Zu den Autoren, die regelmäßig das »Romanische Café« besuchen, gehören u.a. Erich Kästner, Joachim Ringelnatz, Else Lasker-Schüler, Gottfried Benn, Alfred Döblin, Egon Erwin Kisch, Bertolt Brecht, Gabriele Tergit, Alfred Polgar und Hermann Kesten. »Hier traf sich alles, was zwischen Rejkjavik und Tahiti von Beruf oder aus Liebhaberei mit den Musen und Grazien in irgendeiner Beziehung stand«, urteilte ein Zeitzeuge, der das Café den »Wartesaal des Genius« nannte.[6] In den zwanziger Jahren gibt es verschiedene Kunst- und Literaturrichtungen. Der Dadaismus lehnt die bürgerlichen Kunst- und Gesellschaftsideale ab und will mit absurden und abstrakten Werken provozieren. Der Surrealismus, bei dem das Unbewusste im Mittelpunkt steht, entwickelt sich parallel zum Dadaismus und Expressionismus. 1920 erschien die von Kurt Pinthus herausgegebene Anthologie ›Menschheitsdämmerung‹, die Gedichte

Mascha mit dem Bruder Haim und der jüngsten Schwester Rachel 1929

der wichtigsten expressionistischen Lyriker versammelt und sehr erfolgreich war. Als Gegenreaktion auf die subjektiven und gefühlsbetonten Werke der Expressionisten entstand Mitte der zwanziger Jahre eine Kunstrichtung, die die reale Wirklichkeit witzig, ironisch und auch sozialkritisch abbildet und als »Neue Sachlichkeit« bezeichnet wird. Ende der zwanziger Jahre findet Mascha Kaléko im »Romanischen Café« Anschluss an die literarische Boheme der Hauptstadt. Der Journalist Rudolf Lenk erinnert sich: »Wenn die junge rassige Dame im ›Romanischen Café‹, dem Treffpunkt der Literaten der 20er Jahre, auftauchte und kess berlinernd sich in die Diskussionen einschaltete, konnte keiner ihr widerstehen. Mein Freund Klabund soll, wie ich später hörte, immer versucht haben, durch beschwichtigende Gesten mit seinen zarten Händen den Redefluß zu dämmen, aber kein Geringerer als Tucholsky soll ihn beruhigt haben.«[7]

Mascha Kaléko ist zweiundzwanzig Jahre alt, als ihre ersten Gedichte veröffentlicht werden. 1929 erscheinen im Heft Nummer neun der Zeitschrift ›Der Querschnitt‹ die Gedichte ›Spießers Frühlingserwachen‹ (später ›Piefkes Frühlingserwachen‹) und ›Zwischen zwei Fenstern‹ (später ›Tratsch im Treppenhaus‹), beide im Berliner Dialekt geschrieben. In dem Vortrag ›Die paar leuchtenden Jahre‹, den sie 1956 in Kassel hält, erzählt die Autorin, wie sie »damals jung und ahnungslos hineinsprang in den Strudel des literarischen Lebens von Berlin um 1930«.[8] Mit Witz und Ironie erinnert sich Mascha Kaléko an den Anfang ihrer literarischen Karriere. Allerdings übergeht sie dabei ihre beiden ersten Publikationen im ›Querschnitt‹. Für sie markiert die erste Veröffentlichung in einer der renommiertesten Berliner Tageszeitungen den Beginn ihrer Karriere als Dichterin. Zu den führenden Blättern der Hauptstadt gehörten damals das ›Berliner Tageblatt‹, aus dem Mosse-Verlag, und die ›Vossische Zeitung‹, die bei Ullstein erschien. Anfang Mai 1930 wird dort ihr Gedicht ›Sonntagmorgen‹ veröffentlicht:

Die Straßen gähnen müde und verschlafen.
Wie ein Museum stumm ruht die Fabrik.
Ein Schupo träumt von einem Paragraphen,
Und irgendwo macht irgendwer Musik.

Die Stadtbahn fährt, als tät sie's zum Vergnügen,
Und man fliegt aus, durch Wanderkluft verschönt.
Man tut, als müßte man den Zug noch kriegen.
Heut muß man nicht. – Doch man ist's so gewöhnt.

Die Fenster der Geschäfte sind verriegelt
Und schlafen sich wie Menschenaugen aus. –
Die Sonntagskleider riechen frisch gebügelt.
Ein Duft von Rosenkohl durchzieht das Haus.
(...)

Sonntagmorgen, LSt 34

Einen Monat später, im Juni 1930, beginnt auch das ›Berliner Tageblatt‹ regelmäßig Gedichte von ihr zu drucken. Mascha Kaléko erinnert sich: »Wenn Sie also hören wollen, wie damals so eine Dichterlaufbahn begann, nun denn: Bei mir fing es gleich mit dem Anfang an. Das tut es ja meistens, aber oft hört's auch gleich mit dem Anfang auf. Da schreibt so ein hoffnungsvoller Dichterling sein erstes Opus, schickt's hinaus in die Welt, (...) und schwupp – bringt's der Briefträger zurück. Die Redaktion ›bedauert‹. (...) Ich aber hatte mehr Glück als Verstand. Mein erster Beitrag zur ›mittelgroßen Unsterblichkeit‹ wurde promptest gedruckt. Von einem ehrenwerten Blatte der damaligen Reichshauptstadt. Und das war auch meine Rettung. Damals hätte es weiß Gott nur eines kleinen Stoßes bedurft, um mich abzuwerfen von dem schüchternen Pegasus, auf den ich mich in einem unbewachten Augenblick geschwungen hatte und der so kecke Töne von sich gab. Ich war zaghaft wie ein erstes Schneeglöckchen und scheu, wie sich das für einen so blutigen Anfänger gehört. Meine Ambitionen hingegen waren beträchtlich. Es musste immer gleich alles sein – oder nichts. Und so sandte ich denn das erste meiner Gedichte, das mir nach reiflicher Prüfung doch etwas zu gut für den Papierkorb schien, an die Redaktion der strengsten Zeitung Berlins, das war die ›Vossische‹. Und kurz darauf stand mein Name, unwiderruflich, gedruckt unter dem ersten Gedicht; bald unter dem zweiten, dann unter einem Prosastück im Feuilleton und schließlich in der Literaturbeilage, hochnobel.«[9] Ihre Gedichte erscheinen bald auch in anderen Zeitschriften, wie ›Tempo‹, ›Berliner Montagspost‹ oder dem ›Simplicissimus‹:

> Sonne klebt wie festgekittet.
> Bäume tun, als ob sie blühn.
> Und der blaue Himmel schüttet
> Eine Handvoll Wolken hin.
>
> Großstadtqualm statt Maiendüfte.
> – Frühling über Groß-Berlin! –
> Süße, wohlbekannte Düfte ...
> Stammen höchstens von Benzin.
> (...)
> *Frühling über Berlin, LSt 37*

Genaue Beobachtungen, Details des Alltags, ein lockerer, gleichzeitig wehmütiger Ton – dieser Stil wird zum Markenzeichen von Mascha Kaléko. Hauptthema ihrer Gedichte in diesen Jahren sind zwischenmenschliche Beziehungen, deren Reibungspunkte sich oft in alltäglichen Kleinigkeiten verbergen.

> Wir wachten auf. Die Sonne schien nur spärlich
> Durch schmale Ritzen grauer Jalousien.
> Du gähntest tief. Und ich gestehe ehrlich:
> Es klang nicht schön. – Mir schien es jetzt erklärlich,
> Daß Eheleute nicht in Liebe glühn.
> (...)
> Wie plötzlich mich so viele Dinge störten!
> – Das Zimmer, du, der halbverwelkte Strauß,
> Die Gläser, die wir gestern abend leerten,
> Die Reste des Kompotts, das wir verzehrten.
> ... Das alles sieht am Morgen anders aus.
> (...)

Ich zog mich an. Du prüftest meine Beine.
Es roch nach längst getrunkenem Kaffee.
Ich ging zur Tür. Mein Dienst begann um neune.
Mir ahnte viel –. Doch sagt ich nur das Eine:
»Nun ist es aber höchste Zeit! Ich geh ...«

Der nächste Morgen, LSt 27

Die Zeitungen reißen sich um solche Texte, und die Redakteure wollen die Dichterin bald auch persönlich kennenlernen. Mascha Kaléko nimmt sich »ein Herz und eine Taxe« und fährt in die Kochstraße zur Feuilletonredaktion der ›Vossischen‹. Als Monty Jacobs, der Chefredakteur, die junge Dame sieht, ist er sehr erstaunt. »Was da vor ihm stand, im kurzen Sportmantel jener Jahre, die rote Mütze auf etwas windverwehtem Haar, entsprach offenbar nicht ganz der traditionellen Erscheinung würdiger Autoren dieses hochwürdigen Blattes. ›Aaaber ...‹ sagte er (mindestens drei a steckten in diesem Aber), ›Sie sind doch noch so schrecklich jung. Sind Sie es denn wirklich?‹«[10] Mascha Kaléko hat diese Reaktion, die sich im Redaktionszimmer des ›Querschnitt‹ ähnlich wiederholt, offenbar gefallen. Kein Wunder, dass ihre Erscheinung oft Verblüffung auslöste. Die nüchterne Wehmut, mit der sie das Leben und die – meist schon welkende – Liebe der Großstadtmenschen beschreibt, erweckt den Eindruck, die Autorin sei reif und lebenserfahren. Später unterstützt Mascha Kaléko das Image der jungen Dichterin noch dadurch, dass sie sich fünf Jahre jünger macht und als Geburtsjahr 1912 nennt. Sie genießt ihre ersten Erfolge als Autorin, gibt aber ihren Büro-Job nicht auf. Durch diese Tätigkeit lernt sie den Alltag der Großstadtmenschen, der Angestellten und der kleinen Leute, mit allen Höhen und Tiefen aus nächster Nähe kennen. Ihre Gedichte haben sofort Erfolg, weil es ihr gelingt, die Ängste, Sorgen und Hoffnungen der Menschen genau zu schildern und in wenigen Zeilen in einer Mischung aus Melancholie und Heiterkeit auf den Punkt zu bringen.

Man lernt sich irgendwo ganz flüchtig kennen
Und gibt sich irgendwann ein Rendezvous.
Ein Irgendwas, – 's nicht genau zu nennen –
Verführt dazu, sich gar nicht mehr zu trennen.
Beim zweiten Himbeereis sagt man sich ›du‹.

Man hat sich lieb und ahnt im Grau der Tage
Das Leuchten froher Abendstunden schon.
Man teilt die Alltagssorgen und die Plage,
Man teilt die Freuden der Gehaltszulage,
… Das übrige besorgt das Telephon.
(…)
Großstadtliebe, LSt 20

In diesen Texten scheinen sich Zeilen und Reime mühelos und locker aneinanderzureihen. Die Dichterin beherrscht das poetische Handwerkszeug, die klassischen Strophen- und Reimformen, genau. Souverän erweitert sie die in der deutschen Dichtung beliebte vierzeilige Volksliedstrophe durch ungewöhnliche Reime und modernes Vokabular. Ihre leichtfüßigen Verse kippen nicht in Sentimentalität um; aufkommende Rührung wird ironisch gebrochen. Die Grundlage dieser Ironie ist die Spannung zwischen dem Ideal und der Wirklichkeit. Mascha Kaléko versteht es, das Lebensgefühl dieser Jahre in Poesie umzusetzen. Dabei klingen in ihren Versen nicht nur Ironie und Melancholie an, sondern zuweilen auch Sozialkritik. Nachdem sich die Frauen 1919 endlich das Wahlrecht erkämpft haben, emanzipieren sie sich in den folgenden Jahren immer mehr. In den zwanziger Jahren steigt die Zahl der weiblichen Angestellten in Deutschland schnell und überschreitet die Millionengrenze. Die Frauen sind selbstsicherer und unabhängiger geworden, sie tragen kürzere Röcke oder auch Hosen, eine Bubikopffrisur, rauchen und verdienen ihr eigenes Geld. Dieser neue Frauentyp taucht auch in Mascha Kalékos Texten auf. In der Kurzgeschichte ›Ein Abschied‹ fragt sich ein Verehrer, warum seine Angebetete nicht mit ihm fortziehen will: »Was hielt sie hier? Wirklich nur ihre Liebe zu dieser häßlichen großen Stadt, in der man krepieren konnte wie ein Hund, ohne daß es einer merkte? Wirklich nur das ›Glück‹ ihrer Selbständigkeit? Jener armseligen ›Freiheit‹, die ihr die selbstverdienten hundertzwanzig Mark am Monatsende bedeuteten.«[11] In dem Gedicht über die ›Mannequins‹ täuscht der lockere Ton, denn die Autorin kritisiert auch die Arbeitsbedingungen der Frauen, die oft ausgenutzt und wesentlich schlechter bezahlt werden als ihre männlichen Kollegen.

> Nur lächeln und schmeicheln den endlosen Tag …
> Das macht schon müde.
> – Was man uns immer versprechen mag:
> Wir bleiben solide.
> Wir prunken in Seide vom ›dernier cri‹
> Und wissen: gehören wird sie uns nie.
> (…)
> Wir leben am Tage von Stullen und Tee.
> Denn das ist billig.
> Manch einer spendiert uns ein feines Souper,
> … Ist man nur willig.
> Was nützt schon der Fummel aus Crêpe Satin –
> Du bleibst, was du bist: Nur ein Mannequin.
> Da gibts nichts zu lachen.
> Wir rechnen, obs Geld noch bis Ultimo langt,
> Und müssen trotzdem, weils die Kundschaft verlangt,
> Das sorglose Püppchen machen.
> (…)
> *Mannequins, LSt 10*

Mascha Kalékos Gedichte treffen den Ton der Zeit. Nicht nur die Berliner, auch überregionale Zeitungen drucken gern die Miniaturen aus dem Alltagsleben der Großstadt. Manchmal kommt die Autorin mit dem Schreiben nicht nach. »In jenen Tagen hatte ich kaum Unveröffentlichtes vorzuweisen. Was die literarische Produktion betrifft, so lebte ich, wenn man so sagen darf, von der Hand in den Mund. Ich schrieb, und es wurde gedruckt. Meistens. Sagte dieses

Blatt nein, so sagte jenes ja. Und so herrschte in meinem selbständigen lyrischen Unternehmen eine erfreuliche Balance zwischen Angebot und Nachfrage.«[12] Die Redaktionen publizieren nicht nur ihre heiteren, sondern auch ihre kritischen Verse, in denen die Dichterin die Nöte der Bevölkerung auf den Punkt bringt. Als der ›Simplicissimus‹ im Frühjahr 1931 ihr Gedicht ›Chor der Kriegerwaisen‹ druckt, erhält die Zeitung den Brief eines Lesers, der darum bittet, »Herrn Mascha Kaléko« seinen »tiefen Dank für das wundervolle Denkmal, das er mit seinen Zeilen einer Generation geschaffen hat …«, zu überbringen, »… einer Generation, die heute – leider Gottes – von politischen Hitzköpfen überschrien wird.« Dreizehn Jahre nach dem Ende des Ersten Weltkrieges spricht dieses Antikriegsgedicht vielen Menschen aus dem Herzen.

(…)
Kind sein, das haben wir niemals gekannt.
Uns sang nur der Hunger in Schlaf …
Weil Vater im Schützengraben stand,
Zu fallen für Kaiser und Vaterland,
Wenns grade ihn mal traf.
(…)
Und kam eines Tages ein Telegramm,
Wenn der Vater schon lang nicht geschrieben –
Dann zog sich die Mutter das Schwarze an,
Und wir waren kriegshinterblieben.

Wir lernten Geschichte und Revolution
Am eigenen Leibe erfahren.
Wir schwitzten für Gelder der Inflation,
Die später Klosettpapier waren.

Wir spüren noch heute auf Schritt und Tritt
Jener ›Herrlichen Zeiten‹ Vermächtnis.
– Und spielt ihr Soldaten, wir machen nicht mit;
Denn wir haben ein gutes Gedächtnis!

Chor der Kriegerwaisen, LSt 71

Der begeisterte Leser, der vermutlich überhaupt nicht in Erwägung gezogen hat, dass diese kritischen Zeilen eine Frau geschrieben haben könnte, ist so beeindruckt, dass er dem ›Simplicissimus‹ empfiehlt: »Sagen Sie allen Zeitungen, sie sollen dieses Gedicht bringen! Sagen Sie dem Rundfunk, er solle es über die ganze Erde verbreiten! (...) Lassen Sie es von allen Kanzeln der Welt in die Ohren der Menschen schreien! und sagen Sie allen Eltern, sie sollen ihren Kindern durch dieses Gedicht etwas von einer zerstörten Generation erzählen!«[13]

1931 bekommt die junge Dichterin von der ›Welt am Montag‹, einer Berliner Wochenzeitung, das Angebot, jeden Montag ein neues Gedicht zu veröffentlichen. Doch sie fürchtet sich vor der Verpflichtung, jede Woche auf Bestellung dichten zu müssen und »einen lyrischen Beitrag abzuliefern«. Mascha Kaléko lehnt daher ab, trotz des beträchtlichen Honorars, das man ihr anbietet. »Der Gedanke, ich müßte, komme was mag, *jeden* Montag ein druckfertiges Gedicht abliefern«, bereitet ihr Angstträume. »Dazu muß ich allerdings gestehen, daß ich an einer quälenden Furcht litt. Kaum, daß mir etwas Ordentliches gelungen war, so vermeinte ich, dies wäre das Letzte! Nie wieder würde mir derartiges glücken. Unter dieser mysteriösen Qual litt ich anfangs unsäglich.«[14] Doch der Verleger beruhigt die Autorin und lässt sich darauf ein, auch Zweitdrucke zu nehmen, falls Mascha Kaléko nicht jede Woche einen neuen Text liefern kann. Sie unterschreibt den Vertrag und veröffentlicht ein halbes Jahr lang, von Dezember 1931 bis Mai 1932, jeden Montag ein Gedicht. »Dieser Zwang wurde mir zum Segen, ich verlor die Furcht und schrieb eine ganze Menge in jenem Jahr. Zeitgedichte und Großstadtlyrik.«[15]

Es sind die Arbeiter und Angestellten, denen Mascha Kalékos Sympathie gilt. Sie arbeiten viel für wenig Geld und können den Luxus der Großstadt nur selten genießen. Einfühlsam schildert die Autorin die Situation der kleinen Leute – vermutlich auch aus eigener Erfahrung.

Montag hat die Welt noch kein Gesicht,
Und kein Mensch kann ihr ins Auge sehen.
Montag heißt: Schon wieder früh aufstehen,
Training für das Wochen-Schwergewicht.
(...)

Montags gähnt sogar das Portemonnaie,
Und es reicht noch grad für die Kantine.
Spät nach Ladenschluß geht man mit Duldermiene
Resigniert vorbei am Stammcafé.
(...)
Chanson vom Montag, LSt 9

Für Mascha Kaléko und ihren Mann verbessert sich die wirtschaftliche Lage. Die Dichterin kann wesentlich zum Einkommen beitragen, denn ihre Texte haben immer mehr Erfolg. Sie wird eingeladen, ihre Gedichte im Rundfunk zu lesen. Sie tritt im Kü-Ka, dem »Künstler-Kabarett« in der Budapester Straße nahe der Gedächtniskirche, auf, das sie selbst als »eine Art Talentwiege« bezeichnet. Dort werden Texte von Erich Kästner, Kurt Tucholsky und Joachim Ringelnatz rezitiert, und am Pressetisch sitzen die Kritiker. Ein Rezensent schreibt über das »Kü-Ka«: »Nicht leicht unter der Menge von Talentlosigkeit eine Begabung zu entdecken. Aber da ist Mascha Kaléko, ein apartes Persönchen, mit eigenen Berliner Gedichten. Darin liegt eine spezielle Note: Mischung aus Drollerie, Liebenswürdigkeit und anmutiger Persiflage. Plaudernd zeichnet die junge Künstlerin trefflich charakterisierend Berliner Typen in ihren Sächelchen, so ein bißchen ›Spitzweg in Brandenburg‹.«[16] Die Bühne ist klein, aber die Resonanz – im besten Fall – enorm, erinnert sich Mascha Kaléko. »Hier also las auch ich des Abends vor, was ich im stillen Kämmerlein gedichtet hatte. Hatte ich auch Glück mit dem Publikum, so starb ich doch allabendlich vor Lampenfieber und Schüchternheit. Vor dem Mikrophon – das ging noch, aber vor so viel fremden Augen, die einen anstarrten! Da war's doch leichter, Gedichte und Chansons für andere zu schreiben.«[17] Claire Waldoff, Rosa Valetti, Tatjana Sais und

Annemarie Hase tragen Gedichte und Chansons von Mascha Kaléko vor. Claire Waldoff, die populäre und bei den Berlinern sehr beliebte Sängerin und Kabarettistin, lädt die Dichterin »sogar zum Sonntagsnachmittagskaffee« ein. Mascha Kaléko widmet der Vortragskünstlerin ihr Gedicht ›Mariechen schreibt‹ und erinnert sich: »Sie war in ihrem Heim genau so echt wie auf der Bühne, sie pflegte auch hier den Ton der Berliner Pflanze, wenn auch um einen Grad leiser.«[18]

Von einem Leipziger Verlag bekommt Mascha Kaléko im Februar 1932 das Angebot, einen Sammelband mit ihren besten Gedichten herauszubringen. Allerdings scheint sich der Verleger vorher nicht gut informiert zu haben, denn er adressiert den Brief an »Herrn Mascha Kaléko«.[19] Sie ignoriert das Schreiben, bewahrt es aber als Kuriosum auf. Im selben Jahr fragt der Ullstein Verlag »aufrichtig interessiert« bei der Autorin an, ob sie »in letzter Zeit einen Roman geschrieben« habe.[20] Doch die große epische Form ist nicht ihre Sache. Sie glänzt mit kurzen, pointierten Alltagsminiaturen – manchmal in Prosa, meist in Poesie:

Einmal sollte man seine Siebensachen
Fortrollen aus diesen glatten Geleisen.
Man müßte sich aus dem Staube machen
Und früh am Morgen unbekannt verreisen.

Man sollte nicht mehr pünktlich wie bisher
Um acht Uhr zehn den Omnibus besteigen.
Man müßte sich zu Baum und Gräsern neigen,
Als ob das immer so gewesen wär.
(…)
Es gibt beinahe überall Natur,
– Man darf sich nur nicht sehr um sie bemühen –
Und so viel Wiesen, die trotz Sonntagstour
Auch werktags unbekümmert weiterblühen.
(…)
Einmal sollte man …, LSt 57

In diesen Jahren des ersten Erfolges als Dichterin verreist Mascha Kaléko oft, meist mit ihrem Mann, aber auch allein. Landschaften und Leute beobachtet sie auch unterwegs sehr genau und hält ihre Impressionen schriftlich fest. Im August 1930 ist sie auf Hiddensee, im Juli 1931 in Kopenhagen, und 1932 macht sie eine große Reise, auf der sie die Alhambra in Granada sieht, Salzburg und Wien besucht und nach Frankreich fährt. Aus Paris schickt sie ihrem Mann eine Postkarte mit einem Scherenschnitt von sich und schreibt: »Heute war ich auf dem Eiffelturm und in der Notre-Dame. Paris ist schön ... sehr schön. Aber leben, leben in Berlin.«[21] Der Seine-Stadt widmet sie ein Gedicht:

Das also bist du, Stadt der tausend Fabeln.
– Am *Gare du Nord* taucht Filmkulisse auf.
Noch bin ich fremd und denke in Vokabeln.
Paris, sei gut zu mir und tu dich auf!

Nun, heimwärts, fällst du mir im Dämmer ein:
Die großen Kirchen, winzigen Spelunken,
Der erste Café-crème, am Zinq getrunken,
Die Seine-Ufer im Laternenschein.
(...)
Ich fand dich anders, als im Buch beschrieben.
Im Reiseführer fehlte das und dies.
– Doch zu den Millionen, die dich lieben,
Zähl bitte auch M. K. hinzu, Paris!

Momentaufnahme: Paris, LSt 163

Sie besucht auch Marseille und macht von dort aus einen Abstecher mit dem Schiff nach Spanisch-Marokko. Die Eindrücke einer Besichtigungstour durch die nordafrikanische Landschaft hat sie in einem Prosatext verarbeitet: »Ab und zu leuchtet es hinter den Bergen kreideweiß, zackig ausgebogte Giebel, Dächer mit spitzengeklöppelter Küchenborte, die sich als die typisch maurische Meißelarbeit entpuppt, von der wir schon in Granada einen kleinen Vorschuß bekommen haben. Und da auf einmal: ein kleines, filigranzackiges

Haus mit Miniatur-Kuppel, sicher eine Moschee. (…) Bezaubernd, wie sich das marzipanfarbige kleine Haus von dem Blau des Himmels abhebt, (…) Da hält der Wagen und wir springen hinaus, die Sehenswürdigkeit zu beschnuppern. Denn so ist der Mensch, es genügt nicht, daß etwas nichts weiter als schön ist, nein, da steht der Oberlehrer in ihm auf und sagt, ha! du mußt auch was für deine Bildung tun. – Wären wir hübsch brav weitergefahren, niemals hätten wir die unverschämte kleine Tafel an der Westwand der ›Moschee‹ erlebt: *Central-Telefon-Station.* Entzaubertes Afrika …«[22] Mit ihrem genauen Blick für Details schaut Mascha Kaléko hinter die Kulissen der Touristenziele und der Gesellschaft des Landes. Als die Reisegruppe die Stadt Tetuan erreicht, notiert sie: »… an den Hotels mit Ansichtskartenfassade sausen wir (…) rasch vorbei. (…) Ohne Übergang überfällt uns Afrika. Buntes Völkerpotpourri, weiße, ockerfarbige, Milchkaffee- und Mokka-Gesichter. Krummwinklige Gassen, die in rundbogige Tore münden. Vergessene Höfe mit uralten Brunnen aus maurischem Mittelalter. Lärm überfällt uns, Lachen, Schreien. Immer wieder kommen wir an verwahrlosten Hütten vorüber, vor denen die Alten kauern, die Pfeife im Mund, einen Berg von Baststreifen vor sich auf der Erde, die sie geschickt in Henkelkörbe verwandeln, an Ecken, vor denen eine Unzahl schwarzer Katzen Versammlung abhält, an Fleischständen, Treffpunkt sämtlicher Insektenarten Nordafrikas, bis wir in eine beängstigend schmale Gasse geraten, die, sich wie ein Fluß windend, in den Basar von Tetuan führt …«[23] Am meisten beeindruckt sie jedoch die französische Hafenstadt, die Ausgangspunkt und Ziel des Ausflugs nach Marokko ist: »Mir war sofort als sei ich in diesem Hafen schon im früheren Leben gewesen. So heimatlich umfing mich Marseille«,[24] erinnert sie sich noch mehr als dreißig Jahre später.

Den Kasseler Vortrag, den sie 1956 hält und in dem sie den Beginn ihrer Laufbahn als Dichterin im Berlin Ende der zwanziger und Anfang der dreißiger Jahre schildert, überschreibt sie mit ›Die paar leuchtenden Jahre …‹ und setzt hinzu »… vor der großen Verdunkelung«. Es sind die Jahre zwischen 1928 und 1932. Fünf Jahre, in denen Mascha Kaléko heiratet, ihre ersten Gedichte veröffentlicht und in kurzer Zeit als Schriftstellerin immer bekannter wird. Ihre Verse sprechen jeden an, weil sie kleine Geschichten aus dem Leben erzählen:

> Wenn einer stirbt, dann weinen die Verwandten;
> Der Chef schickt einen Ehrenkranz ins Haus,
> Und voller Lob sind die, die ihn verkannten.
> … Wenn einer tot ist, macht er sich nichts draus.
> (…)
> Wenn einer stirbt, scheint denen, die ihn lieben,
> Es könne nichts so einfach weitergehn.
> Doch sie sind auch nur ›trauernd hinterblieben‹,
> Und alles läuft, wie es ihm vorgeschrieben.
> – Und nicht einmal die Uhren bleiben stehn …
>
> *Ein kleiner Mann stirbt, LSt 19*

»Ich bin verflucht (oder gesegnet), Freud und Leid tausendfach tiefer zu empfinden«
– ERFOLGREICHE DICHTERIN UND VERBOTENE AUTORIN –

Innerhalb weniger Jahre gehört die junge Mascha Kaléko zur literarischen Szene in Berlin. Mit dem Feuilletondienst des Kiepenheuer Verlages schließt sie einen Vertrag, der dafür sorgt, dass ihre Gedichte und Prosa im gesamten deutschsprachigen Gebiet an Zeitungen und Zeitschriften geschickt werden. So erscheinen ihre Texte auch in Österreich, der Schweiz und in der Tschechoslowakei. Eines Tages wird Mascha Kaléko im »Romanischen Café« von einem Fremden angesprochen, der sich als Freund von Franz Hessel vorstellt. Franz Hessel, Schriftsteller und Berliner Flaneur, bekannt durch seine Bücher ›Heimliches Berlin‹ (1927) und ›Spazieren in Berlin‹ (1929), arbeitet als Lektor beim Rowohlt Verlag. Ihm gefallen ihre Gedichte so gut, dass er sie aus den Berliner Tageszeitungen ausschneidet und sammelt. Der Kontakt ist schnell hergestellt, und Franz Hessel schlägt Mascha Kaléko vor, einen Gedichtband bei Rowohlt zu veröffentlichen. »Zeigen Sie mir alles, was Sie haben«, sagt Franz Hessel und wartet, bis sie genug Gedichte geschrieben hat. Im Dezember 1932 unterzeichnet Mascha Kaléko einen Vertrag mit dem Rowohlt Verlag, der ihr zehn Prozent Autorenhonorar zusichert und einen Vorschuss von zweihundert Reichsmark. Der 1919 in Berlin gegründete Verlag gehört – neben dem Verlag von Samuel Fischer – zu den angesehensten Berliner Verlagshäusern. Ernst Rowohlt, 1887 in Bremen geboren, ist eine beeindruckende Verlegerpersönlichkeit. Ein »lauter und starker Mann«, der behauptet, er müsse ein Manuskript »nicht erst lesen, sondern nur gegen seinen Hinterkopf klopfen, um zu wissen, ob es geeignet für seinen Verlag sei oder nicht«.[1] Der Verleger hat ein Gespür für gute Literatur, die sich gut verkauft. Aber auch wenn Bücher nicht so erfolgreich sind, steht Ernst Rowohlt hinter seinen Autoren – dazu gehören u. a. Hans Fallada, Joachim Ringelnatz, Franz Werfel und Kurt Tucholsky. Im Januar 1933 erscheint Mascha Kalékos erstes Buch ›Das lyrische Stenogrammheft. Verse vom Alltag‹. In einer Rezension heißt es: »Aus Alltag und Festtagsfreude, Wehmut und glücklichen Tagen formen sich wie von selbst schöne Verse, die mit dem Begriff Gebrauchslyrik nicht mehr festzulegen sind, sondern durch die Einfachheit von Ton und Rhythmus die Schönheit der reinen Lyrik, der absichtslosen und wahrhaften Dichtung gewinnen.«[1a] Die Dichterin bekommt Briefe von Leserinnen und Lesern aus dem ganzen deutschsprachigen Raum, die ihr nicht nur ihre Bewunderung ausdrücken, sondern oft auch eigene im Kaléko-Stil gereimte Gedichte schicken. Die wichtigsten Zuschriften hebt sie sich auf. Eine Verehrerin aus Köln schreibt: »Ich kenne Sie aus der Vossischen von Ihren Gedichten her, von denen ich immer so begeistert war, daß ich die Zeitung zu allererst daraufhin durchsah, ob etwas von Ihnen drinstände. (…) Es ist ein befreiendes Gefühl, seine eigensten Nöte in Versen ausgedrückt wieder zu finden.«[2]

Du hast mir nur ein kleines Wort gesagt,
Und Worte kann man leider nicht radieren.
Nun geht das kleine Wort mit mir spazieren
Und nagt …
(…)
Was war es doch? Ein Nichts. Ein dummes Wort …
So kurz und spitz. Leis fühlte ich das Stechen.
In solchen Fällen kann ich selten sprechen,
Drum ging ich fort.
(…)
… Ich muß schon manchmal an das Ende denken
Und werde dabei langsam Pessimist.
So ein paar kleine Silben können kränken.
– Ob dies das letzte Wort gewesen ist?

Kleine Auseinandersetzung, LSt 55

Der Gedichtband, der im Buchhandel 1,80 Reichsmark kostet, verkauft sich gut. Die Menschen lieben die besondere Mischung aus leisen Tönen zwischen Witz, Ironie und Melancholie. Doch Mascha Kalékos erstes Buch erscheint in einer unruhigen Zeit, in der sich politische Veränderungen abzeichnen, deren fatale Folgen damals noch niemand ahnen kann. Die soziale Situation in Deutschland spitzt sich zu, 1932 gibt es sechs Millionen Arbeitslose. Bei den Reichstagswahlen im Juli 1932 bekommt die NSDAP mehr als dreizehn Millionen Stimmen und wird mit 37,3 Prozent stärkste Partei.

›Das Lyrische Stenogrammheft‹ enthält auch Verse mit kritischen Untertönen. Der Band schließt mit dem Gedicht ›Herrschaftliche Häuser‹, das die gesellschaftlichen Veränderungen nach dem Ersten Weltkrieg, die Weltwirtschaftskrise und die steigende Arbeitslosigkeit, von denen auch die einst Privilegierten betroffen sind, thematisiert. Dass darüber hinaus die Platzierung des Gedichtes – gerade mit seiner Schlusszeile – am Ende des Buches bewusst so gewählt ist und einen indirekten Hinweis der Autorin, des Lektors und des Verlegers auf die sich verschärfende politische Situation in Deutschland darstellt, ist möglich, aber nicht belegt.[3]

Außen protzt das herrschaftliche Haus
Stillos-reich und kitschig-kalt wie früher.
Innen kennt sich der Gerichtsvollzieher
Besser als der Geldbriefträger aus.
(...)
... Letzter Rest der Vorkriegseleganz.
Drinnen lebt man vom Adressenschreiben.

Familien-Silber leuchtet auf Auktionen.
Dem Bechstein-Flügel hat man nachgeweint.
Kahl starrn die Wände. Und den Armen scheint,
Daß sie bei sich selbst zur Miete wohnen.
(...)
Die Töchter gehen stempeln oder tippen.
Teils sind sie Mannequins und teils nur Braut...
Es lebt sich schwer bei Tee und trocknen Schrippen.
Die Mütter sind in Ehren noch ergraut.
(...)
Einst hatte man noch manikürte Hände
Und einen Ruf. Doch das ist lange her.
Seit Neujahr grüßt selbst der Portier nicht mehr.
Das ist das Ende...

Herrschaftliche Häuser, LSt 70

Der Machtantritt der Nationalsozialisten unter Adolf Hitler am 30. Januar 1933 wird zunächst von vielen nicht ernst genommen. Auch zahlreiche Künstler halten diese radikale Bewegung für eine Zeiterscheinung, die bald vorübergehen wird. Doch schnell macht sich der neue Druck auf politische Gegner, kritische Künstler, linke Intellektuelle und Juden bemerkbar. Mitte Februar werden Heinrich Mann und Käthe Kollwitz aus der Preußischen Akademie der Künste ausgeschlossen. Die Schriftstellerin Ricarda Huch, die 1930 als erste Frau in die Akademie berufen worden war, wird zur Loyalität mit dem neuen Regime aufgefordert. Daraufhin teilt sie dem Präsidenten der Akademie der Künste ihren Austritt mit und erklärt: »Was die jetzige Regierung als nationale Gesinnung vorschreibt, ist nicht mein Deutschtum. Die Zentralisierung, den Zwang, die brutalen Methoden, die Diffamierung Andersdenkender, das prahlerische Selbstlob halte ich für undeutsch und unheilvoll.«[4] Joseph Roth, Heinrich Mann, Alfred Kerr und andere regimekritische Autoren emigrieren.

Mascha Kaléko ist Mitglied im SDS, dem Schutzverband Deutscher Schriftsteller. Nach Hitlers Machtübernahme treffen sich die Mitglieder an verschiedenen Orten und tarnen ihre Zusammenkünfte als »Werkabende«. Am Nachmittag des 27. Februar 1933 ist in einem Café eine Veranstaltung geplant, auf der Walter Mehring lesen soll. Der Schriftsteller erinnert sich: »Als ich da hinkam, warnte mich Mascha Kaléko: ›Mehring, Sie müssen sofort verschwinden! Da oben ist die Hakenkreuz-Hilfspolizei mit einem Haftbefehl für Sie!‹«[5] Mascha Kaléko spielt die charmante und naive Künstlerin und lenkt die Uniformierten ab. Walter Mehring flieht noch am selben Abend nach Paris. Mehr als vierzig Jahre später erwähnt sie in einem Brief an den Kollegen, der später nach New York emigrierte, die »Story der WM-Lebensrettung durch MK's wunderbares Auftauchen«.[6] In der Nacht nach Walter Mehrings Flucht brennt der Reichstag, und viele dem Regime unbequeme Künstler und Autoren – wie Erich Mühsam, Carl von Ossietzky und Egon Erwin Kisch – werden verhaftet. Einen Monat später wird der Schutzverband Deutscher Schriftsteller »gleichgeschaltet« und die Ortsgruppe Berlin aufgelöst. In den folgenden Wochen verlassen zahlreiche Schriftsteller Deutschland, darunter Bertolt Brecht, Alfred Döblin, Bruno Frank, Annette Kolb, Walter Benjamin, Hermann Kesten, Erika und Klaus Mann, Alfred Polgar und Gabriele Tergit. Schnell wird klar, dass nicht nur regimekritische Autoren gefährdet sind, sondern auch jüdische. Anfang März 1933 beschließen die Nazis erste Aktionen gegen Juden und am 1. April wird zum Boykott aller jüdischen Geschäfte aufgerufen.

Mascha Kaléko wird diese Maßnahmen gegen jüdische Bürger registriert, aber sich noch nicht direkt persönlich bedroht gefühlt haben. Vielleicht gehört auch sie zunächst zu denjenigen Künstlern, die hoffen, dass der nationalsozialistische Spuk nicht lange dauern beziehungsweise schon nicht so schlimm werden würde. Viele deutsche Juden unterschätzen die Gefahr, in der sie sich befinden. 1973 erzählt Mascha Kaléko in einem Interview, dass sie bis 1933 keine negativen Erfahrungen mit ihrer jüdischen Herkunft gemacht habe. In dem Gespräch mit Alfred Joachim Fischer fällt ihr dann aber doch noch eine kurze Episode ein, die sie als Kind erlebte: »Ich war mit meiner Mutter im Ostseebad Kolberg und zwar war ich damals in einer jüdischen Pension und die Lasker-Schüler war auch in dieser Pension und wurde sehr bemuttert – ich wusste gar nicht, wer Lasker-Schüler ist, ich war noch nicht in dem Alter, wo man Lyrik kennt – ich hörte nur, dass die Jungen Steine nach ihr warfen und sie ›Judsche, Judsche‹ beschimpften und als sie dann weg war, erklärte uns die Besitzerin der Pension, dies sei eine der größten deutschen Dichterinnen, ich solle mir den Namen merken (…).«[7] Else Lasker-Schüler emigrierte im Alter von 64 Jahren – nachdem ihr Theaterstück ›Arthur Aronymus und seine Väter‹ noch vor der Generalprobe im Berliner Schiller-Theater von den Nationalsozialisten abgesetzt wurde – im März 1933 zunächst in die Schweiz, später nach Palästina, wo sie 1945 verbittert und vereinsamt starb. Nicht nur als Jüdinnen, auch als selbstständige Künstlerinnen passen Dichterinnen wie Else Lasker-Schüler und Mascha Kaléko nicht in das Frauenbild der Nationalsozialisten. Die Ausstellung »Die Frau«, die im Frühjahr 1933 in Berlin gezeigt wird, propagiert auf übergroßen Plakaten als Frauenideal blonde, einfache, mütterliche Wesen, die nicht zu viel Geist haben und statt eines Bubikopfes eher Zöpfe oder einen Haarknoten tragen.

Ebenfalls im März 1933 ordnet Reichspropagandaminister Joseph Goebbels die Erstellung von »Schwarzen Listen« an, um die Bibliotheken von »zersetzendem Schrifttum und marxistischen und jüdischen Büchern zu säubern«. Unter dem Motto »Wider den undeutschen Geist« werden am 10. Mai 1933 in ganz Deutschland Bücher missliebiger Autoren öffentlich verbrannt. In Berlin findet das von der Deutschen Studentenschaft organisierte Spektakel auf dem Opernplatz gegenüber der Universität statt. Die Schriften der wichtigsten und bekanntesten deutschen Autoren – wie z. B. Heinrich Heine, Karl Marx, Friedrich Engels, Rosa Luxemburg, Thomas und Heinrich Mann, Erich Kästner, Stefan Zweig, Bertolt Brecht, Alfred Döblin und Kurt Tucholsky – werden von Studenten in die Flammen geworfen. Mascha Kalékos Gedichtband ›Das Lyrische Stenogrammheft‹ ist nicht darunter. Noch steht ihr Name auf keiner der »Schwarzen Listen«. Ihr erstes Buch verkauft sich so gut, dass die Auflage bald vergriffen ist und der Rowohlt Verlag eine zweite druckt. Franz Hessel ermuntert die junge Autorin, fleißig weiterzuschreiben, damit ein neuer Gedichtband fertig wird. Mascha Kaléko und Franz Hessel werden Freunde. Oft sitzen sie – auch mit Maschas Mann Saul Kaléko – zusammen im »Romanischen Café«. Franz Hessel, der die Dichterin »eine Tochter Morgensterns« und »eine Schwester von Ringelnatz« nennt, schreibt über ihre Verse: »Volksliedhaft prägen sich die Gedichte mit ihren bitteren und zärtlichen Rhythmen und Reimen ein … voll Witz, Geist und leiser Melancholie … Sie sind Zeitdokumente unserer Gegenwart und zugleich Lieder von der kleinen Ewigkeit junger Herzen …«[8]

Anfang Dezember 1933 schickt der Rowohlt Verlag ein Rundschreiben an seine Autoren, in dem er mitteilt, dass sie bis zum 15. Dezember 1933 der Reichsschrifttumskammer beitreten müssen. »Wir haben uns mit dem Reichsverband deutscher Schriftsteller in Verbindung gesetzt und haben die Auskunft erhalten, dass der Reichsverband durch das Kulturkammergesetz zu einer Zwangsorganisation aller Schriftsteller gemacht worden ist. Alle Schriftsteller haben sich im Reichsverband anzumelden, auch Nichtarier. (…) Ohne diese Mitgliedschaft ist eine Publikationsmöglichkeit nach dem Kulturkammergesetz in Buch, Zeitschrift oder Zeitung für Sie nicht möglich.«[9] Wie verhält man sich, wenn man einerseits beruflichen Erfolg hat, andererseits aber politischer Bedrohung ausgesetzt ist? Wahrscheinlich befindet sich Mascha Kaléko in einer Zwickmühle. Sie weiß von konkreter Verfolgung, von der Emigration vieler Kollegen, von verbotenen und verbrannten Büchern, fühlt sich jedoch als »unpolitisch« nicht wirklich in Gefahr. Vermutlich will sie ihre gerade begonnene Karriere als Dichterin nicht gefährden und tritt der Reichsschrifttumskammer bei. 1934 gibt sie ihre Arbeit bei der Jüdischen Gemeinde auf, wo sie zuletzt in verantwortlicher Position als selbstständige Abteilungssekretärin in der Etat-Kontrolle der Hauptverwaltung tätig war. Seit 1930 hat sie mit Veröffentlichungen gut verdient. In einem Antrag, den sie nach dem Krieg stellt, beziffert sie ihr Einkommen aus schriftstellerischer Tätigkeit in den Jahren 1931 bis 1936 mit durchschnittlich vier- bis fünftausend Reichsmark pro Jahr.[10] Auch ihr Mann hat mit seinen Publikationen Erfolg, sein Hebräisch-Lehrbuch erscheint 1936 bereits in der fünften Auflage. Endlich müssen sie nicht mehr jeden Pfennig umdrehen, können Möbel, Bücher und Schallplatten kaufen und verreisen. In diesen Jahren fährt Mascha u.a. nach Italien, Wien, Hiddensee, Venedig und Prag, das ihr 1935 »noch sehr kafkaisch« vorkommt.[11]

Von Ende 1933 bis Anfang 1935 besucht Mascha Kaléko – mit Unterbrechungen – Kurse in Reklamegrafik und Zeichnen an der angesehenen privaten Reimann Werbefachschule. Seit Anfang 1934 drucken die Zeitungen keine Gedichte mehr von ihr. Wahrscheinlich sucht sie nach anderen Möglichkeiten, mit dem Schreiben Geld zu verdienen. Für die Deutsche Grammophon Gesellschaft verfasst sie Werbetexte. In der hauseigenen Zeitschrift ›Die Stimme seines Herrn‹ veröffentlicht sie unter dem leicht zu entschlüsselnden Pseudonym »Emka« Sprüche und Artikel, die die Vorzüge des Grammophons preisen, und Rezensionen über neue Schallplatten. Eine Werbekarte der Deutschen Grammophon Gesellschaft (»Der gute Ton auf Grammophon«) nach einer Idee von Mascha Kaléko wird millionenmal gedruckt und verbreitet. Ihr Sprach-Witz und ihre leichten Verse sind für diese Art von Texten sehr geeignet. Im Mai 1934 erhält sie von der Werbeabteilung der Deutschen Grammophon ein Belegexemplar der Zeitschrift mit der Versicherung, »dass die von Ihnen geschaffenen Texte durchweg besonderen Beifall gefunden haben, und dass wir den Erfolg unseres Inseraten-Feldzuges zum guten Teil Ihren flüssigen und werbewirksamen Texten zuschreiben. Auch die uns mehrfach vorgeschlagenen Werbe-Ideen und Werbe-Verse, die wir zum Teil ausprobiert haben, werden uns veranlassen, Sie fernerhin um Mitarbeit bei unserer Propaganda zu bitten.«[12] Der Brief ist unterzeichnet »mit deutschem Gruss«. Vermutlich wissen die Zuständigen bei der Deutschen Grammophon Gesellschaft nicht, dass ihre erfolgreiche Autorin Jüdin ist.

Auch für den Berliner Vergnügungstempel »Haus Vaterland« am Potsdamer Platz, in dem es nicht nur Kino und Varieté, sondern auch zwölf verschiedene Restaurants gibt, entwirft Mascha Kaléko einen Werbetext, der auf eine Schallplatte gepresst wird. Den Besuchern, die zwischen den kulinarischen Spezialitäten eines Türkischen Cafés, einer Wild-West-Bar, einer Rheinterrasse, einer spanischen Bodega oder eines bayerischen Löwenbräus wählen können, verspricht sie einen »Abend im modernen Paradies«.[13]

Ende 1934 erscheint im Rowohlt Verlag Mascha Kalékos ›Kleines Lesebuch für Große. Gereimtes und Ungereimtes‹. Der Band enthält neben Gedichten auch Kurzgeschichten, die allerdings nicht so pointiert und gelungen sind wie die Lyrik. Die Dichterin hat – nach dem Erfolg des ersten Bandes – bessere Bedingungen erzielt: zwölf Prozent Honorar und einen Vorschuss von 350 Reichsmark. Auch das zweite Buch verkauft sich gut. Doch fällt auf, dass die Autorin kaum ironische und kritische Töne wagt und sich ihre Gedichte und Geschichten vor allem mit zeitlosen Themen beschäftigen. Die Gründe dafür sind nicht bekannt. Vielleicht will sie sich und ihren Mann nicht gefährden und ihre Publikationsmöglichkeiten nicht aufs Spiel setzen. Ihre Texte fangen die kleinen Details des Alltags ein und thematisieren das Auf und Ab der menschlichen Beziehungen. Darin kann sich fast jeder wiederfinden.

> Wenn einer fortgeht, gibt man sich die Hände,
> Am Bahnhof lächelt man so gut es geht.
> Wie oft sind unsrer Sehnsucht Außenstände
> Mit einem D-Zug schon davongeweht …

Wenn einer fortfährt, steht man zwischen Zügen,
Und drin sitzt der, um den sich alles dreht.
Man könnte dieses »alles« anders fügen
Durch einen Blick, ein Wort vielleicht. – Zu spät.
(…)

Wenn einer fortgeht …, LSt 116

Mascha Kaléko trifft den Ton genau, der die Großstadtmenschen anspricht und von ihren privaten Nöten und Ängsten erzählt. Gesellschaftskritische Töne tauchen erst wieder in ihren Emigrationsgedichten auf – dann allerdings schärfer als je zuvor.

Der Rezensent der ›Jüdischen Rundschau‹ lobt »die geheime Magie des Buches und der Persönlichkeit seiner Autorin« und hebt die Weisheit der Texte hervor, die »sowohl zum Leben wie auch zum Dichten taugt …«.[14] Die christlich-konservative ›Kreuzzeitung‹ urteilt: »In wehmütigen Stunden und zu Zeiten, da man sich selbst alltagstrostbedürftig fühlt, wird man (…) gern zu diesem Buch greifen.«[15] Hermann Hesse schreibt für eine schwedische Zeitschrift über »Neue Deutsche Bücher 1935–36«: »Eine ganz junge großstädtische Dichterin ist Mascha Kaléko. Es sind zwei kleine Büchlein von ihr erschienen, mit Versen und kleinen Prosastücken: Das Lyrische Stenogrammheft und Kleines Lesebuch für Große (beide Verlag E. Rowohlt). Es ist eine aus Sentimentalität und Schnoddrigkeit großstädtisch gemischte, mokante, selbstironisierende Art der Dichtung, launisch und spielerisch, direkt von Heinrich Heine abstammend, eine Art, die in der deutschen Dichtung neuerer Zeit nicht sehr häufig war und heute in Deutschland, nach dem Ausscheiden der Juden, eigentlich ganz verschwunden ist.«[16] Hermann Hesse ist der Erste, der Mascha Kalékos poetische Nähe zu Heinrich Heine feststellt, dem deutschen Dichter und Juden, der 1831 nach Paris emigrierte, weil seine Schriften in Deutschland kritisiert und schließlich verboten wurden. Hesse fährt fort: »Die Verse und Prosaskizzen der jungen Dame entsprechen in ihrer ganzen Weltanschauung – vielmehr in ihrer ganzen Lebensstimmung trotzdem einem großen Teil der großstädtischen Jugend und finden bei ihr ein starkes Echo. Es ist eine

Stimmung voll Jugend und zugleich voll Ernüchterung, eine verfrühte Enttäuschung und heimliche Verzweiflung liegt im Kampf mit den starken Instinkten der Jugend, man ist voll Gefühl und Sehnsucht, weiß damit aber wenig andres anzufangen, als darüber zu spotten, man möchte gern an irgend etwas glauben und weiß nicht an was. Das ist nichts Neues, es ist ein Stück romantischer Tradition, und auch die Verse der Kaléko haben ihren Bau und ihre Melodie von dort her, von Heine, es ist eher eine epigone als eine moderne Art von Dichtung. Aber diese kleinen Dichtungen haben dennoch einen echten Liebreiz, sie sind auf eine graziöse und sympathische Weise verspielt und tändelnd, sie sind von echter Jugendlichkeit, und so sind sie uns willkommen in ihrer Anmut und Spielerei, hinter der so viel Traurigkeit und Sehnsucht nach einem echteren und edleren Leben steckt.«[17] Der wirtschaftliche Aufschwung und die deutliche Senkung der Arbeitslosenquote verdecken für die meisten Deutschen die Gefahren der Diktatur. Doch jüdische Bürger müssen immer mehr Einschränkungen ihrer persönlichen Rechte und Freiheiten hinnehmen. 1933 werden Juden aus Sport- und Turnvereinen ausgeschlossen und dürfen beispielsweise das Berliner Strandbad Wannsee nicht mehr besuchen. Seit 1935 werden Eheschließungen und außerehelicher Verkehr zwischen Staatsangehörigen »deutschen Blutes« und Juden mit Zuchthaus bestraft. Dem Berufsverbot für jüdische Schauspielerinnen und Schauspieler 1934 folgt ein Jahr später das Berufsverbot für jüdische Musiker und Autoren. Es ist nur noch eine Frage der Zeit, bis die Nationalsozialisten auf die jüdische Autorin Mascha Kaléko aufmerksam werden.

Ihre Bücher sind in diesen Jahren kleine Bestseller: ›Das Lyrische Stenogrammheft‹ erreicht (bis Ende 1936) vier Auflagen mit insgesamt elftausend, ›Kleines Lesebuch für Große‹ zwei Auflagen mit sechstausend Exemplaren. Doch als der Verlag von beiden Büchern Neuauflagen drucken lässt, werden die Exemplare in der Druckerei beschlagnahmt. Inzwischen hat das Regime festgestellt, dass Mascha Kaléko Jüdin ist. Im August 1935 wird sie aus der Reichsschrifttumskammer ausgeschlossen. Damit ist »ihr jede weitere schriftstellerische Tätigkeit in Deutschland« verboten, wie der Präsident der Reichsschrifttumskammer am 9. Januar 1937 Ernst Rowohlt mitteilt. In diesem Schreiben wird der Verleger darüber in Kenntnis gesetzt, dass die Autorin und ihr Buch ›Das lyrische Stenogrammheft‹ nun auf der »Liste des schädlichen und unerwünschten Schrifttums« stehen. »Jegliche Weiterverbreitung der Schrift ist damit untersagt. Ich ersuche Sie, den Vertrieb mit sofortiger Wirkung einzustellen und etwa noch im Verkehr befindliche Exemplare zurückzurufen.«[18] Von da an sind Mascha Kalékos Bücher in Deutschland verboten und dürfen weder verkauft noch gedruckt werden. Durch das Berufsverbot kann sie in deutschen Zeitungen keine Texte mehr veröffentlichen.

Im Dezember 1936 erscheint unter dem Titel ›Verboten, verboten …‹ in der nationalsozialistischen Wochenzeitung ›Das schwarze Korps‹ ein anonymer, hämischer Artikel mit einem Verriss über Mascha Kalékos Buch ›Das Lyrische Stenogrammheft‹. Darin heißt es, dass sich in ihren Werken »die ganze Skrupelhaftigkeit einer intellektuellen Existenz« spiegelt, »die nach vier Jahren noch immer nicht den Anschluß an die Zeit finden konnte«. Man wirft ihr vor, dass sie sich nicht entscheiden könne, »die aus Weltschmerz gewobene Bluse abzulegen«, und höhnt: »Man muß wirklich viel Geld übrighaben, um mit ihren Gedichten die eigene Bibliothek zu bereichern.«[19] Doch Mascha Kalékos Gedichte werden trotzdem weiter geschätzt, gelesen und verbreitet. Begeisterte Leserinnen und Leser schreiben sie mit der Hand oder der Maschine ab und geben sie weiter. Eine Leserin aus Hamburg berichtet Mascha Kaléko im Januar 1937: »Ich habe Ihr ›Kleines Lesebuch für Große‹ gelesen und möchte Ihnen schön danken für die Freude, die es mir gemacht hat, daß Sie so fein all das, was man selbst schon gedacht, empfunden und erlebt hat, durch Worte sagen, die ehrlich und ohne Umweg alles ausdrücken, was man selbst nicht zu sagen vermag. – Ob ich mir nun schnell noch Ihr ›Lyrisches Stenogrammheft‹ beschaffe oder schenken lasse, das weiß ich noch nicht – vielleicht schreib ich es auf den nächsten Wunschzettel zum Geburtstag oder zur Weihnacht – wenn es bis dann nur nicht verboten ist!?«[20] Die Befürchtung der Leserin ist berechtigt. Die letzten Exemplare von Mascha Kalékos beiden Büchern werden – laut einer Abrechnung des Rowohlt Verlages – im April 1937 verkauft. Offensichtlich ist das Verkaufsverbot von den Buchhändlern nicht sofort befolgt worden. Danach erreichen die Autorin Anfragen von Lesern, die vergeblich in Buchhandlungen und Antiquariaten nach ihren Büchern suchen und immer nur die Auskunft bekommen: »Diese Bücher dürfen nicht mehr verkauft werden.« Eine Leserin aus Berlin zitiert dazu Heinrich Heine: »Doch der Mensch fragt stets: Warum? Wenn er sieht, dass etwas dumm.«[21]

Im Mai 1937 schreibt Ernst Rowohlt einen Brief an den S. Fischer Verlag, der – 1886 von dem jüdischen Verleger Samuel Fischer gegründet – zu den wichtigsten Verlagen für zeitgenössische deutsche Literatur gehört. Nach dem Tod des Gründers 1934 bemüht sich sein Schwiegersohn und Nachfolger Gottfried Bermann-Fischer, den jüdischen Verlag vor der Enteignung oder Gleichschaltung durch die Nationalsozialisten zu bewahren. 1936 gründet er in Wien den Bermann-Fischer Verlag. Rowohlt empfiehlt dem Kollegen Mascha Kalékos Gedichtbände für eine Neuauflage, da beide Bücher vergriffen sind. Ihr Verleger ist davon überzeugt, dass sich auch das neue Buch, an dem die Autorin schreibt, »spielend in Österreich, der Schweiz, der Tschechoslowakei« verkaufen wird.[22] Auch Mascha Kaléko wendet sich wegen einer Neuauflage ihrer beiden Bücher an Gottfried Bermann-Fischer und betont, dass ihr daran liege, ihre »Bücher in einem gutrenommierten Hause untergebracht zu wissen«. Beide Gedichtbände hätten eine hohe Auflage erreicht, obwohl nach 1933 keine Werbung mehr dafür gemacht wurde, sondern nur sogenannte »Mund-zu-Mund-Propaganda«.[23] Gottfried Bermann-Fischer hält eine Neuauflage jedoch nicht für sinnvoll, da »beide Bücher in Deutschland verboten sind« und »ihren Haupterfolg bereits hinter sich haben«. Aber er interessiert sich für das neue Buch von Mascha Kaléko und bittet sie, ihm das Manuskript zuzusenden.[24] Doch zu einer Veröffentlichung im Fischer Verlag kommt es nicht. Im Juni 1937 feiert Ernst Rowohlt seinen 50. Geburtstag, bei dem er arglos eine kleine Rede »An meine lieben Juden« richtet, denen er herzlich dankt »für die treue Hilfe und Freundschaft seit Bestehen meines Verlages«.[25] Mascha Kaléko schenkt ihm ein blaues Hemd, das noch eine wichtige Rolle spielen wird. Im Jahr darauf bekommt der Verleger Berufsverbot, unter anderem, weil er ihre und Bücher anderer jüdischer Autoren gedruckt hat.

Mascha Kaléko kann nun nur noch in jüdischen Blättern publizieren und hat kaum noch Einnahmen. In der ›Central Verein Zeitung‹ veröffentlicht der Publizist und Kritiker Kurt Pinthus – bekannt geworden durch seine Anthologie expressionistischer Dichtung ›Menschheitsdämmerung‹ – eine Sammlung jüdischer Gedichte, um »hinzuweisen auf das, was seit 1900 in der von Juden geschriebenen Lyrik lebendig oder wirksam geblieben ist«. Er berücksichtigt dabei nur Dichter, die noch in Deutschland leben, und stellt einunddreißig Autoren mit jeweils einem Gedicht vor, darunter Nelly Sachs, Gertrud Kolmar, Ernst Blass, Jacob Picard und Mascha Kaléko. Sie ist die einzige der ausgewählten Lyrikerinnen, deren Verse schon einem breiteren Publikum bekannt sind. Ihr Gedicht ›Finale‹ leitet Kurt Pinthus mit der Feststellung ein, sie sei eine Dichterin, »deren spielerisch melancholische Verliebtheit in Welt und Menschen des Alltags nur der Schleier ist, hinter dem Welt und Mensch sichtbar werden, wie sie wirklich sind oder eine Frau sie wirklich sieht.«[26]

Du hast in mir viel Lichter angezündet,
Mit blauen Träumen mir den Tag erfüllt,
Und alles Blühen, alles Leuchten mündet
Noch im Erlöschen hin zu deinem Bild.

Du kamst: Zum Garten ward das Grau der Straßen.
Du kamst nicht, und der Tag hat nicht gezählt.
Wie hat, allein, das Leben mich gequält.
Der große Trug, den wir zu zweit vergaßen.
(…)

Finale con moto, Tr 30

In der ›Jüdischen Rundschau‹ veröffentlicht Mascha Kaléko Übertragungen von hebräischen Gedichten und Kindergeschichten. Im Auftrag des Palästina-Amtes Berlin beschreibt sie einen ›Rundgang durch die Berliner Palästina-Ausstellung‹ 1934 im Logenhaus in der Kleiststraße. Die Ausstellung gibt einen Überblick über Land und Leute, Handel, Verkehr, Industrie, Kultur und Gesundheitswesen. Die Rezensentin erwähnt die »klaren und schönen Gesichter auf den Photos« und ahnt, dass diese Ausstellung »über Werktag und Feierabend, den kleinen Beginn und den riesigen Fortschritt (...) in vielen den Wunsch verstärken« wird, »dieses merkwürdige alte neue Land mit eigenen Augen zu sehen.«[27] Palästina, das schmale Land zwischen Mittelmeer und Totem Meer, vor allem von arabisch-mohammedanischer Bevölkerung bewohnt, erlebte seit dem Ende des 19. Jahrhunderts und den Juden-Pogromen in Russland eine Einwanderungswelle jüdischer Menschen. Ausgelöst durch das 1896 veröffentlichte Buch ›Der Judenstaat‹ des Wiener Journalisten Theodor Herzl, machte es sich der moderne Zionismus zur Aufgabe, für das jüdische Volk eine gesicherte Heimstätte in Palästina zu fordern. Die Verwirklichung dieser Forderung sollte allerdings Jahrzehnte dauern. Nach dem Ersten Weltkrieg kam Palästina 1920 unter die Mandatsverwaltung Großbritanniens. Der zunehmende Antisemitismus in Deutschland und Europa zwingt in den dreißiger Jahren immer mehr Juden, nach Palästina auszuwandern. Zionistische Organisationen bieten Vorbereitungskurse in verschiedenen Handwerkszweigen und Landwirtschaft an. Auch Mascha und Saul Kaléko werden über eine Auswanderung nachgedacht haben. Die Publikationsmöglichkeiten für die Dichterin werden immer weniger, und die guten Hebräisch-Kenntnisse ihres Mannes würden die Eingewöhnung im fremden Land erleichtern. In der ›Jüdischen Rundschau‹ veröffentlicht Saul Kaléko einen Hebräisch-Kurs, der großen Anklang findet. Immer mehr assimilierte Juden wollen Hebräisch lernen und nach Palästina auswandern. 1935 erscheint der zweite Band seines Buches: ›Hebräisch für Jedermann für Fortgeschrittene‹, den er seiner Frau widmet. Doch im selben Jahr lernt Mascha Kaléko den jüdischen Komponisten und Musikwissenschaftler Chemjo Vinaver kennen. Die Begegnung mit dem Musiker, der gerade von einer achtzehnmonatigen Konzerttournee mit seinem ersten eigenen Chor durch Europa und Palästina zurückgekommen ist, lässt vermutlich alle Emigrationspläne stocken.

Chemjo Vinaver während einer Konzert-Tour in der Tschechoslowakei 1933

Chemjo Vinaver, 1895 in Warschau in einer bekannten jüdischen Familie geboren, hat in Berlin Musik studiert und 1926 sein Konzert-Debüt als Dirigent an der Staatlichen Hochschule für Musik gegeben. 1933 gründete er – mit dreißig von den Opernbühnen entlassenen jüdischen Sängern – den Vinaver-Chor, der ausschließlich jüdische Musik im Repertoire hat. Durch das Berufsverbot für jüdische Musiker kann Chemjo Vinaver nur noch für jüdische Organisationen arbeiten. Von 1935 bis 1938 gibt er Konzerte im Jüdischen Kulturbund und in der Jüdischen Gemeinde Berlin und reist mit seinem Chor durch deutsche Städte. Zu den beruflichen Problemen in Mascha Kalékos Leben kommen nun noch private.

1936 zieht sie mit ihrem Mann in die Bleibtreustraße 10/11 in Charlottenburg. Sie liebt Chemjo Vinaver, sagt Saul Kaléko aber zunächst nichts davon und führt ein Doppelleben. Vermutlich fühlt sie sich in ihrer Ehe schon seit einiger Zeit nicht mehr wohl. Ihr Mann hängt so sehr an ihr, dass er ihr auch Freiräume zugesteht. Schon Anfang der dreißiger Jahre hatte er ihr geschrieben: »Es ist mir gleich ob Du mir treu / Nur – will ich Dich nicht missen. / Sei untreu mir soviel du willst / Doch – lass es mich nicht wissen.«[28] Heimlich trifft sich

Mascha mit Chemjo und holt seine Briefe regelmäßig im Postamt in der Lietzenburger Straße ab, wo sie postlagernd auf sie warten.[29] Mascha Kaléko hilft dem weltfremden Musiker, der nur seinen Chor im Kopf hat, in praktischen Dingen. Beide Künstler müssen ihre Begegnung als schicksalhaft empfunden haben. Als sie einmal zusammen im »Romanischen Café« sitzen, schiebt Chemjo Vinaver ihr einen Zettel über den Tisch, auf dem nur ein Satz steht: »Mascha, ich muss ein Kind von dir haben.«[30] Mascha Kaléko ist neunundzwanzig Jahre alt, als am 28. Dezember 1936 der Sohn Avitar Alexander geboren wird.

Mascha Kaléko mit ihrem Sohn im März 1937

Du, den ich liebte, lang bevor er war,
Den Unvernunft und Liebe nur gebar,
Der blassen Stunden Licht und Himmelslohn,
Mein kleiner Sohn.

Du Kind, mein Herz gehörte dir schon ganz,
Als du ein Nichts noch warst, ein ferner Glanz
Aus deines Vaters dunklem Augenpaar,
in jenem Jahr.
(...)
Einem kleinen Emigranten, VfZ 39

In der Geburtsurkunde wird allerdings Saul Kaléko als Vater eingetragen. Vermutlich hat Mascha ihren Mann nicht sofort über den wahren Sachverhalt aufgeklärt. Unter dem Druck der seelischen Belastung beginnt sie 1938 Tagebuch zu schreiben: »Ich habe mehr gelitten in den letzten zwei Jahren, als es menschenmöglich ist. Ich habe gelitten unter der Lebenslüge, die ich begangen habe, jahrelang, weil ich *mußte.*«[31]

Wahrscheinlich sagt Mascha ihrem Mann 1937, dass der kleine Avitar nicht sein Sohn ist. Ein Gedicht aus dem Nachlass scheint Maschas innere Zerrissenheit zum Ausdruck zu bringen:

Als wir zu dritt
Die Straße überquerten
Wurde sogar
Die Verkehrsampel
Rot.
Umstellt von der Meute
Abgasschnaubender Wagen,
Ergriff ich den Arm des Einen,
Der rechts von mir ging.
Nicht den des Anderen,
Dessen Ring ich trug.
Als wir zu viert
Uns jenseits der Kreuzungen
Trafen,
Wußten es alle.
Der Eine. Der Andre.
Das Schweigen.
Und ich.

Signal, Tr 28

Doch Saul Kaléko liebt seine Frau so sehr, dass er sich nicht von ihr trennen will, auch nachdem er erfahren hat, dass das Kind einen anderen Vater hat. Die Ehe wird schließlich am 4. Oktober 1937 »durch ein Rabbinatskollegium (...) religiös gesetzlich geschieden«.[32] Im November erklärt sich Saul Kaléko schriftlich damit einverstanden, dass der Sohn auch nach einer Scheidung bei seiner Frau bleiben darf und sie berechtigt ist, ihn bei einer Auswanderung ins Ausland mitzunehmen. Die Angaben auf dem Dokument lassen darauf schließen, dass Mascha inzwischen mit Chemjo Vinaver und dem Sohn in der Bleibtreustraße zusammenlebt, während Saul Kaléko zu diesem Zeitpunkt bereits aus der gemeinsamen Wohnung ausgezogen ist und in einer Pension in der nahe gelegenen Mommsenstraße

Mascha Kaléko und Chemjo Vinaver, Berlin 1938

wohnt.[33] Das Ende ihrer vielversprechenden Karriere als Autorin und die emotionalen Spannungen sind zu viel für Mascha Kaléko. Zum ersten Mal wird sie ernsthaft krank. Mehrmals hat sie Ohnmachtsanfälle und leidet unter Magen- und Gallenbeschwerden. Die Krankheit wird sie ihr Leben lang begleiten.

Chemjo schenkt ihr ein Tagebuch, das beide für den Sohn führen wollen, allerdings finden sich nur Eintragungen von Mascha darin. Am ersten Januar 1938 notiert sie in Hebräisch: »Avitar, Du bist jetzt ein Jahr alt geworden (...) und während ich das schreibe, liegst Du im

Bettchen mit einem Verband um den Hals, denn auch das hast Du von Vater und Mutter geerbt, empfindlich zu sein im Hals. (...) Dein Vater ist in der Synagoge, er dirigiert dort sehr ungern den Chor, aber er muß Brot verdienen, Avitarele, Brot für Dich – für uns drei. Einmal, sagt er, geschieht ein Wunder. Wie gut, daß Du noch klein bist, mein Avitarele, vielleicht erlebst Du das Wunder noch. Vielleicht herrscht Liebe und Gerechtigkeit in der Welt, wenn Du ein Mann sein wirst.«[34] Am 22. Januar 1938 wird die Scheidung von Mascha und Saul Kaléko in gegenseitigem Einvernehmen auch vor den staatlichen Stellen vollzogen. Sechs Tage später, am 28. Januar, heiratet Mascha Chemjo Vinaver; die standesamtliche Trauung findet am 28. Juni 1938 statt. Offiziell heißt sie nun Mascha Kaléko-Vinaver. Als Autorin nennt sie sich weiterhin Mascha Kaléko.

Doch das Zusammenleben der beiden Künstler ist anfangs nicht einfach. Im Tagebuch fragt sie sich am ersten Februar 1938, vier Tage nach der Hochzeit, ob Chemjo überhaupt »für das Zusammenleben im Alltag« geschaffen ist. »Unser Streit kommt aus kleinen Lächerlichkeiten, aber er endet mit großen Weinerlichkeiten. (...) Vor vier Monaten haben wir begonnen, zusammenzuwohnen, und zu Beginn gab es nur Störungen von außen. Aber kaum, daß diese aufgehört haben, kam das andere, ich weiß nicht, wie ich das verhindern kann. Er ist so aufbrausend, und wenn er schreit, denke ich: Und das ist die ›große Liebe‹, um die alle Welt uns beneidet. Ich habe einen ungeliebten Mann verlassen, um dem geliebten Mann zu folgen und um mein [sic] und meines Kindes Frieden bei ihm zu finden. (...) *Er* ist *der* Vater für mein Kind, so wie ich ihn mir erträumt habe. (...) Es könnte alles herrlich sein und ideal, wirschaftliche Not würde mich im Tiefsten nicht unglücklich machen, vielleicht unzufrieden im Moment, aber unglücklich – nie! Dieser Zustand aber macht mich tief unglücklich, und ich spüre, wie mir das Herz abstirbt. Ich habe alle Brücken zu meinem früheren Dasein abgebrochen, ich hatte bestimmt geglaubt unser Leben würde sein wie im Paradies. Und bis auf Geldnot und die Verachtung der Spießer würde uns nichts fehlen. (...) Er ist durch Arbeit und Gesundheitszustand nervös und überreizt. (...)

Ich liebe ihn so sehr! Er liebt mich auch nicht weniger, aber die Ausdrucksform seiner Liebe ist anders als die meine. So komme ich bald in Verzweiflung und meine, ihm schon ganz entfremdet zu sein, mache mir und ihm das Leben schwer, indem ich mich darüber beklage. Bis entweder alles heraus ist aus mir, oder ich ersticke. Dann aber plötzlich erlebe ich ihn wieder wie einst, und ich sehe, daß alles gut ist. Aber diese Qual – diese Qualen. Ich möchte, daß er manchmal etwas mehr an mich *denken* soll – warum habe ich immerfort das tiefe Bedürfnis, ihm eine Freude zu bereiten? Aber das liegt in der Hauptsache an der Erziehung. Er hat die Erziehung meiner Eltern, die sich auch geschämt hätten, einander Blumen zu schenken. Ich aber bin überströmend von Gefühl für ihn, ich möchte ihm die Welt zu Füßen legen, wer *mehr* liebt, leidet mehr.« Vier Wochen später notiert sie erleichtert und glücklich: »Es ist alles wieder gut! Chemjo ist ein sehr teurer, meschuggener, aber der Liebste auf der Welt. Er und das Kind – das ist das Beste auf dieser Welt. (…) Chemjo ist so lieb und ein so ›aufmerksamer Liebhaber‹, daß ich ihn nicht wiedererkenne. (…) er bringt mir sogar Blumen und Schokolade … Das kostet ihn große Überwindung – er hat eine schwer verständliche Scham dafür [sic], seine Liebe zu zeigen in den kleinen rührenden Äußerlichkeiten, mit denen sonst die Liebenden sich zu beglücken verstehen. Für ihn gibt es nur vulkanartige Ausbrüche der Leidenschaft, und er ist herrlich in seiner Liebe – aber Gott hat mich doch nun mal als Frau geschaffen, und so liebe ich am Manne nicht nur die Leidenschaft, sondern auch die väterliche, die ritterliche Zärtlichkeit. Und weil Chemjo zwar tief im Innern ein Gentleman ist, aber im Äußeren oft verletzend unaufmerksam, bin ich beseligt wie ein kleines Kind, wenn er mir etwas mitbringt: eine kleine Blume für zehn Pfennig, ein Stück Schokolade. Ich weiß, daß er mich sehr, sehr, sehr liebt, ich glaube ihm auch, wenn er sagt, daß ich die Frau in seinem Leben bin, die für ihn Heimat und Liebe zugleich sein kann.«[35]

Während Mascha ihr Privatleben mit Chemjo und Avitar neu zu ordnen versucht, hat sich die Situation für die Juden in Deutschland weiter verschlechtert. Nur vorübergehend wurden während der

Olympiade 1936 in Berlin die judenfeindlichen Schilder abgenommen, um bei den ausländischen Gästen keinen schlechten Eindruck zu erwecken. Maschas Eltern, Rosa und Fischel Engel, haben mit den beiden jüngeren Kindern Rachel und Haim Deutschland schon 1933 verlassen. Nach einer Übergangszeit in Paris, wo sie auf die restlichen Papiere warten mussten, leben sie seit 1935 in Tel Aviv. Im März 1938 reist Mascha Kaléko – wie schon im Frühjahr 1935 – allein zu ihren Eltern nach Palästina. Der Sohn bleibt in der Obhut seines Vaters und einer Kinderfrau. Mascha ist froh, die Eltern wiederzusehen. Die Mutter leidet an Depressionen, wohl auch, weil die zweite Tochter Lea, inzwischen ebenfalls verheiratet, nicht mit auswandern konnte. Mascha fühlt sich noch immer dem Vater besonders nah. Sie lernt auch Chemjos Bruder Jankl kennen, mit dem sie sich auf Anhieb gut versteht. Nach ihrer Rückkehr berichtet sie im Tagebuch: »Ich habe viel erlebt in den fünf Wochen, Schweres und Schönes. Die Tage sind wie im Traum verflogen – und ich war in all der Zeit so erregt, daß ich nervöse Erscheinungen in meiner Gesundheit erfuhr. (…) Ich bin schrecklich sensibel, und ich bin verflucht (oder gesegnet), Freud und Leid tausendfach tiefer zu empfinden als die meisten anderen Menschen, die ich kenne.«[36] Ihre Eindrücke von dem Land hält sie in einem Gedicht fest:

Und wieder Wüste, Sand und Felsruine,
Im Fellgezelt der hagre Beduine,
Und magre Zicklein kaun am magern Grase.
Dann gelb und streng ein schwankendes Kamel,
Und hoch zu Häupten der Fellachin Vase
Aus rotem Ton. Und dann, gleich der Oase –
Deine Wohnungen, Jisrael …

Und wieder saftig Grün und Blühn und Reifen,
Und Arme, die in goldne Ähren greifen,
Und Wasserturm und Stall und blanke Weiden,
Und Ochs und Kuh, und Lämmer ohne Fehl.
Dann Burschen, braun und stark und stumm im Leiden,
Und Mann und Pferd und Schwert, bereit zu scheiden –
Deine Wächter, Land Jisrael ...
(...)
Fahrt über Land, LJ 114

Als Mascha Kaléko im April 1938 nach Berlin zurückkehrt, holt Chemjo sie vom Bahnhof ab und fährt mit ihr direkt in eine neue Wohnung in Berlin-Steglitz, Björnsonstraße 27, die er in der Zwischenzeit gemietet hat. Mascha ist positiv überrascht von seiner Tüchtigkeit und notiert im Tagebuch: »... er ist überströmend vor Glück, daß ich wieder da bin, und wir drei sind wohl die glücklichsten Menschen auf der Welt. Es ist Frühling, der Flieder blüht uns ins Fenster hinein, abends stehen wir mit Avitarele am Fenster, und er ›pustet den Mond aus‹.«[37] Bei dem Künstler-Ehepaar, das im Wesen so verschieden ist und sich doch gut ergänzt, hat die Liebe über die Kleinlichkeiten gesiegt. In einem Gedicht wird deutlich, welche Anziehungskraft für Mascha von Chemjo ausging:

(...)
Er hatte nichts als seine wilden Träume,
Auch war der Kindheit ferner Widerschein
In seiner Art – wie Tiere oder Bäume –
So ganz und unverhüllt er selbst zu sein.

Er glich in keinem Atemzug den andern,
Denn ihn besaß nicht Haus noch Hof und Feld.
Das Ufer jenseits war sein Ziel beim Wandern
Und nachts das Sternbild über seinem Zelt.

– Wer tauschte nicht des Krösus Scheckbuch ein,
In seiner Nähe bettelarm zu sein ...
Sogenannte Mesalliance, Tr 22

An ihrem 31. Geburtstag, am 7. Juni 1938, notiert Mascha stolz, dass der Sohn zum ersten Mal allein steht, und im Juli kann er laufen, was seine Mutter mit »na endlich« kommentiert. Doch das häusliche Glück der Familie wird nun immer mehr von außen bedroht. Sie verdienen kaum Geld. Chemjo kann nur noch wenige Konzerte geben und Mascha darf nichts mehr veröffentlichen.

(...)
Doch nun, als Mensch, im Hauptberuf Poet,
Erleb ich, was kein Vogelhirn versteht,
So völlig unbekannt in der Natur
Ist jener Käfig, den man nennt »Zensur«.
Dies darfst du nicht singen und jenes nicht sagen,
Und für das mußt du erst um Genehmigung fragen.
Und kratzt man sich ehrlich,
Wo's jedermann juckt,
Das ist staatsgefährlich
Und wird nicht gedruckt.
(...)
Aus der Vogelperspektive, Tr 78

Die Verordnungen und Gesetze, die das Leben der jüdischen Bevölkerung immer mehr einschränken, werden restriktiver. Im April 1938 müssen Juden ihre Vermögensverhältnisse offenlegen, um »den Einsatz des Vermögens im Interesse der deutschen Wirtschaft sicherzustellen«. 1938 wird arischen und nichtarischen Kindern das Spielen miteinander untersagt und jüdischen Ärzten das Praktizieren. Und seit August 1938 müssen Juden den Namen »Israel«, Jüdinnen den Namen »Sara« als zusätzlichen Vornamen führen.

Bei ihrer Reise nach Palästina wollte Mascha Kalékos vermutlich nicht nur ihre Familie wiedersehen, sondern auch erkunden, ob das »Land der Väter« für sie und ihren Mann als Emigrationsland geeignet ist. Doch nicht nur die Verständigungsschwierigkeiten mögen sie abgeschreckt haben, auch scheinen die beruflichen Aussichten, vor allem für Chemjo Vinaver, in Amerika besser zu sein als in Palästina. Nach ihrer Rückkehr bereitet das Paar die Auswanderung in die USA vor. Es ist eine nervenaufreibende Zeit, mit »Monaten angestrengtester Arbeit und täglichem Umherrasen nach den Papieren«, wie Mascha später im Tagebuch notiert.[38] Am wichtigsten für Einwanderer ist das »Affidavit«, eine Erklärung, in der ein amerikanischer Staatsbürger sich verpflichtet, für die Immigranten mit seinem Vermögen zu bürgen und – falls nötig – auch für die Kosten ihrer Rückreise aufzukommen, damit sie dem amerikanischen Staat nicht zur Last fallen. Mascha und Chemjo bekommen dieses wichtige Dokument im April 1938 von dem Musiker Gerald F. Warburg. Innerhalb kurzer Zeit muss Mascha die gesamte Wohnung auflösen. Sie versucht, einen Teil der Einrichtung zu verkaufen. Das meiste Mobiliar ist erst wenige Jahre alt und wurde Anfang und Mitte der dreißiger Jahre angeschafft, als sowohl Mascha als auch ihr Mann, Saul Kaléko, gut verdienten. Doch für die wertvollen Möbel und Kunstgegenstände bekommt sie nur einen Bruchteil des wirklichen Wertes. In einer Aufstellung, die sie nach dem Krieg an das Entschädigungsamt in Berlin schickt, nennt sie u. a.: ein komplettes Herrenzimmer, ein kombiniertes Wohn- und Speisezimmer, ein Mahagoni-Schlafzimmer und einen Blüthner-Flügel. Für die Bibliothek mit zahlreichen philosophischen Büchern, Klassikern und der Gesamtausgabe von Meyers Konversationslexikon bekommt sie gar nichts. Und ein Telefunken-Radio mit Plattenspieler sowie ihre umfangreiche Sammlung von Grammophonplatten kann sie nur noch verschenken. Gegenstände, die sie von ihrer Großmutter geerbt hat, packt sie in eine extra Kiste, darunter eine antike Menora[39], eine silberne Sederschüssel[40], ein Paar schwere antike Silberleuchter, etwa zwanzig Bände in Leder gebundene Talmudfolianten und die Familienbibel. Auch ihr Silberbesteck, das gute Porzellan und eine Mappe mit Grafiken von Käthe Kollwitz, Emil Orlik und anderen zeitgenössischen Künstlern bereitet sie für den Versand nach Amerika vor. In der Jüdischen Gemeinde in der Oranienburger Straße gibt es Notstands-Lagerräume, wo sie die Sachen vorerst unterbringt. Auf die behördliche Transportgenehmigung wartet sie allerdings vergeblich. Die Kiste, die sie für die Verschiffung mit zehntausend Mark versichert, wird nie in Amerika ankommen. Später teilt man ihr mit, sie sei »beschlagnahmt« worden. Andere Güter erreichen ihr Ziel, allerdings teilweise schwer beschädigt. »Ein echtes Nürnberger Harmonium im Werte von mindestens zweitausend Reichsmark übergab ich einem Spediteur zur Versendung ins Ausland. Es kam in einem mutwillig zerhackten Zustande an. Der Zustand des Instruments war derart, dass die zerhackten Stücke klar bewiesen, dass die Nazis bei der Absendekontrolle einen Akt böswilligen Vandalismus begangen hatten.«[41] In einem Gedicht, das Mascha Kaléko im Exil schreibt und ihrem Sohn widmet, heißt es:

(…)
Du hattest grade deinen ersten Zahn,
Da setzten sie aufs Dach den roten Hahn.
Der Schwarze Mann, die Bittre Medizin,
Sie hieß: Berlin.
(…)

Einem kleinen Emigranten, VfZ 39

Mascha Kaléko und Chemjo Vinaver, New York 1939

NEW YORK (1938–1959)

Mich trieb von Berlin nach Amerika
Ein Abschnitt der jüngsten Geschichte.
Nun sitz ich im fernen New York, U. S. A.,
Und schreibe dort – deutsche Gedichte.[1]

»Ich bin auf Wanderschaft seit vielen Jahren«

– DIE ERSTEN EXIL-JAHRE –

Im September 1938 verlassen Mascha Kaléko und Chemjo Vinaver mit dem Sohn Berlin. Sie emigrieren gerade noch rechtzeitig, denn im Herbst 1938 spitzen sich die Maßnahmen gegen die jüdische Bevölkerung im Deutschen Reich zu. Anfang Oktober werden die Reisepässe von Juden eingezogen, Neuausstellungen müssen mit einem »J« gestempelt werden. Vom 8. bis 13. November 1938 finden von der NSDAP organisierte Ausschreitungen gegen Juden statt, bei denen Menschen misshandelt, in Konzentrationslager verschleppt und ermordet werden. Synagogen gehen in Flammen auf, jüdische Läden und Wohnungen werden zerstört, geplündert und jüdische Friedhöfe verwüstet. Den Höhepunkt bildet dabei die »Reichspogromnacht« am 9. November 1938. Danach werden Juden immer mehr vom gesellschaftlichen Leben ausgeschlossen: Sie dürfen keine Geschäfte oder Handwerksbetriebe mehr führen und weder Kino noch Theater, Oper oder Konzerte besuchen. Jüdischen Kindern ist seit Mitte

1938 der Besuch staatlicher Schulen verboten. Führerscheine von Juden werden für ungültig erklärt. Jüdische Verlage und Buchhandlungen müssen bis zum Jahresende aufgelöst werden. Immer mehr jüdische Familien verlassen Deutschland: 1938 emigrieren rund vierzigtausend Menschen, 1939 fast doppelt so viele. Die meisten von ihnen wandern nach Palästina oder Amerika aus. Nachdem Großbritannien die Einwanderung von Juden ins Mandatsgebiet Palästina begrenzt hat, werden die Vereinigten Staaten zum wichtigsten Ziel für jüdische Flüchtlinge.

Mascha Kaléko emigriert mit Mann und Kind über Hamburg, Paris und Le Havre nach New York. Von Berlin reist die Familie zunächst mit dem Zug in der zweiten Klasse nach Hamburg, »denn Emigranten aus Deutschland fahren nur Zweiter, weil das Geld ohnehin nichts wert ist«. Die Eltern freuen sich, dass sie endlich einmal ausgiebig Zeit für ihren Sohn haben. »Chemjo war selig und ich ganz im Himmel über den Kleinen«, berichtet Mascha im Tagebuch. Der knapp zwei Jahre alte Avitar, der gerade sprechen lernt, ruft bei jeder Station »Amegika« und lenkt die Eltern von der bedrückenden Situation, die diese Reise ins Ungewisse bedeutet, ab. In Hamburg müssen sie sich wieder der Realität stellen. Sie übernachten in einem Hotel, in dem auch »Nazis« wohnen, was die Familie in Aufregung versetzt. Am nächsten Tag erledigt Mascha die Formalitäten für die Weiterreise und »den schicksalsschweren Weg zur Bank, wo alles klappte, so daß wir wahrhaftig für die Reise nach Paris Devisen hatten. Wie im Märchen!« Das ist tatsächlich ein kleines Wunder, denn seit 1937 gab es für Auslandsreisen kaum noch internationale Währungen. Von Hamburg fahren sie weiter in die französische Hauptstadt. Tagsüber kümmern sie sich um den Sohn, der zunächst sehr aufgeregt ist, weint und nicht isst. Wenn der Kleine schläft, stehlen sich die Eltern unruhig und mit schlechtem Gewissen aus dem Hotelzimmer und erkunden Paris bei Nacht. »Davon hatten wir geträumt: Den Bengel in gutem Schlaf zu wissen und zu zweien auf die Lichter der Place de l'Opéra zu staunen. In einem guten Pariser Restaurant die knusprigsten pommes frites, den saftigsten Braten, den rotesten Wein« zu genießen. Der Kleine gewöhnt sich jedoch schnell an die neue Umgebung und die fremde Sprache und wiederholt alle Worte, die das Zimmermädchen spricht. »Es ist ganz klar: Er hört die neue Sprache und weiß, daß dies etwas anderes ist, als was er bisher gehört hat.« Trotz der schwierigen Situation freuen sich Mascha und Chemjo, dass sie die Seine-Stadt gemeinsam erleben können. Nach zwei Wochen fahren sie von Paris mit der Bahn nach Le Havre. Dort besteigen sie am 14. Oktober 1938 die »Britannic« der Cunard White Star Line, ein »mäßig gutes Schiff«, wie Mascha Kaléko im Tagebuch vermerkt. Die ganze Familie wird seekrank. Vermutlich ist es nicht nur die Seefahrt, die den Reisenden auf den Magen schlägt. »Ich war sterbenselend«, notiert Mascha, und von ihrem Mann ahnt sie: »... am liebsten hätte er erklärt: Ich steige aus.« Vielleicht wird ihnen erst auf dem Atlantik richtig bewusst, dass sie Europa verlassen haben und es kein Zurück gibt.

> Wir haben keinen Freund auf dieser Welt.
> Nur Gott. Den haben sie mit uns vertrieben.
> Von all den Vielen ist nur er geblieben.
> Sonst keiner, der in Treue zu uns hält.
> (...)
> Sei du im Dunkel nah. Mir wird so bang.
> Ich habe Vaterland und Heim verlassen.
> Es wartet so viel Weh auf fremden Gassen.
> Gib du mir deine Hand. Der Weg ist lang.
>
> Und wenn das Schiff auf fremder See zerschellt,
> Wir sind einander mit dem Blut verschrieben.
> Wir haben keinen Freund auf dieser Welt.
> Uns bleibt das eine nur: uns sehr zu lieben.
>
> *Überfahrt, VfZ 47*

Am 23. Oktober 1938 läuft das Schiff im New Yorker Hafen ein. Die Familie Kaléko-Vinaver wohnt zunächst in New York City, 378/385 Central Park West. Die ersten Eindrücke sind überwältigend: »Alles ist anders, als wir es uns in Europa vorgestellt haben – vieles besser, manches böser. (...) Die Wolkenkratzer mitten aus der Nebel-Insel aufragend – unerwartet die hohen Türme funkelnder Lichtfenster ...« In den ersten Wochen in New York stehen Formalitäten, die Organisation des Alltags und die Neuorientierung in der unbekannten Stadt im Mittelpunkt. Das erste Weihnachtsfest verbringen die Kaléko-Vinavers mit dem ebenfalls 1938 nach New York emigrierten Schauspieler Alexander Granach, mit dem Chemjo schon in Berlin befreundet war. Erst im Januar 1939, drei Monate nach ihrer Ankunft in Amerika, setzt Mascha Kaléko ihre Tagebucheintragungen fort. Ein Jahr zuvor, im Januar 1938, hatte sie ihre Aufzeichnungen in hebräischen Schriftzeichen begonnen, nun schreibt sie deutsch weiter – vielleicht will sie der verlorenen Heimat wenigstens in der Sprache nah sein: »Von Mai bis Januar sind nur ein paar Monate. Für uns sind es Jahre. Jahrzehnte, wenn man die Zeit nach der Fülle der Geschehnisse mißt. (...) Es ist wie ein Wunder, daß wir noch den schrecklichen Hitler-Pogromen vom 11. November entronnen sind. Die Nachrichten aus Deutschland sind entsetzlich, die polnischen Juden sind deportiert, die anderen verhaftet oder verfolgt. Das wirft einen langen Schatten auf uns, die diesem Schicksal um Haaresbreite Entronnenen.«[2]

Mascha Kaléko und Chemjo Vinaver gehören zu den etwa zweihunderttausend Deutschen und Österreichern, die zwischen 1933 und 1944 über New York in die Vereinigten Staaten einwandern. Viele von ihnen versuchen, in der Metropole am Hudson eine neue Heimat zu finden. Unter ihnen sind zahlreiche Schriftsteller: Hermann Kesten, Kurt Pinthus, Berthold Viertel, Alfred Döblin, Wieland Herzfelde, Ernst Toller, Hans Sahl, Oskar Maria Graf und andere. Für sie ist die Situation im Exil besonders schwer. Maler oder Musiker können auch in anderen Ländern kreativ arbeiten. Doch Autoren sind abgeschnitten von ihrem vertrauten Sprach- und Kulturkreis. Sie haben nicht nur ihr Heimatland verloren, sondern auch ihre Publikationsmöglichkeiten und Leser. Die deutsche Sprache ist ihr Instrument und ihre geistige Heimat. Man kann zwar das Land wechseln, aber nicht so einfach die Sprache. Fast alle deutschen Schriftsteller, die emigrieren mussten, haben diese Schwierigkeiten. Nur berühmten Autoren wie Thomas Mann, Lion Feuchtwanger oder Bertolt Brecht, deren Werke schon vor 1933 übersetzt wurden und internationalen Erfolg hatten, gelingt es, auch im Exil zu publizieren. Alle anderen Autoren müssen praktisch bei null anfangen. So geht es auch Mascha Kaléko. Ihren Namen kennt in Amerika – bis auf einige wenige deutsche Emigranten – niemand. Bei ihrer Ankunft in New York ist Mascha Kaléko einunddreißig und Chemjo Vinaver dreiundvierzig Jahre alt, noch jung genug für einen Neuanfang. Mascha lernt schnell Englisch, doch dichten kann sie nur in ihrer Muttersprache, mit der Erinnerungen und Emotionen besonders verknüpft sind. Der Dichterin ist klar, dass es nicht genügt, die fremde Sprache zu beherrschen, sondern diese »muss uns beherrschen. Uns aber beherrscht nur jene Sprache, in der wir zuerst MUTTER sagten und ICH LIEBE DICH. Die Gefühlsassoziationen der Kindheit und ersten Jugend, das Empfindungs- und Geistesgut, die in unserer Muttersprache eingeschlossen sind wie der Nusskern in seiner Schale, sie sind es, die uns in einer neu erworbenen Sprache mangeln.«[3] Auch bei Emigranten, die schnell die fremde Sprache lernen, gibt es einen Bereich, der sprachlich vom Alltag abgeschnitten ist, weil ihnen die Zwischentöne fehlen. Mascha Kaléko hat das in ihrem Gedicht ›Der kleine Unterschied‹ zum Ausdruck gebracht:

> Es sprach zum Mister Goodwill
> ein deutscher Emigrant:
> »Gewiß, es bleibt das selbe,
> sag ich nun *land* statt Land,
> sag ich für Heimat *homeland*
> und *poem* für Gedicht.
> Gewiß, ich bin sehr happy:
> Doch glücklich bin ich nicht.«
>
> *Der kleine Unterschied, Tr 52*

Trotzdem kann sie bald so gut Englisch, dass sie Übersetzungen anfertigt und – unter dem Pseudonym Marcia Vinaver – Werbetexte für Büstenhalter oder Parfum schreibt und damit etwas Geld verdient.

Ihrem Mann gelingt es, als Musiker zu arbeiten. Bereits ein gutes Vierteljahr nach der Übersiedlung nach New York hat Stefan Zweigs Antikriegsstück ›Jeremiah‹, zu dem Chemjo Vinaver die Musik komponierte, an einem Broadway-Theater Premiere. Chemjo führt seine musikwissenschaftlichen Studien fort und hat hin und wieder Aufträge als Dirigent und Komponist. Doch die finanzielle Situation der Familie ist kritisch.

Im September 1939 berichtet Mascha im Tagebuch: »Krieg in Europa. Erst sah es so aus, als sollte dies der Beginn vom Ende des Faschismus werden, nun, da Japan und Rußland Hitler helfen wollen, verdüstert sich das Bild. Die Juden sind das erste Opfer. Überall.« Besorgt beobachtet sie aus dem Exil die Ereignisse in Europa. Sie fühlt sich fremd in Amerika, doch hat sie wenigstens ihre engste Familie um sich. In ihren Aufzeichnungen spiegeln sich Unsicherheit und Hoffnung. Warum sie den Sohn nun Evjatar statt Avitar nennt, ist nicht bekannt. »Wie wäre eine solche Zeit zu ertragen ohne den Halt eines eigenen Lebens inmitten dieses Getümmels? Meine Welt hat sich ›verengt‹ auf zwei Menschen: Chemjo und Evjatar. Sie hat sich dennoch erweitert. Ich arbeite nichts für mich, bin ganz dem zugewandt, was Chemjos Arbeit angeht und Evjatars kleines Glück. Und ich fühle, es ist gut so. Dieser Zeitabschnitt, obgleich mein ›unproduktiver‹, ist tief und sehr ausgefüllt. Das äußere Leben ist – obgleich sehr ungesichert in finanzieller Hinsicht – doch relativ gut. Wir führen kein Emigranten-Dasein. Wohnung etc. ist mehr, als wir je hier für uns erwarteten. Chemjos Arbeit der Mittelpunkt, von dem alles abhängen wird.[4] (...) Für Chemjo müßten hier Möglichkeiten sein. Schwer ist es nur, durchzuhalten.«[5]

Maschas Mann beginnt sofort mit der Neugründung des Vinaver-Chores, der nun aus dreißig deutschen und österreichischen Emigranten und einigen New Yorker Sängern besteht und von Leonard Bernstein und Marc Chagall unterstützt wird. Es ist der erste professionelle Chor in den Vereinigten Staaten, in dessen Repertoire jüdische Musik im Mittelpunkt steht. Nach einem kürzeren Auftritt in der Carnegie-Hall findet das erste abendfüllende Konzert des A-capella-Chores im Oktober 1939 in der Town-Hall in New York statt. Dabei stehen synagogale Kirchenmusik und palästinensische und jiddische Volkslieder auf dem Programm. Der Rezensent der deutschsprachigen Emigrantenzeitung ›Aufbau‹ berichtet, dass die Darbietung die Hörer mitgerissen habe und »der überaus gut besuchte Abend (...) ein grosser Erfolg für Vinaver und seine Sänger« war.[6] Da Chemjo weder Englisch spricht noch in der Organisation des Alltags begabt ist, muss Mascha alles managen. Sie begleitet ihren Mann zu den Proben und Konzerten, um für ihn zu dolmetschen. Bald nennt er sie seine »Karrierehelferin«. Die Umstellung ist für Mascha nicht leicht. Nach den erfolgreichen Jahren in Berlin ist sie in Amerika nur noch Mrs. Vinaver, kümmert sich um Mann, Sohn und Haushalt. »Oft frag ich mich: Ist die Wohnung für mich – oder bin ich für die Wohnung da?«[7] Zum Schreiben bleibt ihr keine Zeit. Da die Eltern oft unterwegs sind, um Arbeit zu finden oder Konzerte zu organisieren, müssen sie Evjatar in der Obhut von Kindermädchen lassen. Diese wechseln häufig, entweder wird das Geld knapp, oder sie kommen mit dem lebhaften Kind nicht zurecht, das schon auf Berliner Freunde wie ein »kleiner Napoleon«[8] wirkte. Stundenlang wartet Mascha Kaléko bei Ämtern und Konsulaten wegen der erforderlichen Bescheinigungen und Arbeitsgenehmigungen. Diese Zeit ist nicht einfach für die kleine Familie, Mascha klagt über große Müdigkeit und Magenprobleme. Wie schon als Kind fühlt sie sich wieder als Außenseiterin. Der Kontrast zu dem Leben in Berlin, das sie aufgeben mussten, ist groß. In den ersten Gedichten, die in der Emigration entstehen, wird die Sehnsucht nach der verlorenen Heimat, nach Deutschland und Berlin deutlich:

In jenem Land, das ich einst Heimat nannte,
Wird es jetzt Frühling wie in jedem Jahr.
Die Tage weiß ich noch, so licht und klar,
Weiß noch den Duft, den all das Blühen sandte,
Doch von den Menschen, die ich einst dort kannte,
Ist auch nicht einer mehr so, wie er war.

Auch ich ward fremd und muß oft Danke sagen.
Weil ich der Kinder Spiel nicht hier gespielt,
Der Sprache tiefste Heimat nie gefühlt
In Worten, wie die Träumenden sie wagen.
(...)
Auf einer Bank im »Central Park«, Tr 47

Mascha Kalékos Gedichte verändern sich. Der witzig-schnoddrige Ton der jungen Autorin im Berlin der Weimarer Republik wird abgelöst durch kritische Melancholie. Im Mittelpunkt ihres Lebens steht nun das Überleben in der neuen Heimat. Die Geldsorgen werden die Familie jahrelang begleiten. Doch das Heranwachsen des Sohnes lässt die Eltern die schwierigen Lebensumstände manchmal vergessen. »Er faßt blitzschnell auf und vergißt es nicht. Sein Gedächtnis ist bemerkenswert. Er weiß lange Verse (...) auswendig nach wenigen Malen und Hören. Rhythmus und Reim sind ihm ganz natürlich. (...) Er singt leidenschaftlich gern und hat für das Nachsingen von Intervallen ausgesprochenes Gehör, wie Chemjo sagte. Bisher stellten wir keine musikalische Begabung fest, aber nun beginnt sie sich zu zeigen.« Stolz registriert Mascha im Tagebuch Evjatars Entwicklung: »... es ist schwer, objektiv zu sein, wenn man so nah verbunden ist mit einem Wesen, aber mir scheint, er ist besonders begabt.«[9] Im Alter von zwei Jahren ruft er dem Radio nach dem Ende eines Liedes zu: »Bitte, Radio, noch singen!« und fragt den Sprecher, ob er ›Hänschen klein, ging allein‹ nicht kenne. Mit knapp drei Jahren kommt der Junge in den Kindergarten. Da sein Vorname Evjatar für Amerikaner schwer auszusprechen und zu behalten ist, wird er Evjo genannt. Zunächst steht er abseits, weil er kein Englisch kann, doch er lernt schnell und gehört bald zu den beliebtesten Kindern der Gruppe. Mascha spricht mit ihrem Mann weiterhin deutsch, mit dem Sohn bald nur noch englisch.

(…)
Du lerntest wieder aufstehn, wenn man fällt.
Dein Kinderwagen rollte um die Welt.
Du sagtest Danke, Thank you und Merci,
Du Sprachgenie.
(…)
Einem kleinen Emigranten, VfZ 39

Nur eines lernt der sensible Junge nicht: sich zu verteidigen. Wenn er angegriffen wird, schlägt er nie zurück.[10] Ein Kollege von Chemjo Vinaver, der Musiker Paul Dessau, der 1939 nach New York emigrierte, komponiert für den Kleinen zu dessen drittem Geburtstag einen Kanon, und im Kindergarten gibt es eine Party für ihn. »Der Junge ist die größte Freude in unserem Leben«[11], notiert Mascha im Tagebuch. Das Problem mit dem Vornamen des Sohnes, der ständig Fragen provoziert, löst sich erst, als sich die Eltern entscheiden, den Jungen Stephen, später Steven, zu nennen. In ihren unvollendet gebliebenen »Geschichten vom kleinen Steven« schildert Mascha Kaléko die schwierige Namensfindung: »… zuletzt hatte die Bibel herhalten müssen für einen bedeutenden Namen. (…) Evjatar. Klang gut. Und der so hieß – in der Bibel – war ein bedeutender Herr, ein Nachkomme des Propheten Jeremia. (…) Ehe die Mutti die große Lederbibel zuschlug, stieß sie noch auf den Erzengel Michael und borgte sich den Namen von ihm aus für den künftigen kleinen Steven. Nun hatte der schon zwei Namen, zwei ordentlich lange. Aber dann kam noch die Pietät dazu: Der Vater des Vaters der Mutter sollte auch noch mitverewigt werden, und da er am längsten hieß – Alexander – (…) warteten auf den kleinen Steven, noch ehe er da war, drei ausgewachsene Männernamen. Evjatar – Alexander – Michael und dazu der dreisilbige Familienname, na, das langte, da würde er im Winter nicht frieren.«[12] Der Sohn ist sehr auf die Mutter fixiert, und Mascha klagt darüber, dass sie keine Minute mehr für sich hat und nur noch für ihn da ist, sobald er das Haus betritt. »Der Vater ist unpädagogisch und nimmt ihn nur als Spielzeug, wenn er gerade mal Lust hat. Erziehen muß Mami. Im allgemeinen nicht schwierig, nur schön. Doch wehe an nervösen Tagen, da ich selbst ins Bett gebracht werden möchte! Da ist keiner, der versuchen würde, mich zu ersetzen. Papi könnte es, wenn er *wirklich* wollte. Aber Papi hat den Kopf oft so voll. Verzeihen wir's ihm. Ist ja selbst auch nicht ganz erwachsen. Gott sei Dank. Wird's auch nie. (...) Zwei kleine Jungen im Haus. Preisrätsel: welcher ist der dickere Dickkopf? – Wehe, wenn sie losgelassen. Ich, Madame Vulkan, bin ein Lämmerwölkchen dagegen!«[13]

Mascha, Chemjo und ihr Sohn sind eigenwillige Persönlichkeiten, deren Zusammenleben nicht immer einfach ist, obwohl es von großer Liebe und Fürsorge bestimmt wird. Nicht nur Maschas Stimmungen können schnell von Enthusiasmus in Melancholie umschlagen, auch ihr Mann kann verständnisvoll, aber auch unausstehlich sein. »Wenn er gut ist, ist es herrlich. Hat er seine Tage, möchte man sterben.«[14] Doch gerade in dieser schwierigen Zeit ist die Familie für Mascha das Zentrum ihres Lebens und der wichtigste Halt in der Fremde.

> (...)
> Daß ich der Schwermut trotzen kann
> Und nicht die Flucht ergreife:
> Ein Kind im Zimmer nebenan,
> Den Mann mit Buch und Pfeife.
> *Vierundzwanzig Zeilen Herbst, VfZ 17*

In den Kampf ums Überleben im Exil und die täglichen Sorgen und Pflichten als Hausfrau, Ehefrau und Mutter mischt sich immer wieder Heimweh. Im Frühjahr ist es besonders schwer auszuhalten. Mascha vergleicht den Frühling in Amerika mit dem europäischen und betont, ihre Enttäuschung habe nichts mit Geografie zu tun, sondern eher mit Kindheitserinnerungen.

Liebes fremdes Land, Heimat du, wievielte.
Park so grün wie dort, wo als Kind ich spielte.
Erster Duft im Strauch. Schüchterne Platanen.
Müßt ihr immer mich an daheim gemahnen?
Alles um mich her blüht im Sonnenlicht.
Doch der Frühling hier ist mein Frühling nicht.
(…)
Frühlingslied für Zugereiste, VfZ 51

Nachdem sie sich in der Fremde etwas eingelebt hat, sucht sie nach Möglichkeiten, wieder auf Deutsch zu veröffentlichen. Die einzige Chance bietet die von jüdischen Einwanderern 1934 gegründete deutschsprachige Wochen-Zeitung ›Aufbau‹. Dort erscheinen bereits ab 1939 nicht nur Gedichte von Mascha Kaléko, sondern auch einige ihrer Prosatexte. Den Chefredakteur dieser Emigranten-Zeitung, Manfred George, kennt sie noch aus Berlin. In den zwanziger Jahren arbeitete er für den Ullstein- und den Mosse-Verlag und machte sich einen Namen als Theaterkritiker. Von 1928 bis 1933 war er Feuilletonchef der Berliner Tageszeitung ›Tempo‹ und schrieb u. a. auch für Carl von Ossietzkys ›Weltbühne‹ kritische politische Artikel. Nach dem Machtantritt der Nationalsozialisten ging George nach Prag, wo er als Redakteur beim ›Prager Montagsblatt‹ arbeitete. 1938 emigrierte er nach New York. Er macht aus dem ›Aufbau‹ eines der wichtigsten Sprachrohre der deutschsprachigen Einwanderer und hilft ihnen, sich in der neuen Heimat zurechtzufinden. Die Zeitung kritisiert das Hitlerregime und bewahrt in ihren Beiträgen die liberale Geisteskultur Deutschlands. Neben Thomas Mann, Hannah Arendt, Bertolt Brecht und Stefan Zweig schreiben u. a. auch Kurt Pinthus, Oskar Maria Graf, Fritz von Unruh und Bruno Frank für das Blatt. Dem ›Aufbau‹ ist es wichtig, die Integration der Emigranten zu fördern und den Lesern eine Brücke in die neue Heimat zu bauen. Deshalb werden Gedichte von Mascha Kaléko, in denen Sehnsucht und Heimweh anklingen, nicht gedruckt. Doch im Exil verändern sich auch ihre Themen. Die Dichterin setzt sich nun mit ihrer jüdischen Herkunft auseinander. Sie stammt zwar aus einer jüdischen Familie, doch gehört sie nicht zu den streng orthodoxen Juden. Ohne den Nationalsozialismus mit seinem extremen Antisemitismus hätte ihre jüdische Abstammung für Mascha Kaléko kaum eine Bedeutung gehabt, wie für viele assimilierte Juden, die sich als Deutsche fühlten. In keinem ihrer frühen Texte tauchen jüdische Bilder oder Bezüge auf, und auch die Inhalte und Themen lassen nicht vermuten, dass die Autorin Jüdin ist. In ihren frühen Gedichten beschrieb Mascha Kaléko den Alltag in der Großstadt, die Erfahrungen, die sie als Frau und Angestellte machte. Sie fühlte sich als Berlinerin und als deutsche Dichterin. In einem Brief an Martin Buber, den Verfasser der ›Chassidischen Geschichten‹, erklärt sie noch fast zwanzig Jahre später ihre Entfremdung vom Judentum: »Der Chassidismus, dem ich elterlicher Abstammung her zugehörte, dem ich aber durch Erziehung und Umgebung entrückt war, ist mir durch Sie wieder so nahe gerückt, wie er offenbar von Urbeginn in meinem Leben geplant war.«[15] Die Verfolgung der Juden durch die Nationalsozialisten zwingt Kaléko zur Auseinandersetzung mit dem Judentum. Zunächst identifiziert sie sich stark mit den Juden, vielleicht auch, weil die Zugehörigkeit zur Gruppe der jüdischen Einwanderer im Exil wichtig ist. Schon im Januar 1938 war ihr Gedicht ›Enkel Hiobs‹ in der ›Jüdischen Rundschau‹ erschienen, in dem sie Bezug nimmt auf das Alte Testament und die altjüdische Vergeltungslehre, die jedes Leiden als Strafe für Vergehen betrachtet.

Wie tief entbrannte über uns der Zorn!
Wo blieb die Feuersäule, die uns führte,
Dein Wunderfels, der, da man ihn berührte,
Uns Wasser gab, sich wandelte zum Born.

Wo bleibt die Stimme, da der Dornbusch flammt?
Nicht Land, nur Flut, wohin wir auch enteilen.
Wo bleibt der Stab, für uns das Meer zu teilen?
Sind wir auf Ewigkeit zum Irr'n verdammt?
(...)[16]

In diesem Gedicht, das sich fast demütig an einen »Gott-Vater« wendet, fehlen die typischen Elemente von Kalékos Lyrik: Ironie und Sprachwitz. Die Identifikation mit der jüdischen Religion wirkt etwas aufgesetzt, weil die Dichterin nicht mit voller Überzeugung dahintersteht. Sie hat diesen Text später nicht in ihre Sammlung mit Exilgedichten aufgenommen, vermutlich, weil sie spürte, dass diese Strophen nicht zu ihren stärksten gehören. In einem späteren Gedicht kommt ihre Skepsis zum Ausdruck und sie kritisiert wieder im kessen, ironischen Ton der früheren Zeit die verantwortungslose Untätigkeit Gottes:

Ich möcht in dieser Zeit nicht Herrgott sein
Und wohlbehütet hinter Wolken thronen,
Allwissend, daß die Bomben und Kanonen
Den roten Tod auf meine Söhne spein.

Wie peinlich, einem Engelschor zu lauschen,
Da Kinderweinen durch die Lande gellt.
Weißgott, ich möcht um alles in der Welt
Nicht mit dem Lieben Gott im Himmel tauschen.
(…)
Lobet den Herrn, der schweigt! In solcher Zeit, –
Vergib, o Hirt, – ist Schweigen ein Verbrechen.
Doch wie es scheint, ist Seine Heiligkeit
Auch für das frömmste Lämmlein nicht zu sprechen.
(…)
Verse für keinen Psalter, VfZ 49

Veröffentlichungen im ›Aufbau‹ bleiben in den nächsten Jahren die einzige Publikationsmöglichkeit für Mascha Kaléko. Es gibt einen kleinen Kreis von deutschen Emigranten, in dem ihre Texte gern gelesen werden. Doch findet nur eine einzige Lesung im German-Jewish-Club in New York statt, bei der die Dichterin eigene Gedichte vorträgt. Die einleitenden Worte bei dieser Veranstaltung im Mai 1940, an der auch Erika Mann teilnimmt, spricht der Herausgeber des ›Aufbau‹, Manfred George.

In der Erwartung, die miserable finanzielle Lage durch neue Aufträge verbessern zu können, übersiedelt die Familie Kaléko-Vinaver im Sommer 1940 nach Kalifornien. Sie wohnen am Winona Boulevard 1749 in Hollywood und hoffen, dass Chemjo Vinaver als Komponist in der Filmbranche mehr verdienen kann. Doch schon nach zwei Monaten schreibt Mascha resigniert ins Tagebuch: »Keine Arbeit. Chemjo hat mehr Mut als ich, seltsam. (…) Chemjo ist der reine Tor. Schwer, ihm so viel Illusionen zu nehmen. Aber soll man dem Kinde verschweigen, daß Wölfe beißen? (…) Ich bin in Ohnmacht gefallen. Nach 13 Jahren. Fühle mich verändert. Schwach. Meine Nerven haben viel ertragen. Ich bin auf Wanderschaft seit vielen Jahren. Gehetzt. Unstet und flüchtig seit Chemjos Erscheinen. Gesegnet der Tag, da er kam!«[17] Trotzdem halten sie es ein paar Monate in der Filmstadt aus.

> Hollywood, das ist keine Stadt. Schon eher eine Erfindung.
> Für Fremde: eine Mischung von Palmen und schlechter
> Verbindung.
> Für Eingeborne: ein Wohnsitz, mit Traumfabriken garniert,
> Für Zugereiste: ein Zustand, der häufig zu Zuständen führt.
> (…)
> *Apropos Hollywood, Tr 57*

Da sich die Situation nicht ändert und Chemjo, der sich selbst auch nicht als Film-Komponist sieht, keine Arbeit findet, kehren sie 1941 nach New York zurück. Sie wechseln mehrmals die Wohnung, bis sie 1942 ihre endgültige Bleibe in der Minetta Street 1, im Künstlerviertel Greenwich Village, beziehen. Seit der Jahrhundertwende wohnen dort vor allem Schriftsteller, Musiker, Maler und Studenten. Mascha achtet darauf, nicht in ein Exilanten-Viertel zu ziehen, um ihrem Sohn die Integration zu erleichtern. »Greenwich Village, das ist längst keine rein geographische Bezeichnung mehr«, sondern »schon so etwas wie ein Geisteszustand« erklärt sie in ihrem Text ›Der Gott der kleinen Webefehler‹, in dem sie das Künstlerviertel als liberal, intellektuell und optimistisch beschreibt. Vor allem aber ist Greenwich Village mit seinen engen Straßen und alten Häusern auch sehr europäisch, sodass sich Mascha und ihre Familie nicht so fremd fühlen. Sie schildert das abwechslungsreiche Leben in englischen Tea Shops, italienischen Pizzerien, kleinen Espresso-Stuben, Bars und Restaurants, erwähnt die »ganz unnewyorkischen krummwinkligen Gassen« und freut sich, manchmal in eine vertraute Atmosphäre einzutauchen. »Hier kann man noch spazierengehen, durch diese buntbelebten Straßen, an deren Ecken zuweilen Europa grüßen läßt.« Es gibt viele deutsche, italienische und spanische Geschäfte, die heimische Spezialitäten anbieten. Ein Laden heißt »Little Italy« und verkauft sizilianisches Schrotbrot und »grünschimmernde Artischocken und andere Mittelmeer-Leckerbissen, (...) knoblauchduftende Riesensalamis, (...) goldgeräucherte Käsekolben.« In Greenwich Village haben sich Emigranten vieler Länder eine Ersatz-Heimat geschaffen. Im »Café Rienzi« trifft sich der Schriftsteller und Emigrant Oskar Maria Graf jeden Mittwoch zum Stammtisch mit Literaten-Kollegen und Verehrern. »Hier werden alle Sprachen gesprochen und gebrochen«, berichtet die Dichterin, »sogar Berlinisch kannst du hören, in der Christopher Street, wo Lotte Lenja die Songs aus der Dreigroschenoper zum besten gibt. (...) jeder wird hier selig nach seiner Fasson.« Mascha Kaléko trifft alte Bekannte, wie die Schauspielerin, Tänzerin und Kabarettistin Valeska Gert, die ebenfalls 1938 nach Amerika emigrierte. Die exzentrische Künstlerin, die in den zwanziger Jahren mit Tanzsatiren und Avantgardestücken Furore machte, eröffnet die »Beggar Bar«, wo man so »manchen alten Berlinern begegnen«[18] kann.

In New York neue Freunde zu finden ist nicht einfach. Die Amerikaner sind zunächst sehr hilfsbereit, ziehen sich aber bei zu engem Kontakt wieder zurück. Es ist eine andere Welt, eine andere Mentalität, an die sich die Europäer erst gewöhnen müssen. Mascha Kaléko und Chemjo Vinaver lernen relativ schnell Menschen kennen, die ihnen in der schwierigen Anfangszeit helfen. Doch immer wieder gibt es große Enttäuschungen. Leute, die sie erst unterstützen, wenden sich plötzlich gegen sie. Mascha weiß nicht mehr, wem sie vertrauen kann. Deprimiert fragt sie sich im Tagebuch: »Herrgott, gibt es hier keine *Menschen*?[19] (...) Wir sind ohne Geld. Ohne Freunde. Ohne Verbindungen. Ohne Hoffnung. Fahrgeld fehlt. Schuhe fehlen. Medizin für Stephen fehlt. Schule wird ihn nicht halten, wenn wir nicht zahlen können. Verfluchtes Geld. Demütigend, keines zu haben. Oh, wie die ›Freunde‹ weichen, wie von Pestkranken. (…) Geld haben ist nicht schön. Aber Geld nicht haben ist schrecklich. Ein Bankkonto ist eine gute Vorbeugung gegen Depression.« Es sind entbehrungsreiche Jahre für die Familie. Sie leben von geliehenem Geld und müssen immer wieder zum Pfandleiher gehen. Eine vorübergehende Flucht aus der Realität bietet das Lesen. Da Mascha ihre umfangreiche Bibliothek nicht mitnehmen konnte und Bücher teuer sind, ist sie ständiger Gast in öffentlichen Büchereien. Um an ihre literarischen und philosophischen Studien der zwanziger Jahre anzuknüpfen, interessiert sie sich nicht nur für die Werke von Friedrich Nietzsche und anderen deutschen Philosophen. Sie macht sich auch mit der französischen und amerikanischen Literatur vertraut und liest Thomas Wolfe, John Steinbeck und Walt Whitman. Ein Name taucht in der Liste der Bücher, die sie gelesen hat, immer wieder auf: Heinrich Heine, dem sie sich nicht nur als Poetin und Jüdin verwandt fühlt, sondern nun auch als Exilantin.[20]

Ich hatte einst ein schönes Vaterland –
So sang schon der Flüchtling Heine.
Das seine stand am Rheine,
Das meine auf märkischem Sand.

Wir alle hatten einst ein (siehe oben!)
Das fraß die Pest, das ist im Sturm zerstoben.
O Röslein auf der Heide,
Dich brach die Kraftdurchfreude.
(…)
Das wird nie wieder, wie es war,
Wenn es auch anders wird.
Auch, wenn das liebe Glöcklein tönt,
Auch, wenn kein Schwert mehr klirrt.

Mir ist zuweilen so, als ob
Das Herz in mir zerbrach.
Ich habe manchmal Heimweh.
Ich weiß nur nicht, wonach …
Emigrantenmonolog, VfZ 53

Mascha schreibt ihre Sorgen auf, ruft sich aber sofort zur Ordnung und vergegenwärtigt sich, dass ihre Lage bei aller Not noch auszuhalten ist. »Darf man klagen? Nein! Wir sind alle beieinander: Und überall ist Krieg. *Krieg*! Keine Nachrichten aus Tel Aviv. Und denk ich an Lea, bin ich tot. Armes kleines Schwesterchen! Und ich sitz hier, mit gebundenen Händen.«[21] Mascha sorgt sich um ihre Eltern und Geschwister in Palästina, vor allem aber um die Schwester Lea, über deren Verbleib nichts bekannt ist. Informationen über die alte Heimat verfolgt Mascha mit Interesse und Betroffenheit. In Deutschland verschärfen sich die Lebensbedingungen für die jüdische Bevölkerung immer mehr: Juden müssen ihre Radios abliefern, dürfen keinen Telefonanschluss haben und nach acht Uhr abends die Wohnung nicht mehr verlassen. Seit September 1941 müssen sie einen gelben Stern tragen. Nach dem Überfall deutscher Truppen auf die Sowjetunion im Sommer 1941 notiert Mascha Kaléko: »Der Krieg. Rußland blutet, um Hitler totzumachen. Was wird werden? Mein Gefühl sagt: Das ist das Ende des Teufelsregimes. Auch wenn große Opfer nötig sind.«[22] Diese Vermutung wird sich als richtig erweisen, doch zuvor erreichen die Schikanen, die das tägliche Leben der Juden immer mehr einschränken, unfassbare Ausmaße: Sie dürfen keine öffentlichen Verkehrsmittel und Telefone benutzen, keine Haustiere halten, keine Bücher, Zeitungen und Zeitschriften kaufen, erhalten auf ihre Lebensmittelkarten nur stark gekürzte Rationen und müssen alle elektrischen Geräte, Fahrräder, Schreibmaschinen und Schallplatten abliefern. Seit Oktober 1941 dürfen jüdische Bürger nicht mehr aus dem Deutschen Reich auswandern. Und im Januar 1942 wird auf der »Wannsee-Konferenz« in Berlin die »Endlösung der Judenfrage«, die vollständige Vernichtung des europäischen Judentums, organisiert.

Die Familie Kaléko-Vinaver ist zwar in Sicherheit, und Mascha betont immer wieder, das sei das Wichtigste, doch das tägliche Überleben ist schwer. Ihre Verfassung schwankt ständig zwischen Furcht und Zuversicht: »Chemjo ist in verzweifelter Stimmung. Ich bin auch nervös. Leben ohne Geld macht mir nicht so viel aus, wenn ich meinen Chemjo habe.«[23]

> Nun weiß ichs, Liebster. Dieses ist das Glück.
> Nach all dem Wirrsal und den irren Fahrten
> Blieb uns zuletzt das Beste doch zurück:
> Des Abends mit dem Kind auf dich zu warten …
> (…)
> Was sie auch nahmen, dieses Eine blieb.
> Laß uns dies auch in grauen Stunden wissen.
> Herr, gib du allen, die das Schwert vertrieb,
> Ein Dach, ein Brot, ein Kind, ein eigen Kissen.
> *Fast ein Gebet, VfZ 43*

Die schwierige finanzielle Situation der Familie und die große Hoffnungen weckende Entwicklung des Sohnes, der Mascha herausfordert und ablenkt, sind die wichtigsten Themen in ihrem Tagebuch: »Sein flammendes Temperament frißt meines. Das Wachsen seiner Seele, seines Hirns miterleben zu dürfen ist unaussprechlich.«[24] Stolz berichtet die Mutter über den knapp Fünfjährigen: »Er ist ein großer Redner und Logiker. Und dabei musikversessen. Was wird daraus werden? Einstweilen soll er nur so gesund und normal wie möglich heranwachsen. Wir halten uns fern von ›Anregungen‹. Er bekommt sie ohnedies, er greift sie aus der Luft. Sein Drang zur Selbständigkeit ist beglückend.«[25] Manchmal erstaunt Steven die Mutter, weil er so vernünftig ist: Neugierig fragt er, ob er, wenn er groß ist, auch – wie der Vater – Musik schreiben und verkaufen kann, um Geld zu verdienen.[26] Ausführlich schildert Mascha Geschicklichkeit, Lebendigkeit und Musikalität des Sohnes, der bei allem, was er tut, singt. Aber der Kleine hat auch Zornesausbrüche, ist raffiniert und um keine Ausrede verlegen. Dass Steven nicht nur die musikalische Begabung vom

Vater geerbt hat, sondern auch dessen charakterliche Eigenarten, wird im Tagebuch nicht oft erwähnt. »Mit Strenge erreicht man selten etwas bei ihm. Mit Liebe alles«, notiert Mascha und setzt hinzu: »comme le père.«[27]

Chemjo Vinaver versucht unermüdlich, als Musiker Arbeit zu finden. Für die New Yorker Zeitschrift ›Commentary‹ schreibt er ab und zu Musikkritiken. Außerdem unterrichtet er an der New Yorker School of Sacred Music. Schließlich erhält er einen Dirigentenposten »mit lächerlichem Probegehalt«[28] bei der Spanisch-Portugiesischen Synagoge. Seine Chor-Konzerte bekommen gute Kritiken, doch die Diskrepanz zwischen dem Leben und der Musik scheint für ihn besonders groß zu sein. Chemjo ist Künstler und »... ein Genie. Er ist weltfremd. Er kann nur Musik machen. Kein Business.«[29] Ohne gezielte Werbemaßnahmen, Kontakte und Geschäftsbeziehungen ist es schwer, in Amerika Erfolg zu haben. Dort braucht man einen Manager, der sich engagiert und kümmert. Das Ehepaar hofft, dass Chemjo mit seinen Konzerten der Durchbruch gelingt, doch dieser sieht erst nach einigen Rückschlägen ein, dass er sein Programm ändern und ein internationales Repertoire anbieten muss. Mascha ist stolz auf ihren Mann und seine Kunst, auch wenn es manchmal schwer ist, mit einem egozentrischen, kompromisslosen Musiker zusammenzuleben. Diese Momente vertraut sie dem Tagebuch an: »Nicht zu überzeugen, eh die Tatsachen nicht zwingend vor ihm stehen. Gehört zu seiner Art.«[30]

Auch Mascha Kaléko sucht nach anderen Verdienstmöglichkeiten. Im Sommer 1942 veröffentlicht sie im ›Aufbau‹ einen Bericht über ihre neue Tätigkeit. »Abends von sieben bis neun, hundertzwanzig Minuten täglich, hab' ich einen neuen Beruf. Ich bin ›Minute-Man‹. Beziehungsweise: -›woman‹.« Die Bezeichnung stammt aus dem amerikanischen Unabhängigkeitskrieg, als Freiwillige auf Abruf bereitstanden, um von einer Minute zur anderen der Bürgerarmee beizutreten. Während des Zweiten Weltkrieges besuchen Männer und Frauen im Auftrag des Staates die Haushalte und bitten die Bevölkerung, Kriegsanleihen zu zeichnen. »Was dazu für eine Vorbildung gehört? Keine. Oder: allerlei. Erstens muß man begriffen haben, wozu dieser Krieg geführt wird. Das geht noch. Zweitens aber muß man dies wildfremden Leuten klarmachen. (…) Was man bei diesem ›job‹ verdient? Nichts, wovon einem Steuern abgezogen werden könnten, gar nichts. Aber dafür kommt man ja auch in den Himmel. – Nicht in die Hitlerhölle kommen, ist das nicht beinahe schon wie Himmel?«[31] Die Suche nach Bürgern, die die Kriegskosten mitfinanzieren, hat Mascha Kaléko vermutlich nicht lange ausgeübt. Um Amerika im Krieg gegen Deutschland zu unterstützen, zeichnet sie selbst die vierte Kriegsanleihe. Ihre Gefühle ihrem Heimatland gegenüber sind äußerst ambivalent, positive Erinnerungen werden überlagert von der schrecklichen Gegenwart. Seit 1942 wird nach und nach bekannt, mit welcher Grausamkeit die Deutschen Juden und Polen verfolgen und vernichten. Im September 1942 druckt der ›Aufbau‹ Mascha Kalékos Gedicht ›Nachtgedanken‹, dem sie später den Titel ›Kaddisch‹ gibt – die hebräische Bezeichnung für das jüdische Totengebet.

Rot schreit der Mohn auf Polens grünen Feldern,
In Polens schwarzen Wäldern lauert Tod.
Verwest die gelben Garben.
Die sie gesät, sie starben.
Die bleichen Mütter darben.
Die Kinder weinen: Brot.
(…)
Wer wird in diesem Jahr den Schofar[32] blasen
Den stummen Betern unterm fahlen Rasen,
Den Hunderttausend, die kein Grabstein nennt,
Und die nur Gott allein bei Namen kennt.
Saß er doch wahrlich strenge zu Gericht,
Sie alle aus dem Lebensbuch zu streichen.
Herr, mög der Bäume Beten dich erreichen.
Wir zünden heute unser letztes Licht.

Kaddisch, VfZ 46

Die Trauer um die Verfolgten und Toten hat Mascha Kaléko in diesen Zeilen in schlichter Form benannt.[33] Auf die Trauerklage folgt der Hass. Nach dem Bekanntwerden des Massenmordes an Juden in den Konzentrationslagern entsteht das Gedicht ›Höre, Teutschland‹, »in memoriam Maidanek und Buchenwald«:

> Der Tag wird kommen, und er ist nicht fern,
> Der Tag, da sie ans Hakenkreuz euch schlagen.
> Da wird nicht eine Seele um euch klagen,
> Und nicht ein Hund beweinen seinen Herrn.
> (…)
> Sie werden kommen aus dem Land im Osten,
> Wo eure Panzertanks im Blute rosten.
> Im Schlaf umzingeln werden euch die Scharen,
> Die eurer Mordlust stumme Opfer waren.
> (…)
> Verflucht auf ewig sei Germaniens Schwert!
> Verhasst ward mir der Anblick eurer Eichen,
> Die sich von meiner Brüder Blut genährt,
> Verhasst die Äcker, die da blühn auf Leichen.
>
> Wie hass ich euch, die mich den Hass gelehrt …[34]

Die englische Fassung dieses Gedichtes wird im März 1943 unter dem Titel ›Hear Germany‹ im ›Sunday Magazin‹ der ›New York Times‹ veröffentlicht.[35] Nach den ersten Jahren im Exil und einer schrittweisen Auseinandersetzung mit ihrer jüdischen Herkunft gelingt es Mascha Kaléko, ihre Position klarer zu erkennen und zu benennen. Mitte der vierziger Jahre erscheint im ›Aufbau‹ ihr Gedicht ›Einer Negerin im Harlem-Express‹, in dem sie in wenigen Zeilen das Problem der Unterdrückung von Minderheiten in einem persönlichen Ton auf den Punkt bringt. Die Parallelen der Ausgrenzung und Verfolgung von Juden und Schwarzen werden klar herausgearbeitet und Antisemitismus und Rassendiskriminierung miteinander verglichen:

Dunkles Mädchen eines fremden Stammes,
Tief im Dschungel dieser fremden Stadt,
Deiner Augen schwarzverhangne Trauer
Sagt mir, was dein Herz gelitten hat.

Immer möchte ich dich leise fragen:
Weißt du, daß wir heimlich Schwestern sind?
Du, des Kongo dunkelbraune Tochter,
Ich, Europas blasses Judenkind.

Vor der Schmach, die Abkunft zu verstecken,
Schützt dich, allen sichtbar, deine Haut,
– Vor der andern Haß, da sie entdecken,
Daß sie dir »versehentlich« vertraut.

Einer Negerin im Harlem-Express, Tr 48

Durch die Erfahrungen von Verfolgung, Flucht und Exil findet Mascha Kaléko ihren Weg zwischen dem Judentum und ihrem persönlichen Glauben. Vor allem in ihren Exil-Gedichten wird Gott oft erwähnt, doch fasst sie diesen Begriff nicht eng und an eine einzige Religion gebunden. Ihre eigenen religiösen Vorstellungen scheinen aus verschiedenen Konfessionen entlehnt. Schließlich wendet sie sich mehr den östlichen Religionen zu und beschäftigt sich intensiv mit dem Zen-Buddhismus.

Ob Jud, ob Christ: es gibt nur einen Gott.
Doch sucht der Mensch ihn unter vielen Namen.
Stehn wir vor IHM, so fragt ER nicht danach,
Auf welchem Pilgerweg wir zu ihm kamen.

Es werde jeder selig nach seiner Konfession, Tr 154

Anfang 1944 beantragt die Familie Kaléko-Vinaver ihre Einbürgerung, als Staatsbürgerschaft gibt Mascha Kaléko auf dem Formular die polnische an. Ein dreiviertel Jahr später, am 20. November 1944, wird dem Antrag stattgegeben, und Mascha, Chemjo und Steven sind amerikanische Staatsbürger. Der Sohn ist nun fast acht Jahre alt und bekommt Klavierunterricht. Vermutlich müssen sich die Eltern seine Musikstunden vom Munde absparen, denn die finanzielle Lage der Familie ist weiterhin prekär. Aber sie wollen sein Talent fördern. Nach einem Vierteljahr Unterricht fragt Steven seine Mutter, ob sie beim Gedichteschreiben genauso glücklich sei wie er beim Klavierspielen.[36] Solche Momente helfen, die Notlage der Familie wenigstens vorübergehend zu vergessen. Das Tagebuch, das die Dichterin seit 1938 führt, bricht Anfang 1944 ab. Es spiegelt die Heimatlosigkeit auch sprachlich, die ersten Eintragungen sind deutsch, aber in hebräischer Schrift geschrieben. In Amerika schreibt Mascha deutsch, doch ab 1941 tauchen immer öfter amerikanische Worte oder Sätze auf. Mascha ist sprachlich in der Fremde angekommen. In den letzten Eintragungen wird ihre Sorge um die Gesundheit ihres Mannes und das Schicksal der Familienangehörigen deutlich: »Es sieht nach Frieden aus in diesem Jahr. Was wird in Europa werden. Wer wird noch am Leben sein von allen Verwandten und Freunden?«[37] Der Kontakt zu ihren Eltern, die in Tel Aviv leben, scheint während der Kriegsjahre unterbrochen zu sein. Über das Schicksal der Schwester Lea ist nichts bekannt, und auch von vielen polnischen Verwandten gibt es kein Lebenszeichen. Es sollten noch viele Jahre vergehen, bis Mascha Kaléko darüber etwas erfahren wird.

1944 hat der knapp fünfzigjährige Chemjo Vinaver erstmals akute Probleme mit dem Herzen. Besorgt bekennt seine Frau: »Immer hatte ich Angst um sein Herz. Er regt sich so auf beim Arbeiten. O Gott. Laß ihn mir gesund sein, alles andere wird schon werden. – Ohne ihn ist mein Leben zerstört.«[38] In dieser Zeit entsteht das eindrucksvolle Gedicht ›Memento‹:

Vor meinem eignen Tod ist mir nicht bang,
Nur vor dem Tode derer, die mir nah sind.
Wie soll ich leben, wenn sie nicht mehr da sind?
(…)
Der weiß es wohl, dem gleiches widerfuhr;
– Und die es trugen, mögen mir vergeben.
Bedenkt: den eignen Tod, den stirbt man nur,
Doch mit dem Tod der andern muß man leben.

Memento, VfZ 9

»Zur Heimat erkor ich mir die Liebe«

– DIE NACHKRIEGSZEIT –

Im Mai 1945 ist der Krieg zu Ende. Die deutsche Wehrmacht hat kapituliert, die alliierten Besatzungsmächte – USA, Großbritannien, Frankreich und die Sowjetunion – übernehmen die oberste Regierungsgewalt und teilen Deutschland in vier Zonen auf. Der Zweite Weltkrieg forderte etwa 55 Millionen Tote weltweit und hinterlässt zerstörte Städte und Länder. Die Bilanz nach zwölf Jahren Nazi-Regime ist furchtbar, noch weiß man nicht, dass Hitlers fanatischem Antisemitismus etwa sechs Millionen Juden zum Opfer gefallen sind. Mascha Kalékos Erleichterung darüber, dass es ihr gelang, mit Mann und Kind gerade noch rechtzeitig zu emigrieren, ist auch noch Jahre und Jahrzehnte später zu spüren. In einem Brief aus den sechziger Jahren nennt sie ihr Überleben ein Wunder: »Eigentlich sind wir dem KZ-Tod nur von Engeln entrissen worden.«[1] Das Leben haben sie gerettet, doch die Heimat verloren. Die Sehnsucht nach Europa wird Mascha Kaléko ihr Leben lang begleiten. Die Emigration aus Deutschland war für sie das vierte Mal, dass sie ihre gewohnte Umgebung verlassen musste. Die Übersiedlung auf einen anderen Kontinent wird der einschneidendste Ortswechsel gewesen sein. So erstaunt es nicht, dass sie sich in Amerika zunächst heimatlos und entwurzelt fühlte und frühe Kindheitserfahrungen wachgerufen wurden. In einem späten Gedicht erinnert sie sich an das Gefühl der Verlorenheit.

> Ausgesetzt
> In einer Barke von Nacht
> Trieb ich
> Und trieb an ein Ufer.
> (...)
> Auf nichts war Verlaß.
> Nur auf Wunder.
> (...)
> Ein Fremdling, stumm vor unerschlossenen Zonen,
> Fror ich mich durch die finsteren Jahre.
> Zur Heimat erkor ich mir die Liebe.
> *Die frühen Jahre, Tr 101*

In der letzten Zeile wird deutlich, welche Bedeutung die Familie für die Dichterin hat. Nur in der Liebe zu Mann und Sohn findet sie – unabhängig vom Ort – Geborgenheit und Heimat. Nachdem die Anfangsschwierigkeiten in der neuen Umgebung überwunden sind, möchte Mascha Kaléko auch wieder als Autorin wahrgenommen werden. Ein Buchhändler, der fremdsprachige Bücher in New York verkauft, berichtet ihr, dass wiederholt nach dem ›Lyrischen Stenogrammheft‹ gefragt wurde. Und von einem deutschen Leser, der ihr ›Kleines Lesebuch für Große‹ Wort für Wort abgeschrieben hat, um es einer Freundin schenken zu können, erfährt die Dichterin, dass er sein eigenes Exemplar als Soldat im Rucksack bis an die Ostfront mitgenommen hat. Mascha Kaléko kümmert sich wieder um die Veröffentlichung ihrer Texte. 1945 erscheint im Schoenhof Verlag in Cambridge, Massachusetts, ihr drittes Buch: ›Verse für Zeitgenossen‹. Es enthält die neue, in den ersten Exiljahren entstandene Lyrik, aber auch ihr Gedicht ›Interview mit mir selbst‹ aus dem Jahr 1932, das sie durch ein Postskriptum ›Anno fünfundvierzig‹ ergänzt hat:

Inzwischen bin ich viel zu viel gereist,
Zu Bahn, zu Schiff, bis über den Atlantik.
Doch was mich trieb, war nicht Entdeckergeist,
Und was ich suchte, keineswegs Romantik.

Das war einmal. In einem andern Leben.
Doch unterdessen, wie die Zeit verrinnt,
Hat sich auch biographisch was ergeben:
Nun hab ich selbst ein Emigrantenkind.
(...)
Interview mit mir selbst, VfZ 40/41

Sie widmet den Band, der Liebeslyrik, Zeitgedichte und kritische Zeilen versammelt, ihrem Sohn Steven: »Ich leg dies Buch in deine kleine Hand / Du Emigrant.« Diese Gedichte haben wieder die typischen Elemente von Kalékos Dichtung: Ironie, Witz und Wehmut, nun angereichert mit mehr Lebenserfahrung und Tiefe. Das Buch, mit dem sie etwa tausend Dollar verdient, gehört zu den wenigen deutschsprachigen Lyrikbänden mit Exil-Gedichten, die in den USA veröffentlicht werden.[2] Mascha Kaléko bemüht sich um Aufmerksamkeit für ihren neuen Gedichtband. Ein Exemplar schickt sie an Thomas Mann, der 1939 nach Kalifornien emigriert und – wie sie – seit 1944 amerikanischer Staatsbürger ist. Der Literatur-Nobelpreisträger antwortet ihr Weihnachten 1945: »Sehr verehrte Frau, haben Sie Dank für Ihren Gruss und Ihre ausdrucksvollen Gedichte, an denen ich eine gewisse aufgeräumte Melancholie am meisten liebe. Gewiss haben Sie vielen Tausenden aus der Seele gesungen hier draussen; aber ich wollte doch, Ihre wohllautend-mokante Stimme erklänge auch wieder in Deutschland, wo es gewiss weniger als je an Sinn dafür fehlen würde. (...) Zwar ist die neue deutsche Presse wenig erfreulich. Die sitzengebliebene Mittelmässigkeit darf dort prahlen, was sie als Innere Emigration alles erlebt und erlitten hat, während es sehr leicht war, aus den Zuschauer-Logen des Auslands – etc. Trotzdem sollten Sie versuchen, über irgendeine militärische Adresse etwas von dem Ihren in diese armen Blätter zu lancieren. Ich glaube, dass es Freude erregen würde. Mit wiederholtem Dank Ihr ergebener Thomas Mann.«[3] Die lobenden Worte tun Mascha Kaléko gut, auch wenn sie sich nicht vorstellen kann, jemals wieder in Deutschland zu veröffentlichen. Hermann Kesten wagt in seiner Rezension im ›Aufbau‹ einen Blick in die Zukunft: »Der Titel ihres neuen Gedichtbandes ›Verse für Zeitgenossen‹ ist zu bescheiden. (...) Es wird nicht lange mehr dauern, bis man einige der schönsten Gedichte (...) dieses Versbuchs in den kommenden Anthologien der besten Gedichte lebender deutscher Poeten lesen wird. Und ich glaube sogar, einige dieser Verse werden noch ganz anderen Leuten als unsern ›Zeitgenossen‹ gefallen, nämlich ihren Söhnen und Töchtern. (...) Die Mischung in den Versen der Kaléko, Melancholie und Witz, Aktualität und Musik, romantische Ironie und politische Schärfe, ist glücklich und charmant und wahrhaft dichterisch.«[4] Im März 1946 liest Mascha Kaléko in einer Sondersendung der ›Deutschen Stunde‹ der amerikanischen Radio-Anstalt NBC einige Gedichte aus ihrem neuen Buch. Endlich wird Mascha Kaléko wieder als Autorin anerkannt und nicht nur als Mrs. Vinaver. Ihre abgebrochene Karriere als Dichterin bedrückt sie, obwohl sie gern Ehefrau und Dolmetscherin eines begnadeten Musikers und Mutter eines vielversprechenden Sohnes ist.

Der kreative, aber auch eigensinnige Steven macht den Eltern inzwischen nicht mehr nur Freude, sondern fordert immer öfter ihre Geduld und Toleranz heraus. Zu ihrem vierzigsten Geburtstag, im Juni 1947, wünscht sich Mascha von ihrem zehnjährigen Sohn mehr Zuverlässigkeit. Steven schreibt ihr – natürlich auf Englisch – einen eigenwilligen Geburtstags-Glückwunsch-Brief, in dem er ihr trotzig nicht verspricht, ein guter Junge zu sein. Selbstbewusst erklärt er, dass er sich nicht den Zeitvorstellungen seiner Mutter unterordnen könne, weil er seine eigenen Zeiten habe. Doch er könne ihr versprechen, gutwillig zum Chor zu gehen, Klavierspielen zu üben und nicht zu trödeln. Er hoffe, dass ihre Beziehung im nächsten Jahr wieder besser werde, und versichert ihr, dass er sie liebe.[5] Es wird nicht das einzige Mal gewesen sein, dass es zu Spannungen zwischen Mutter und Sohn gekommen ist. Die Eltern lieben ihr einziges Kind über alles. Doch vor allem Mascha neigt dazu, Steven vor anderen zu idealisieren, ihn zu Hause jedoch unter starken Leistungsdruck zu setzen. Immer öfter kommt es zu Diskussionen zwischen Mutter und Sohn, denn Mascha lässt sich von einer einmal gefassten Meinung nicht abbringen und duldet auch keinen Widerspruch. Wahrscheinlich erwartet sie hohe künstlerische Leistungen von Steven und kümmert sich zu viel um ihn, anstatt ihm mehr Freiraum zu geben. Chemjo Vinaver ist zurückhaltender. Da er sehr in seiner Musikwelt lebt, ist es Mascha, die sich mit Steven auseinandersetzen muss. In einem Gedicht schildert sie die Sorgen der Erziehung – zwischen Liebe und Strenge hin- und hergerissen. Offensichtlich sieht die Dichterin das Heranwachsen des Sohnes viel lockerer als die Mutter:

> Manchmal, nach verhängter Strafe
> – Sonntags nicht ins Kino gehn –
> Seh ich mich, das heißt, im Geiste,
> Vor dem armen Sünder stehn.
>
> Lieber Sohn, hör ich mich sagen,
> Strafe, heißt es zwar, muß sein!
> Doch mir leuchten ein paar Zeilen
> Meiner Rolle nicht ganz ein:
>
> Muß es »Elternstrenge« geben
> In der Welt des Achsobald?
> Einmal nur in diesem Leben
> Ist man dreizehn Jahre alt!
>
> Achsobald, und arm an Haaren,
> Bist auch du ein Herr mit Wanst.
> – Flegel in den Flegeljahren,
> Flegle dich so lang du kannst!
> (...)
>
> *Mutter sein dagegen sehr, VfZ 71*

Steven Vinaver ist ein hochbegabter, frühreifer und verschlossener Junge, der sich abkapselt und kaum mit Gleichaltrigen spielt. Er zieht es vor, zu lesen, Gedichte zu schreiben oder seine Mutter in die Bibliothek zu begleiten.

Steven Vinaver 1950

Chemjo Vinaver geht ganz in seiner Arbeit auf, die langsam mehr Anerkennung findet. Von September 1947 bis Dezember 1948 arbeitet Mascha Kaléko als Promoter und Personal Manager für den Chor ihres Mannes und hat in dieser Zeit regelmäßige Einkünfte. Sie erledigt die gesamte Pressearbeit, organisiert die Werbung für die Konzerte und schreibt die Programme. In einem Zeugnis bescheinigt man ihr im Januar 1949, dass sie ihre Aufgaben mit großer Effizienz und Kompetenz erledigte.[6] Doch zum Schreiben kommt sie nicht: »... ich habe seit Monaten keine Zeile gedichtet. Betrüge meine Muse mit Frau Musica.«[7] Sie beendet ihr Engagement für den Chor ihres Mannes, weil sie sich wieder mehr ihrer Karriere als Autorin widmen will. Allerdings hat sie von 1949 bis 1955 kein Einkommen. Die Familie lebt in diesen Jahren von den unregelmäßigen Einnahmen Chemjo Vinavers. Trotzdem fahren die drei in den vierziger Jahren ab und zu an die See, beispielsweise von 1945 bis 1948 nach Provincetown, Cape Cod, da Chemjo an Asthma leidet und Mascha das Klima der New Yorker Sommer schlecht verträgt – »... bei der elend feuchten Hitze bin ich nur ein Viertelmensch«.[8] In dem Küstenort in der Nähe von Boston treffen sie regelmäßig Hermann Kesten, der dort auch Urlaub macht. Der

Schriftsteller, den Mascha noch aus Berlin kennt, wo er erst Lektor, später Leiter des Kiepenheuer Verlages war, emigrierte 1933 nach Paris. Nach Stationen in Brüssel, London und Amsterdam lebt er seit 1940 in New York.

Mascha Kaléko bemüht sich um weitere Veröffentlichungen in Amerika. Sie korrespondiert mit dem Herausgeber einer Anthologie deutscher Gedichte, Joachim Maass, und stellt enttäuscht fest, dass ihr Verleger ihr neues Buch ›Verse für Zeitgenossen‹ zu spät abgeschickt hat: »Ich bin recht betrübt, dass ich nun in Ihrer Anthologie für die ›Neue Rundschau‹ nicht erwähnt sein werde, und alles Gute und Ermutigende, dass Sie mir in Ihrem lieben Briefe sagten, schmeckt mir nun ein wenig wie das Zuckerstänglein, das dem Kleinen in die Hand gedrückt wird, weil's diesmal noch nicht mitdarf ins Kasperl-Theater. Gewiss: ein Zuckerstänglein bleibt ein süßer Bissen, noch dazu, wenns aufmunternd heißt ›Das nächste Mal kommst du aber bestimmt mit.‹ Nun muss ich Ihnen ein Geständnis machen: Ungedruckte Verse habe ich leider nicht, ich habe mein Bischen [sic] in diesem kleinen Bande untergebracht …«[9] Sie fragt, ob es wenigstens möglich wäre, ihr Buch in der ›Neuen Rundschau‹, die im Bermann-Fischer Verlag New York erscheint, mit einigen Gedichten vorzustellen. Doch Joachim Maass antwortet bedauernd, dass er ihren Gedichtband nicht besprechen könne und bei Rezensionen ohnehin kein Platz zum Abdruck von Gedichten sei. Er versichert ihr, wie gern er ihre Arbeit unterstützen würde, und schließt mit der Hoffnung, »dass uns nichts übrig bleibt als geduldig zu sein und abzuwarten, ob sich nicht in den nächsten Monaten neue Verse bei Ihnen einstellen werden – wovon mich die natürlich-flüssige und zugleich lebensammelnde Eigenheit Ihres Talentes fest überzeugt sein lässt.«[10]

Mascha Kaléko möchte ihr Buch unter den Emigranten bekannt machen. So schickt sie auch ein Exemplar an Albert Einstein, der 1933 von den Nationalsozialisten ausgebürgert wurde und seither in den Vereinigten Staaten lebt. Der Physiker antwortet im Dezember 1949: »Ich habe Ihre Gedichte mit wirklicher Bewunderung gelesen. Sie haben mir solchen Eindruck gemacht wie Weniges aus unserer

Zeit. Ich kenne die Tücke des Reimes aus eigener primitiver Erfahrung und fühle dadurch besonders intensiv die Grazie und Treffsicherheit Ihres Ausdrucks.«[11] Als die Dichterin ihm Eintrittskarten für ein Konzert des Vinaver-Chores schickt, sagt er allerdings ab: »Seit Jahren habe ich mich dazu entschließen müssen, alle analogen Einladungen abzulehnen, weil dies der einzige Weg ist, die mir verbleibende Arbeitskraft zu erhalten.«[12] Ihr Gedicht ›Die Zeit steht still‹ findet Einstein, der sich mit dem Problem der Zeit und Zeiteinteilung beschäftigt, »sehr schön und gehaltvoll«: »Es rührt übrigens an eine tiefe metaphysische Problemstellung, die durch die Physik besonders aktuell geworden ist...«[13]

Die Zeit steht still. Wir sind es, die vergehen.
Und doch, wenn wir im Zug vorüberwehen,
Scheint Haus und Feld und Herden, die da grasen,
Wie ein Phantom an uns vorbeizurasen.
Da winkt uns wer und schwindet wie im Traum,
Mit Haus und Feld, Laternenpfahl und Baum.

So weht wohl auch die Landschaft unsres Lebens
An uns vorbei zu einem andern Stern
Und ist im Nahekommen uns schon fern.
Sie anzuhalten suchen wir vergebens
Und wissen wohl, dies alles ist nur Trug.

Die Landschaft bleibt, indessen unser Zug
Zurücklegt die ihm zugemeßnen Meilen.
Die Zeit steht still. Wir sind es, die enteilen.[13a]

Der Kontakt zu anderen deutschen Emigranten ist im Exil besonders wichtig, um Erfahrungen auszutauschen und der Isolation zu entgehen. Mascha Kaléko pflegt vor allem Verbindungen zu emigrierten Autoren. Mit Kurt Pinthus führt sie »ellenlange« Telefongespräche. »Läutet der Apparat am Sonntagvormittag«, dann gibt Steven seiner Mutter »den Hörer mit resignierter Miene« und murmelt: »Pinthus on the phone. A cold Sunday-Dinner again.«[14] Alfred Polgar, dem sie schon in Berlin begegnet war und der 1940 nach New York ausgewandert ist, schickt sie ab und zu eines ihrer neuen Gedichte. Der Kollege bekennt: »... meine große Liebe gehört Ihren grau kolorierten Versen oder jenen satirischen, in denen doch auch ein Unterton von Melancholie mitschwingt.«[15] Einmal sendet sie ihm ein Kindheitsfoto des gemeinsamen Freundes Franz Hessel, der sich als Lektor beim Rowohlt Verlag Anfang der dreißiger Jahre für ihre erste Buchveröffentlichung eingesetzt hatte. Alfred Polgar bedankt sich für das Foto und legt einen Nachruf bei, den er über den Freund geschrieben hat. Franz Hessel – der Berliner Flaneur, der die französische Hauptstadt so liebte, dass er in Berlin bei strahlendem Sonnenschein unterm Regenschirm spazieren ging und auf überraschte Fragen antwortete: »Aber in Paris regnet es.« – starb 1941 kurz nach der Freilassung aus dem Lager Les Milles in Südfrankreich an den Folgen der Haft. In diesem Lager wurden deutsche und österreichische Staatsbürger interniert und unter katastrophalen Bedingungen festgehalten. Franz Hessel hätte früher freikommen können, hatte es aber abgelehnt, besser als seine Leidensgenossen behandelt zu werden. Auch an Alfred Polgar schickt Mascha Kaléko eine Ausgabe ihrer ›Verse für Zeitgenossen‹. Der Schriftsteller lobt ihre »schönen Gedichte«, die er zum Teil schon kannte, und betont: »... sie wurden beim Wiederlesen noch schöner. Und der liebenswerte Mensch, der sie schrieb, schimmerte durch wie das Wasserzeichen durchs Papier.«[16] Die Dichterin korrespondiert auch mit dem Wiener Schriftsteller Berthold Viertel und dem Publizisten Julius Bab, die beide ebenfalls 1938 nach Amerika emigriert sind. Julius Bab, dem Mitbegründer des ›Jüdischen Kulturbundes‹, sichert sie die Mitarbeit an einer neuen Emigranten-Zeitschrift zu, die dem ›Aufbau‹ Konkurrenz machen soll. Doch das Projekt scheitert wegen finanzieller Schwierigkeiten.[17] Besonders kreativ ist ihre Freundschaft mit dem Schriftsteller Johannes Urzidil und seiner Frau, der Lyrikerin Gertrude Thieberger. Das Ehepaar emigrierte 1939 aus Prag nach England und von dort 1941 nach New York.

Als ich zum ersten Mal den Namen hörte
Einst in Berlin, – man sprach ihn: Ur-tzi-dill
War es der fremde Klang, der mich betörte:
... Ein Sommerabend, blau und sternenstill,
Nur in der Ferne raunt ein Urzidil.

Was ist ein Urzidil? Kann man es fassen?
Ist es ein Attribut? Abstrakt... konkret?
Wie's scheint, gibts keine Urzidils in Massen
Doch Du bist eines, wie's im Buche steht
– Ich wüsste gern wie es Euch beiden geht.[18]

Obwohl Mascha Kaléko und Johannes Urzidil in derselben Stadt wohnen und sich besuchen oder miteinander telefonieren, führen sie einen poetischen Dialog und schicken sich oft gereimte Grüße. 1955 schreibt Johannes Urzidil an »die guten Mascha und Chemjo«: »In diesen Tagen werde ich mein sechzigstes Lebensjahr beginnen. Ist das nicht eine Bizarrerie? Eben hat man sich erst ein wenig umgesehen und, schwupp, sieht man schon den Bodensatz des Bechers.«[19] Mascha antwortet mit einem Geburtstags-Gedicht:

Mein lieber Johannes!
Das Sein – wer ersann es,
Das Endziel – wer kann es
Ergründen, uns künden?

Das Schicksal des Zechers,
Den Boden des Bechers,
So schwupp zu erspähen
Wird allen geschehen.

Ein Jüngling erfrecht sich,
Zu klagen mit Sechzig:
– Man sagt mir, das gibt sich
So rund um die Siebzig.[20]

In seinem Antwortbrief erklärt Johannes Urzidil, dass er erst im nächsten Jahr sechzig werde, und bedankt sich bei der »liebsten Mascha«: »Ich bin sehr gerührt, ein so schönes Gedicht von Ihnen erhalten zu haben. Ich wollte, ich verdiente es. Es ist wie ein Kuss; und ich werde ihn immer fühlen. (…) Neunundfünfzig oder Sechzig: wer eine so liebe Freundin hat, ist zu allen Zeiten gut daran.«[21] Sowohl in ihren Briefen als auch in den Gedichten wechseln Mascha Kaléko und Johannes Urzidil immer wieder zwischen dem Du und dem Sie. Das hat mit der Intensität ihrer Freundschaft nichts zu tun, denn das Amerikanische kennt diesen Unterschied in der Anrede nicht. »Wir hoffen, Euch oder Sie, jedenfalls aber YOU, diesen Sonntag abend erwarten zu dürfen«,[22] schreibt Mascha einmal scherzhaft. Johannes und Gertrude Urzidil sind treue Freunde, die die Dichterin auch in schwierigen Stunden unterstützen und aufzubauen wissen. Nach der Lektüre ihrer Gedichte schreibt der Kollege: »Mascha, Sie ungeheuer begabte, ich bin stolz und froh, Sie zur Freundin zu haben! Ich bewundere Sie, wie Sie sich aufrecht halten! Ich erschrecke fast, wie viel Kraft in Ihnen ist! Und wie viel Klugheit! Nein, Weisheit, indem Sie Ihre eigene Bedeutung überlegen durchbrechen, um liebenswert zu bleiben. Wie gerne werde ich Ihre Verse immer wieder lesen (…) und mich ihrer süßen Schwermut hingeben.«[23]

Mascha Kaléko versucht, noch andere Veröffentlichungsmöglichkeiten in Amerika zu finden, denn in Deutschland möchte sie nicht publizieren. Schon kurz nach Kriegsende, im Juli 1946, schreibt ihr früherer Verleger Ernst Rowohlt einen Brief an sie, in dem er berichtet, dass er Ende 1938 aus der Reichsschrifttumskammer ausgeschlossen wurde: »… als äußerer Vorwand wurde dazu der Neudruck Ihres Buches genommen. Ich bin dann nach der schönen Reichsscherbenwoche Ende November 38 mit meiner ganzen Familie in die Schweiz gegangen.« Er erwähnt auch das blaue Hemd, »das Sie mir seinerzeit zum Geburtstag schenkten und das ich in hohen Ehren gehalten habe. Es gehört zu den drei Hemden, die ich bei meinem Abrücken aus Grünheide mitnehmen konnte.« Ernst Rowohlt emigrierte später nach Brasilien, und sein Sohn, Heinrich Maria Ledig-

Rowohlt, führte den Verlag in Stuttgart weiter. Doch als er sich 1943 weigerte, das Programm »den Nazi-Forderungen« anzupassen, wurde der Verlag »von den Nazis endgültig geschlossen«. Da das gesamte Verlagsarchiv bei einem Bombenangriff in Stuttgart vernichtet wurde, bemühen sich Vater und Sohn nun, es wieder aufzubauen: »Bisher ist es uns noch nicht gelungen, Exemplare Ihrer beiden Bücher ›Lyrisches Stenogrammheft‹ und ›Kleines Lesebuch für Große‹ aufzutreiben, ein Zeichen dafür, wie die Besitzer daran hängen.« Ernst Rowohlt möchte beide Bücher neu auflegen und fragt, wie sehr Mascha Kaléko an den Schoenhof Verlag gebunden sei. Er schildert, dass das Verlagsgewerbe in Deutschland im Moment schwierig sei, da Papiermangel herrsche und auch Buchbindematerial fehle.[24] Auch Peter Zingler, Mitarbeiter und Freund von Ernst Rowohlt, den sie noch aus Berlin kennt, schreibt der Dichterin und berichtet von Heinrich Maria Ledig-Rowohlts genialer Idee der Rotationsromane, die der Verlag in hohen Auflagen druckt und für 50 Pfennige oder eine Mark verkauft. Zingler versichert ihr, dass Rowohlt der »modernste, lebendigste, aktivste Verlag« sei und er wieder mit ihr zusammenarbeiten möchte – wie damals, als sie im Berliner Verlagshaus oder im »Romanischen Café« saßen.[25] Doch Mascha Kaléko reagiert nicht auf diese beiden Briefe. Noch kann sie sich nicht vorstellen, wieder in Deutschland zu publizieren. Auch auf eine Abdruck-Anfrage der Jugend-Zeitschrift ›Pinguin‹, die im Rowohlt Verlag erscheint und von Erich Kästner herausgegeben wird, antwortet die Dichterin nicht. Trotzdem erscheint dort im März 1947 ihr Gedicht ›Liebe mit fünfzehn‹. Von dieser ersten Veröffentlichung in Deutschland nach dem Krieg weiß die Dichterin allerdings nichts. Erst als sich Ernst Rowohlt 1948 an Alfred Polgar wendet und nach ihrer Adresse fragt, erfährt sie davon. So wird der Kontakt zu ihrem früheren Verlag erst mit zwei Jahren Verspätung wieder hergestellt. Doch Mascha Kaléko ist noch nicht so weit. Sie will weder nach Deutschland reisen, noch »etwas von mir da gedruckt haben«.[26]

1949 besucht Heinrich Maria Ledig-Rowohlt die Dichterin in ihrer Wohnung in der Minetta Street in New York. Besonders beeindruckt ihn »das Söhnchen, das wir ja sozusagen in Berlin noch mit aus der Taufe hoben«. Bei diesem Gespräch wird dem Verleger klar, dass Mascha Kaléko »sich nicht gern wieder in Deutschland aufgelegt« sähe. Drei Jahre später schreibt er erneut an die Dichterin, ver-

Mascha, Chemjo und Steven 1950 in New York

sichert ihr, dass »das karierte Hemd, das Sie vor so vielen Jahren meinem Vater einmal zum Geburtstag schenkten«, den Krieg überstanden habe und »noch immer gelegentlich farbenfreudig seine breite Brust« umhülle. Schließlich fragt er, ob sich ihre ablehnende Haltung gegenüber einer Veröffentlichung in Deutschland verändert habe, und betont: »Wir würden uns jedenfalls sehr freuen, Sie wieder unter unseren Autoren zu sehen.«[27]

Mascha Kaléko verfolgt aus der Ferne, wie sich ihr ehemaliges Heimatland politisch und gesellschaftlich entwickelt. Nach der Aufhebung der Besatzungszonen werden 1949 zwei deutsche Staaten gegründet: die Bundesrepublik Deutschland und die Deutsche Demokratische Republik. Beide Länder tun sich schwer mit der Aufarbeitung der jüngsten Vergangenheit. Die Verletzungen durch Berufsverbot, Vertreibung und erzwungene Emigration in der Zeit des Nationalsozialismus sitzen tief. Kein Wunder, dass die Dichterin das NS-Regime und den Holocaust nicht vergessen kann und sich immer wieder damit beschäftigt. Als sie in New York zum erstenmal in einem Film über die Verbrechen der Nationalsozialisten die Leichenberge in den von der SS fluchtartig verlassenen Konzentrationslagern – »das Grauen, das ›belichtete‹ Dunkel« – sieht, bricht sie zusammen.[28] Mascha Kaléko, die in Amerika regelmäßig deutsche Zeitungen liest, registriert sehr genau, dass in der Bundesrepublik viele frühere Nazis wieder auf wichtigen Posten sitzen. Sie kann »das Schreckliche nicht vergessen« und ist der Meinung, dass, »wenn die Deutschen wollen, dass man es vergesse, sie in allem zeigen müssen, dass sie es nicht vergessen haben«. Wegen dieser Vorbehalte sucht sie von sich aus keinen Kontakt zu deutschen Zeitschriften oder Verlagen.[29] Sie beobachtet und kritisiert auch das Verhalten anderer Emigranten. Als der jüdische Religionsphilosoph und Bibelübersetzer Martin Buber 1951 den ihm von der Stadt Hamburg verliehenen Goethe-Preis annimmt, entsteht ihr Gedicht ›Die Preisgabe‹:

> Der jüngst vertriebne Stiefsohn seines Lands,
> Das gestern noch geflochten Dornenkronen
> Für seine Brüder – cirka sechs Millionen –
> Empfängt den blutgetränkten Lorbeerkranz
> Aus jenen hastig reingewaschnen Händen.
> – O, Meister der Chassidischen Legenden![30]

Noch kann sich Mascha Kaléko nicht vorstellen, wieder nach Deutschland zu reisen und dort – wie Martin Buber – als Autorin aufzutreten, als wäre nichts geschehen. So liegt der Anlass für den ersten Kontakt, den sie mit ihrer alten Heimat aufnimmt, auch in der Vergangenheit: Im Dezember 1951 stellt sie auf Grund »des Gesetzes über die Entschädigung der Opfer des Nationalsozialismus« einen Antrag an das zuständige Amt in Berlin wegen »Schaden an Vermögen und im beruflichen Fortkommen«. In einer eidesstattlichen Erklärung listet sie ausführlich Möbel, Bücher und Kunstgegenstände auf, die wegen der Verfolgung durch die Nationalsozialisten und die erzwungene Emigration weit unter Wert verkauft und verschenkt wurden oder verloren gingen, und beziffert den Verlust auf rund zwanzigtausend Reichsmark. Den »Schaden im beruflichen Fortkommen« schätzt sie auf etwa hunderttausend Reichsmark, da ihr durch die »nationalsozialistische Verfolgung« weitere Veröffentlichungen verboten waren und dadurch ihre »Schriftstellerlaufbahn zunichte« gemacht wurde. Das Entschädigungsamt in Berlin gewährt Mascha Kaléko zunächst eine monatliche Rente, nach jahrelanger Korrespondenz wird schließlich ein Vergleich geschlossen und die Dichterin erhält einige tausend Mark, allerdings nur für den Vermögensschaden und die Auswanderungskosten.[31] Mit der Begründung, die Autorin habe nach dem Krieg wieder veröffentlicht und sich »insofern in keiner sehr anderen Lage« befunden »wie die nichtverfolgten Schriftsteller«[32], lehnt das Amt eine Entschädigung für den Schaden an beruflichem Fortkommen ab. Diese Argumentation, die die negativen Folgen des Berufsverbotes und der Emigration verharmlost, klingt fast zynisch und wird auf die Dichterin verletzend gewirkt haben. Doch im Oktober 1958 entscheidet der Bundesgerichtshof in Karlsruhe, dass ein vom »Dritten Reich« erlassenes Schreibverbot keinen Vermögensschaden darstelle und Schriftstellerruhm deshalb nicht einklagbar sei. Einen zweiten Antrag stellt Mascha Kaléko beim Bundesministerium des Inneren in Köln, das Entschädigungen für ehemalige Bedienstete jüdischer Gemeinden bearbeitet. Von dort erhält die Dichterin eine monatliche Entschädigung in Höhe von 250 Mark. Als der Betrag ein paar Jahre später gekürzt werden soll, legt sie Einspruch ein und argumentiert, dass sie nach mehr als zehn Jahren Tätigkeit bei der Jüdischen Gemeinde Berlin bald Beamtin mit Pensionsberechtigung geworden wäre, wenn sie ihren Posten dort nicht wegen Ausreisevorbereitungen hätte aufgeben müssen. Doch das Amt hält ihr vor, dass sie freiwillig gekündigt habe und erst vier

Jahre später ausgewandert sei, was nicht auf eine direkte Bedrohung schließen, sondern eher vermuten lasse, dass sie sich mehr ihrer schriftstellerischen Tätigkeit widmen wollte. Mascha Kaléko widerspricht dem und erläutert, dass es nichts Außergewöhnliches sei, wenn Schriftsteller auch noch einen bürgerlichen Beruf ausübten, und führt als Beispiele Goethe, Kafka und Döblin an. Sie nennt ihre damaligen Arbeitszeiten und erläutert, dass sie »genügend Muße hatte«, sich »dem Schreiben (…) nach Herzenslust zu widmen. Ja, ich möchte eher sagen, dass die Büro-Atmosphäre sich sehr anregend auf meine schriftstellerische Arbeit auswirkte, dass ich der intimen Kenntnis dieses Milieus einige meiner besten Prosa- und Lyrikbeiträge verdanke.«[33] Obwohl Mascha Kaléko vom früheren Verwaltungsdirektor der Jüdischen Gemeinde Berlin, Dr. Walter Breslauer, eine Bestätigung ihrer Tätigkeit von 1924 bis 1934 und ihrer Aufstiegsmöglichkeiten erhält, wird ihr Einspruch abgelehnt und die Rente auf 218 Mark gekürzt. Mascha Kaléko ist nicht die einzige Emigrantin, die einen jahrelangen zermürbenden Briefwechsel mit den zuständigen Ämtern führt. Immer wieder werden Belege verlangt, die oft auf Grund der Auswanderung oder der Kriegswirren nicht mehr existieren. Die deutschen Behörden haben nichts von ihrer Detailversessenheit und Genauigkeit verloren. Statt menschlicher Großzügigkeit den Verfolgten gegenüber kommt es zu oft demütigenden Verfahren. Dieses Vorgehen der Ämter der jungen Bundesrepublik stößt bei vielen Emigranten auf Unverständnis, einige melden ihre Ansprüche gar nicht an, um sich diese Prozedur zu ersparen.

1952 reist Mascha Kaléko mit ihrem Mann nach Israel, um die Eltern und Geschwister wiederzusehen, denn nur ihre Schwester Rachel hatte sie im Jahr zuvor in New York besucht. Von Lea fehlt weiterhin jede Spur. Wie dieses erste Treffen nach fast zwanzig Jahren verläuft und wie die Eltern Maschas zweiten Mann aufnehmen, ist nicht bekannt.[34] Anschließend fährt die Dichterin zum ersten Mal seit der Emigration 1938 nach Europa. Doch obwohl sie Sehnsucht nach Berlin hat, macht sie um Deutschland einen Bogen. Sie fühlt sich noch nicht reif für ein Wiedersehen mit dem Land, das sie einst vertrieben hat. Stattdessen besucht sie London und macht eine »Stippvisite in Paris«, der Stadt, an die sie nur positive Erinnerungen hat. Ihre Gedanken und Eindrücke schlagen sich poetisch nieder:

Als ich Europa wiedersah
– Nach jahrelangem Sehnen –
Als ich Europa wiedersah
Da kamen mir die Tränen.

Im grauen Frühlicht die Stadt Paris
Umarmte mich wie vor Jahren,
Als der zweite Vorkrieg noch »Nachkrieg« hieß,
Und wir noch beheimatet waren.
(...)
Als ich Europa wiedersah ..., VfZ 18

Zum ersten Mal ist Steven ohne die Eltern in New York geblieben. »Als wir von unserer ersten Europareise (...) zurückkehrten, fanden wir unter anderem eine völlig verkommene Wohnung und einen dito Sohn vor. Fünfzehn war der Knabe geworden, den wir als relativ harmlosen Flegel bei unseren Freunden vor ein paar Monaten deponiert hatten. Was uns nun entgegenkam, mit einem frischen Blumenstrauß aber recht verwelktem Lächeln, war ein bluejean-behoster Lauselümmel, dem das Haar in alle Himmelsrichtungen ragte ...«[35] Die witzig-ironische Schilderung in diesem Entwurf zu einem Prosatext deutet die Verärgerung der Eltern nur an. Vermutlich hat Steven ihre Abwesenheit genutzt, um seine eigenen Vorstellungen von Unabhängigkeit zu erproben. Der sensible Junge ist zu einem vielseitig begabten Teenager herangewachsen. Nach dem kurzen Besuch einer wissenschaftlichen Highschool, die nicht seinen musischen Begabungen entsprach, wechselt er auf ein anderes College. Dort gewinnt er im Alter von siebzehn Jahren mehrmals hintereinander Preise für seine Gedichte, was seine Mutter mit besonderem Stolz erfüllt.

Mascha Kalékos erster Besuch des europäischen Kontinents muss ihr Heimweh noch verstärkt haben. »Es geht mir ganz gut in meiner neuen Heimat, aber Sehnsucht nach Europa lebt immer in meinem Herzen«,[36] bekennt sie in einem Brief. Und an Hermann Kesten schreibt sie: »... seit ich selber sah, dass die Blumen drüben wirklich röter blühen und die Bäume richtig duften, und die Vögel genauso zwitschern, wie sies in meinen Kinderohren taten, damals, – seitdem ist das New Yorker Pflaster viel härter geworden.«[37] Immerhin nennt sie New York nun ihr Zuhause. Greenwich Village ist sehr europäisch, und die Minetta Street scheint noch am ehesten geeignet, ein Heimatgefühl zu wecken. In einem Gedicht schlägt sie ihre New Yorker Adresse sogar für eine eventuelle späte Ehrung der Dichterin M. K. vor und nicht ihre Straße in Berlin, nahe dem Savignyplatz in Charlottenburg:

Ich bin, vor jenen »tausend Jahren«,
Viel in der Welt herumgefahren.
Schön war die Fremde, doch Ersatz.
Mein Heimweh hieß Savignyplatz.

Weißgott, ich habe unterdessen
Recht viel Adressen schon vergessen.
– Wenn's heut mich nach »Zuhause« zieht,
So heißt der Ort: »Minetta Street«.
(...)
Auf hohem Fuß leb ich, verbatim –
Vier Treppen hoch – mit Mann und Kind,
Wo wir zuweilen außer Atem,
Doch niemals ohne Himmel sind.
(...)
Wenn einst, in friedlicheren Zeiten
Die Länder um das Vorrecht streiten,
(Scheint die Besorgnis auch verfrüht):
»Tja, welches von M. K.'s Quartieren
Soll die ›Hier-wohnte‹ -Tafel zieren ...?«

– Ich stimme für Minetta Street.

Minetta Street, VfZ 58f.

Im September 1953, anderthalb Jahre nach Heinrich Maria Ledig-Rowohlts Anfrage, schreibt sie ihm, berichtet von den zunehmenden Erfolgen ihres Mannes und ihres Sohnes und bekennt: »Nichtsdestoweniger komme ich nun langsam auch wieder zu mir selbst, und da mir scheint, dass es an der Zeit sei, aus meiner beharrlichen Versenkung aufzusteigen, tu ich's. Ich muss mich aber auch ranhalten, sonst wächst mein Sohn mir mit seinen lyrischen Lorbeeren übern Kopf.« Sie schlägt dem Verleger vor, zwei ihrer Gedichtbände neu zu drucken: ›Das Lyrische Stenogrammheft‹ und ›Verse für Zeitgenossen‹. Sie erwähnt auch, dass sie einen »nagelneuen Band« mit neuen Versen und Sprüchen zusammengestellt habe, und gesteht Heinrich Maria Ledig-Rowohlt, dass sie bereits in Verhandlung mit einem Schweizer Verleger getreten sei, der auch Interesse an ihren ersten Büchern habe. Doch kurz vor der Vertragsunterzeichnung bekam sie das Gefühl, es wäre besser, sich erst mit ihrem früheren Verleger Rowohlt in Verbindung zu setzen.[38] So kommt es nach über zwanzig Jahren wieder zu einer Zusammenarbeit zwischen Mascha Kaléko und dem Rowohlt Verlag. Die Neuausgabe ihres Buches ›Das Lyrische Stenogrammheft‹, in die der Band ›Kleines Lesebuch für Große‹ integriert werden soll, wird für 1956 geplant. Zum Erscheinen des Buches will Mascha Kaléko zum ersten Mal seit ihrer Emigration wieder nach Deutschland reisen, obwohl sie durchaus noch Vorbehalte hat. Sie ist auf eine Zwischenfinanzierung des Verlages angewiesen, um die Reise bezahlen zu können. Als sie den Vertrag von Rowohlt bekommt, ist sie mit einigen Passagen, die die Nebenrechte und Hörfunk-Lesungen betreffen, nicht einverstanden. Selbstbewusst schreibt sie, sie könne sich nicht vorstellen, »dass Sie einer alten Autorin des Rowohlt Verlages gegenüber, anlässlich einer Taschenbuch-Lizenz auf all die Rechte Anspruch erheben wollen, die meine Zukunftshoffnung ausmachen, und auf die ich dringendst angewiesen bin.« Werbewirksam vorausdenkend fordert sie noch eine andere Änderung: »Allerdings ist es für mich lebenswichtig, dass Sie den Erscheinungstermin auf Weihnachten 1955 oder Frühjahr 1956 vorverlegen, da ich Anfang 1956 für Radio-Rezitationen nach Deutschland komme, und es doch bitter schade wäre, wenn diese Gratis-Propaganda verpuffen würde, ohne dass ich Hunderttausende von Radiohörern auf den rororo-Band hinweisen kann. Wir wissen ja aus der Vergangenheit, dass die Reaktion der Radiohörer auf meine Gedichte enorm ist, und weder Sie noch ich sollten diese Umsätze verlieren.«[39] Diese Ansprüche und Änderungen erstaunen und verärgern den Verleger Heinrich Maria Ledig-Rowohlt. Zwei Monate lang lässt er nichts von sich hören, weil die Dichterin »ohne weiteres den auf die Nebenrechte bezüglichen Paragraphen im Vertrage« annulliert hat.[40] Durch die Vermittlung des mit dem Verlag und der Autorin befreundeten Literaturagenten Dr. Felix Guggenheim gelingt es, diese Unstimmigkeiten zu Mascha Kalékos Zufriedenheit auszuräumen. Ausnahmsweise erklärt sich der Verlag bereit, in ihrem Fall auf die Nebenrechte zu verzichten. Aber Dr. Felix Guggenheim weist die Autorin auch auf die veränderte Verlagswelt hin: »Verlieren Sie bitte nicht aus dem Auge, dass der heutige Rowohlt Verlag mit dem, den Sie in Erinnerung haben, nicht mehr große Ähnlichkeit hat; durch Unternehmungen, wie es die Taschenbücher sind und wie es die Enzyclopädie ist, ist der Verlag viel fabrikmässiger geworden und kann nur mit Schwierigkeiten individuelle Wünsche erfüllen. Je mehr Sie sich dem anpassen, desto mehr Co-Operation werden Sie finden …«[41] Als sie dem Verlag biografische Angaben für das Buch schicken soll, bittet sie darum, Geburtsdatum und Geburtsort nur zu veröffentlichen, wenn es unbedingt nötig ist. Noch immer legt sie Wert darauf, ihre galizische Herkunft zu verheimlichen, und gibt wieder das falsche Geburtsjahr 1912 an.

Mascha Kaléko setzt große Hoffnungen auf diese Veröffentlichung und möchte die Chance, auf dem deutschen Buchmarkt wieder Fuß zu fassen, richtig nutzen: »… dies ist der allererste Schritt, den ich nach so langer Zeit in Deutschland unternehme, und ich verspreche mir allerlei davon, wenn ich es richtig anfange, für das rororo-Buch und die folgenden Bücher.«[42] Sie fragt Hermann Kesten, wie ehemalige Emigranten in Deutschland behandelt werden. Der Kollege berichtet, dass »Rückkehrer literarischer Natur« in Deutschland sehr freundlich empfangen werden, »wenn sie nicht von der lästigen Vergangenheit reden und ›vergeben und vergessen‹«. Er selbst habe angegriffen und sei daher auch angegriffen worden, er wolle weder »vergeben noch vergessen«. Er nennt ihr die wichtigsten Zeitungen und Zeitschriften für literarische Veröffentlichungen und empfiehlt ihr u. a. die ›Süddeutsche Zeitung‹, die ›Frankfurter Allgemeine Zeitung‹, die ›Zeit‹, ›Akzente‹ und die ›Frankfurter Hefte‹.[43] Mascha Kaléko möchte ihr Comeback auf dem deutschen Buchmarkt möglichst umfassend unterstützen. Sie hofft, während ihrer Reise durch Deutschland noch Namen und Adressen für Kontakte mit Zeitungen, Zeitschriften und dem Hörfunk zu erfahren. Allerdings ist sie unsicher, weil sie nicht weiß, wer von den Redakteuren der jetzigen Presse noch »von früher« ist und ihren Namen noch kennt. Aus New York schreibt sie kurz vor ihrer Abreise an Dr. Guggenheim: »Ich packe meine Koffer und tue vielerlei Ideen hinein.«[44] Silvester 1955 bricht Mascha Kaléko allein nach Europa auf. Chemjo und Steven Vinaver bleiben in New York.

Nach siebzehn Jahren in »U. S. A.«
Ergriff mich das Reisefieber.
Am letzten Abend des Jahres wars,
Da fuhr ich nach Deutschland hinüber.

Es winkten die Freunde noch lange am Pier.
Die einen besorgt und beklommen.
Doch andere wären, so schien es mir,
Am liebsten gleich mitgekommen.
(...)
– O Deutschland, du meiner Jugend Land,
Wie werd ich dich wiederfinden?
Mir bangte ein wenig. Schon sah man New York
Und die Freiheits-Statue schwinden ...
(...)

Deutschland, ein Kindermärchen, VfZ 54

»*Vergessen ist ein schweres Wort*«

– DIE ERSTE DEUTSCHLANDREISE –

Am 31. Dezember 1955 geht Mascha Kaléko an Bord eines Schiffes, das nach Deutschland fährt. Es ist für sie wieder eine Reise ins Ungewisse, wenn auch nicht so existenziell bedrückend wie ihre Emigration vor fast achtzehn Jahren.

> (…)
> Einmal möcht ich es noch sehen, jenes Land,
> Das in fremde Welten mich verbannt,
> Durch die wohlbekannten Gassen gehen,
> Vor den Trümmern meiner Jugend stehen –
> Heimlich, ungebeten, unerkannt.
> *Einmal möcht ich dort noch gehen … VfZ 48*

Zwei Gründe haben Mascha Kaléko bewogen, nun doch in ihre alte Heimat zu fahren: Sie möchte als Autorin wieder bekannt werden und neue Bücher publizieren, und sie will sich selbst ein Bild machen vom Land und den Menschen dort.[1] Sie schreibt ihrem Mann mehrmals in der Woche ausführlich, um ihre Erlebnisse und Eindrücke zu schildern. Fast alle ihre Briefe sind mit der Maschine geschrieben, da sie das Schreiben mit der Hand ermüdet und ihre Handschrift für Chemjo unlesbar ist, allerdings liest er – wie sie einer Freundin einmal mitteilt – »recht gut in meinem Herzen«.[2] Die Reise dauert länger als geplant, und Mascha wird insgesamt über achtzig Briefe und Postkarten an ihren Mann schreiben.[3] Da sie darüber hinaus auch Freunden und Bekannten von ihren Erlebnissen berichtet, ist das Jahr 1956 das am besten dokumentierte ihres Lebens. Und es wird auch eines der aufregendsten für sie werden.

In der Touristenklasse des Schiffes teilt sie sich eine Kabine mit anderen Frauen. Sie lobt die Sauberkeit, die guten Betten und eleganten Gesellschaftsräume und trifft eine Cousine von Walter Hasenclever, mit der sie sich gut unterhält. Gegen die Seekrankheit nimmt Mascha Kaléko diesmal Pillen. Nach einer Woche, am 8. Januar 1956, läuft das Schiff in Bremerhaven ein. Erste Station ihres Deutschlandbesuches ist Hamburg, die Stadt, von der aus sie 1938 auch das Land verlassen hatte. Ihrem Mann schildert sie ihre ersten ambivalenten Eindrücke: »... der Weg von Bremerhaven bis Hamburg ist Flachland, mit kahlen Weiden, aber grünen Tannen, und die Felder sind mit Winterkohl bestellt. (...) Die Straßen und Bahnhof blitzsauber (...) Aber eine sonderbare Schwermut überkam mich, als ich durch die Landschaft fuhr. Der Nebel stieg auf, der Himmel war grau, das Wasser düster, und ab und zu sah man einen Vater mit seinem Kind spazierengehen, es ist Sonntag. Die Landschaft und die Bäume hätten mir an sich wohlgetan, aber sie taten mir auch sehr weh ... Vergessen ist ein schweres Wort. Ganz frei von den düstern Geistern, die ich nun überall auf diesem Boden sehe, wird das Land für mich wohl kaum werden. Aber wer weiss. – (...) Die erste Begegnung mit deutschen Beamten war mir unheimlich. (...) Sie tragen lange Mäntel und überhaupt sieht man zu viel Uniformen, die unliebsame Erinnerungen wecken ... (...) Von den seelischen Dingen kann ich dir nur noch sagen, dass ich doch sehr berührt bin, – und wäre nicht die Erinnerung an das Böse so stark – ich würde in meiner eigenen Sentimentalität und Jugenderinnerungen (...) ertrinken. So aber ist mein lyrisches Empfinden stark gemildert, mehr als ich wahrnehmen möchte.«[4] In Hamburg bekommt sie in einer Pension ein Doppelzimmer als Einzelzimmer für fünf Mark pro Nacht. Sie ist enttäuscht, dass niemand vom Rowohlt Verlag, der seinen Sitz inzwischen in Hamburg hat, zur Begrüßung erschienen ist und auch keine Nachricht zum Schiff geschickt wurde, »aber ich beschloss ein tapferes Herz zu haben«. Als sie im Verlag anruft, erfährt sie, dass Heinrich Maria Ledig-Rowohlt verreist sei und erst in drei Tagen zurückkomme. Sie lässt sich mit Peter Zingler verbinden, den sie noch aus den dreißiger Jahren in Berlin kennt. Er begrüßt sie so, wie sie es sich erhofft hat. »Da kam sofort das alte herzliche ›Mascha, ach, das ist ja grossartig, dass Sie hier sind, kommen Sie doch gleich mal her‹.«[5] Sie leistet sich eine Taxe für einsfünfzig plus zehn Pfennige Trinkgeld. Peter Zingler zeigt ihr den Verlag und stellt ihr wichtige Mitarbeiter vor. Sie lernt den Lektor Kurt Kusenberg, den späteren Begründer und Herausgeber der Rowohlt-Monographien, kennen, der auf sie »sehr fein, (...) intelligent, (...) charmant und europäisch intellektuell«[6] wirkt. Mascha Kaléko ist beeindruckt vom Verlagshaus, das in der besten Wohngegend Hamburgs liegt und mit Gemälden von Paul Klee, Oskar Kokoschka und George Grosz dekoriert ist. Auch das Verlagsprogramm imponiert ihr, und bescheiden berichtet sie ihrem Mann: »... alles ist geschmackvoll und hochkultiviert. Die Produktion gewaltig. Und alles, was gut und teuer ist, wird hier verlegt. Sartre war vor kurzem hier und die Beauvoir (...) Du kannst dir den Betrieb nicht vorstellen, da kann mein Buch, auch wenns ein Bestseller wäre, nur ein Tropfen im Meer sein.«[7] Peter Zingler führt sie ins »schönste« Lokal Hamburgs, den exklusiven Künstlerklub »Die Insel«. Mascha Kaléko ist versöhnt, denn »er benahm sich wie ein Verleger, der eine erfolgreiche Autorin empfängt«.[8] Von ihm erfährt sie alles Wissenswerte über den Verlag und die beiden Verlagsleiter, Ernst Rowohlt und seinen Sohn Heinrich Maria Ledig-Rowohlt. Die Verlagsgeschäfte liegen inzwischen hauptsächlich in den Händen des Sohnes, den Peter Zingler als sehr geschäftstüchtig bezeichnet, während der Vater noch eine innere Beziehung zu seinen Autoren habe. Die Begegnung mit Ernst Rowohlt ist für Mascha Kaléko ein besonderer Moment. Der Verleger, Ende sechzig, schwer krank und fast blind, hält minutenlang ihre Hand und begrüßt sie mit den Worten: »Ich freue mich so, Sie wiederzusehen, und ich sehe ja nicht gut, aber so viel seh ich doch, dass ich nicht eine einzige Falte in Ihrem Gesicht sehe.«[9] Er erzählt ihr, dass er ihr blaukariertes Hemd noch vor kurzem getragen habe, und dann sprechen sie über alte Zeiten und Franz Hessel. Die Neuauflage des ›Lyrischen Stenogrammhefts‹ erscheint im Februar 1956 und enthält auch Mascha Kalékos zweiten Gedichtband ›Kleines Lesebuch für Große‹. Das erste Gedicht ist eine Widmung für ihren Freund, den »Heiligen Franziskus vom Rowohlt Verlag anno dazumal«:

Dies Versbuch, lang vergriffen und verboten,
Widme ich dem Gedächtnis eines Toten –
FRANZ HESSEL, Dichter, Heiliger und Lektor,
Mein Schutzpatron und lyrischer Protektor,
Der milde tadelnd, und mit strengem Lob
Das »STENOGRAMMHEFT« aus der Taufe hob.
(…)
Widmung, St 6

Sie trifft nicht nur den zuvorkommenden Ernst Rowohlt, sondern auch seine Frau, die Mascha sofort einlädt. Die Dichterin ist sehr beeindruckt vom modernen Verlagsbetrieb und entwirft Werbesprüche für die neue Buch-Reihe: »Erwirb das Wissen dieser Welt / im Taschenbuch für ›Taschengeld‹«.[10] Ob Rowohlt ihre Vorschläge aufgreift, ist nicht bekannt. Nach einem erneuten Treffen mit den Verlagsleuten und dem Besuch eines »feinen Lokals« wird sie von Peter Zingler im Auto heimgebracht. Mascha Kaléko genießt diese Aufmerksamkeit, denn »… es ist mehr als je zu erwarten war«[11], wie sie ihrem Mann schreibt. Ihre Berichte an Freunde und Kollegen sind weniger von Emotionen als von den sichtbaren Impressionen im Nachkriegs-Deutschland bestimmt. Hermann Kesten, der inzwischen von New York nach Rom gezogen ist, gesteht sie: »Nun bin ich schon eine Woche in Hamburg (…) und glaube es noch nicht recht, dass ich hier bin. (…) mein ›erster Eindruck‹ (…), der stärkste zunächst, ist … der Nebel, der richtige zum Fassen dichte, der aus den Feldern um Bremerhaven aufstieg, als der Bootzug mich nach Hamburg brachte, an einem feuchtgrauen Sonntagmorgen, (…) und dann der andere, dem ja wohl meteorologisch nicht beizukommen ist. Einstweilen gehe ich noch umher, und gucke mir das an, was sich begucken lässt. Die Strassen, die Häuser, die Leute … (…) Und das berühmte Wirtschaftswunder, von dem ich mich frage, ob es nun ein blaues Wunder oder nur ein blauer Dunst ist. Und die Leute in den zackigen langen dunklen Ledermänteln, – die mich etwas nervös machen. (…) Wenn es mir schon in New York und an gewöhnlichen Wochentagen manchmal nicht ganz sicher scheint, dass ich wache

(…) so hab ich seit ich das Schiff verließ, immerfort das Gefühl, es könnte plötzlich mich einer am Arm schütteln und ich würde aufwachen … so unwirklich ist dies alles.«[12] Die merkwürdige Ambivalenz zwischen Gestern und Heute wird Mascha Kaléko bei ihrem ersten Deutschlandbesuch noch lange begleiten.

Schon kurz nach ihrer Ankunft interessiert sich auch die Presse für die deutsche Autorin, die aus Amerika gekommen ist. ›Die Zeit‹ begrüßt die Dichterin mit einem Artikel und nennt sie »die liebe, witzige Madame Mascha mit der musikalischen Seele, dem guten Herzen und dem scharfen Verstande«. Der Verfasser, Josef Müller-Marein, Chefredakteur der ›Zeit‹, der die Autorin noch von früher zu kennen scheint, rühmt ihre Schönheit und schreibt: »Sie ist, wie sie war: grazil, hübsch mit ihren schwarzen Haaren, ihren großen Augen, ihrem hilfsbereiten Herzen und ihrem witzigen Verstand.« Er vergleicht ihre Gedichte mit Schmetterlingen, weil sie in jeder Zeile nur Menschlichkeit, Zärtlichkeit und Leichtigkeit enthalten.[13] Dem ›Hamburger Abendblatt‹ gibt Mascha Kaléko ein Interview, doch als sie den Artikel am nächsten Tag liest, stellt sie erstaunt fest, dass die Zeitung annimmt, sie sei heimgekehrt. Sofort fragt sie ihren Mann im nächsten Brief, ob er das schlimm fände. Auf keinen Fall will sie den Eindruck erwecken, sie sei für immer nach Deutschland zurückgekehrt. In den ersten Tagen mustert sie noch misstrauisch jeden Menschen und fragt sich, ob er ein Nazi war oder nicht. Doch schon bald stellt sie fest: »Ich wundere mich selbst: aber das hat sich gegeben.«[14] Die alte Heimat entfaltet eine besondere Wirkung auf sie: »Ich hätte dir Bände zu schreiben nur von der Schönheit der Stadt, die herrlichen breiten Straßen und der See mitten in der Stadt und die schönen Boote, die Straßenbahnersatz sein sollen zum gleichen Preis und dabei bezaubernd.«[15] Vergleiche zwischen den Großstädten New York und Hamburg liegen nah. Mascha Kaléko erinnert sich daran, wie angenehm deutsche Zuverlässigkeit sein kann. »Es gibt U-Bahn, S-Bahn und alles funktioniert erstklassig, sauber, geheizt, billig …« Begeistert beschreibt sie, wie schön es ist, aus dem Haus zu treten, hohe, alte Bäume an einer weiten Allee zu sehen, auf der keine Zigarettenstummel liegen, und frische, saubere Luft einzuatmen.[16] Das Viertel, in dem ihre Pension und auch der Rowohlt Verlag liegen, »... ist herrlich, mit Bäumen dicht besetzt, die auch jetzt in der Winterkahlheit von einem mächtigen Zauber sind und mich an alte deutsche Märchen und ›Damals‹ heftig erinnern, und wenn ich Zeit hätte, würde ich Tage herumstreifen nur in den Strassen, und Läden aufsuchen, die genau so sind wie in meinem alten Gedicht ›Kolonialwarenhandlung‹.«[17]

In jeder kleinen Stadt das gleiche Bild:
Im Fenster Reis und Grieß und Konfitüren,
Ein Mann, der einen Krug mit Sirup füllt,
Und Fliegen, die mit Käsen kokettieren...

Neugierig blinzeln dir Korinthen zu.
Der Duft von sauren Gurken weckt Verlangen.
Bonbons in blankem Glas, an denen du
Als Kind oft sehnsuchtsvoll vorbeigegangen.
(...)
Kolonialwaren-Handlung, LSt 67

Es ist nicht nur das Wiedersehen mit Deutschland, das Mascha Kaléko bewegt. Die Landschaften und Häuserfassaden, Straßen und Plätze wecken Erinnerungen an ihre Kindheit. Der Unterschied zu ihrer neuen Heimat, zu den geraden, baumlosen Straßen in New York mit den endlosen Hochhausfronten wird ihr schmerzlich bewusst. Vor allem die Kleinigkeiten, die Details des Alltags, berühren sie. Man nimmt sie selbstverständlich hin, wenn man sie täglich sieht, kann sie aber sehr vermissen, wenn sie plötzlich fehlen. »Es sind meine Bäume, meine Halsschmerzen von dazumal und in der Apotheke, ach, eine richtige Apotheke, gibt's eine Hustenmedizin, die mir der Dr. Solmitz vor 1000 Jahren verschrieb und die Läden haben immer noch die Negerküsse, aussen schwarz innen weiß, die so schön süß kleben wie damals als man 6 Jahre alt war ...«[18] Jeder Tag bringt neue Überraschungen, die Mascha Kaléko mit der Vergangenheit konfrontieren. »Heut betrat ich meinen allerersten Laden um mir das erste Obst zu kaufen. (...) es roch darin so herrlich nach Kindheitserinnerung, die Orangen und die himmlischen Äpfel, die jetzt auf meiner Kommode liegen und eine winzige Banane (...) voll von reifen Pünktchen und Aroma. Pfund 75 Pf.«[19] Fasziniert berichtet sie von den Lebensmitteln in Deutschland, von frischem Salat, wohlschmeckendem Rosenkohl, goldgelben Kartoffeln mit Butter und Petersilie und vergleicht alles mit dem amerikanischen Essen, an das sie sich inzwischen gewöhnen musste: »... es wird unerhört gekocht und alles schmeckt so richtig ›natürlich‹... wie wirs vergessen haben.«

Aber sie erfährt auch, dass Zuverlässigkeit, Genauigkeit und Ordnung der Deutschen zwei Seiten haben, und wird mit dem deutschen Pflichtgefühl konfrontiert. Sie ist erstaunt, dass die Geschäfte am Samstag schon um vier Uhr nachmittags schließen. Und als sie nachts auf der Maschine ihre Briefe schreibt, klopft die Pensions-Wirtin an die Decke und belehrt sie darüber, dass Baden und Tippen nach neun Uhr abends nicht gestattet sind. Auch im Tagesablauf halten sich Wirtin und Zimmermädchen an ihren Plan und stören Mascha beim Arbeiten oder Schlafen, weil sie zu bestimmten Zeiten das Bett machen wollen. Enttäuscht stellt sie fest, dass auch in Deutschland – wie in Amerika – Geld eine große Rolle spielt und jeder haben muss, »was es zu haben gibt, koste es, was es wolle«.[20] Die Eindrücke sind so vielfältig und unterschiedlich, dass Mascha Kaléko immer wieder hin- und hergerissen ist zwischen alten Erinnerungen und neuen Erfahrungen. Auch wenn sie der Duft in den Geschäften, die Bäume und die Natur immer wieder bezaubern und schwärmen lassen, so registriert sie auch andere Stimmungen. Ihrem Mann schreibt sie: »Unsere Zeit ist es nicht mehr. Die jungen Leute sind alle ohne ›background‹, und Kontakt hat man wohl nur mit Leuten im ›Mittelalter‹ oder älter. Die erinnern sich noch (...) irgendwie spürt man eine Lücke, genau beschreiben kann ichs noch nicht. (...) Begeistert bin ich natürlich einstweilen nur von der Begegnung mit europäischer Erde (...) Ich bin eben doch ein Kind dieses Kontinents – du auch. Und dazu kommt noch, dass wir (...) unsere ersten und einige wesentliche Jahre hier zubrachten ...«

Doch die Erinnerungen verklären Mascha Kalékos Blick nicht. Trotz der Rückblenden in die Kindheit und der freundlichen Aufnahme läuft sie – wie sie Manfred George, dem Herausgeber des New Yorker ›Aufbau‹, in einem Brief versichert – nicht nur mit einer rosa Brille herum. Kritisch beobachtet sie die Gewohnheiten der Deutschen, die sich nicht verändert haben. »Aber die Musike, immerfort erinnert sie an Marsch, auch wenns nur Schlager sind, ist es viel zu viel Bumbumtrararabumbum ... Das haben die nun gern, (...) die Deutschen sind halt doch was fürs Militär und Strammstehen. Das ist ihnen wohl nicht mehr auszutreiben (...) Nachdenken darf man nicht. Aber man sollte wohl. Hab das Gefühl, dass es hier entweder Krieg oder Vorkriegszeit gibt. Jetzt ist mal die Vorkriegszeit wieder dran ...«[21] In Gesprächen wird sie oft gefragt, warum sie so lange nichts in Deutschland veröffentlicht habe. Sie erklärt, dass sie niemals wieder deutschen Boden betreten wollte »... nach dem, was wir Juden hier durchgemacht haben – von meiner eigenen Familie will ich gar nicht erst reden, die Angstträume von all meinen ermordeten Verwandten haben mich noch bis vor kurzem verfolgt«. Nach solchen Sätzen schweigen die anderen meist und entschuldigen sich, Mascha überhaupt gefragt zu haben. Aber sie ist offen für Gespräche und erklärt gern ihre Haltung. Es verwirrt sie, dass die Leute, die sie trifft, »einen so ordentlichen und menschlich anständigen Eindruck« machen.[22] Mascha Kaléko kauft täglich mehrere Zeitungen, um sich zu informieren. Ihre aktuellen Erlebnisse und Eindrücke mit der Erinnerung an das grausame Deutschland unter der NS-Diktatur in Einklang zu bringen fällt ihr schwer. Sie weiß, dass manches nur Fassade ist. In den Briefen an ihren Mann sucht sie nach Erklärungen und geht der Ambivalenz ihrer Gefühle nach: »Mit der Landschaft bin ich halt von früher her befreundet und meine Kindheit steckt in tausend Dingen – auch in dieser so anderen Stadt – Hamburg. Und dann stelle ich fest, dass ich im Grunde so vorurteilsfrei geblieben bin wie ich war: ich trete allem so entgegen als sähe ich es zum erstenmal, auch den Menschen. Das macht mich nicht blind. Ich weiss, dass schon wieder hier der Teufel los sein kann, dass es noch immer die erstickten Flammen der Nazijahre gibt, und dass sie jederzeit richtig angefacht, wieder entzündet werden können ...«[23] In dem unveröffentlichten Gedicht ›Ansprache an die Herrschaften mit kurzem Gedächtnis‹ kritisiert sie die Deutschen, denen sie den schnellen Übergang von der Diktatur zur Demokratie nicht abnimmt.

> Lasst uns was gestern war vergessen!
> – Die Seelenqualen und das Blut.
> In Dachau rauchen keine Essen.
> Der Mensch ist gut.
>
> Der Buchenwald blüht wieder friedlich,
> Und was vorbei ist, ist vorbei.
> Es wird schon wieder so gemütlich
> Wie einst im Mai.
>
> Schon schlummert das, verzeihn Sie, Weltgewissen.
> Die edlen Herrenmenschen vom Ka-Zett
> Erholen sich auf sanften Ruhekissen
> Und schwimmen wieder oben mit dem Fett.
> (...)
>
> Die Fackeln lohten und die gelben Sterne,
> Als du erwachtest, Deutschland, sank die Nacht.
> O Deutschland, deiner dacht ich in der Ferne,
> Du hast mich lange um den Schlaf gebracht ...
> (...)[24]

Diese ironisch-kritischen Strophen spielen auf Heinrich Heine an, der sich aus seinem Pariser Exil nach Deutschland sehnte und in seinem Gedicht ›Nachtgedanken‹ bekannte: »Denk ich an Deutschland in der Nacht, / Dann bin ich um den Schlaf gebracht ...«. Mascha Kaléko variiert diese bekannten Zeilen und bringt ihre Angst zum Ausdruck, in Deutschland jederzeit auf alte Nazis treffen zu können. Bei Gesprächen und Begegnungen, vor allem in Zeitungs- und Hörfunkredaktionen, erlebt sie immer wieder den gleichen Zwiespalt: Die jungen Menschen kennen sie nicht mehr, und bei den älteren ist sie nicht sicher, auf welcher Seite sie während des Dritten Reiches standen. Wer war damals im Widerstand, wer Mitläufer oder Täter? Dieser Zustand ist irritierend, sie wünscht sich bei den Deutschen mehr Gefühle der Reue und der Trauer. Am 30. Januar 1956 geht sie abends ins Theater und erinnert sich daran, dass »heute vor 23 Jahren« alles begann. Sie sieht Lessings ›Nathan der Weise‹ mit Ernst Deutsch in der Titelrolle. In der Pause besucht sie den Schauspieler in seiner Garderobe, was sie als Backfisch nicht gewagt hatte. Der 65-jährige beeindruckt sie und erscheint ihr »viel schöner und liebenswerter als vor 30 Jahren«.[25] Auch er musste 1933 emigrieren, ging nach New York, später nach Hollywood und wurde amerikanischer Staatsbürger. Seit 1951 lebte er wieder in Berlin.

Ende Januar wird Mascha Kaléko zum ersten Mal im Radio vorgestellt. »Natürlich bin ich aufgeregt innerlich, nach aussen hin ruhig«[26], gesteht sie ihrem Mann. Der Norddeutsche Rundfunk lädt sie zu einem Interview mit Willy Haas ein, in den zwanziger Jahren Herausgeber der anerkannten Zeitschrift ›Die literarische Welt‹. In einer Extra-Sendung soll sie auch Gedichte lesen. Da sie annimmt, Emigrantenlyrik komme nicht in Betracht, sucht sie eher neutrale Gedichte heraus. Doch der Redakteur ist »so entzückt« von ihrem Gedicht ›Sozusagen ein Mailied‹, dass sie ihre Auswahl ändert und auch Emigrationsgedichte liest:

> Manchmal, mitten in jenen Nächten,
> Die ein jeglicher von uns kennt,
> Wartend auf den Schlaf des Gerechten,
> Wie man ihn seltsamerweise nennt,
> Denke ich an den Rhein und die Elbe,
> Und kleiner, aber meiner, die Spree.
> Und immer wieder ist es dasselbe:
> Das Denken tut verteufelt weh.
> (…)

Manchmal, angesichts neuer Bekanntschaft
Mit üppiger Flora, – glad to see –
Sehnt sichs in mir nach magerer Landschaft,
Sandiger Kiefer, weißnichtwie.
Was wissen Primeln und Geranien
Von Rassenkunde und Medizin …
Ob Ecke Uhland die Kastanien
Wohl blühn?

Sozusagen ein Mailied, VfZ 52

Bewundernd registriert sie, wie gut organisiert der deutsche Hörfunk ist. Der informative und spannende Schulfunk gefällt ihr und die hochkultivierten Ansagen im Radio, wo kein französisches Wort falsch ausgesprochen wird. Diesen Aufwand gibt es in Amerika nicht, aber dafür kommen ihr die Deutschen langsamer vor, und »Humor haben sie kaum. Da fehlen die Juden.«[27] Mascha Kaléko genießt es, endlich wieder als Autorin aufzutreten, Interviews zu geben, im Radio zu lesen und Menschen aus dem kulturellen Leben Deutschlands zu treffen. »Ich habe Erfolg und fühle mich gesundheitlich (…) gut …«[28], schreibt sie an Chemjo. In jedem Interview erwähnt sie, dass ihr Mann sich vor allem der jüdischen Musik widmet und freut sich, wie viele Menschen sich dafür interessieren.[29] Chemjo versichert sie, dass ihr an ihrem Ruhm ebenso wenig liege wie ihm an seinem, aber Spaß mache es doch irgendwie, obwohl sie den Ruhm gern gegen ein Bankkonto tauschen würde.[30]

Hermann Kesten, dem sie ihre widersprüchlichen Gefühle in Deutschland schildert, versichert ihr: »Wir sind die alten Kämpfer der Emigration. Das heißt, Sie sind unser Benjamin, der jüngste ›Jüngling‹.[31] Sie bedankt sich für das Kompliment und gesteht dem Kollegen, dass sie den Deutschen noch nicht ganz traue, »weil ich Angst habe, vor einer Masse, die sich nach der sie umgebenden Form (auch Regime genannt) formt, wie Wasser, das die Form jedes Gefäßes annimmt, und das man nie fest in der Hand behalten kann«. Als ihr Kesten mitteilt, dass er Mitte Februar in München einen Vortrag hält und sie gerne treffen würde, ändert sie ihre Route und macht erst »mal die süddeutsche Tour«[32] anstatt sofort nach Berlin zu fahren. Nach einem Monat Aufenthalt in Hamburg reist Mascha Kaléko Anfang Februar nach Süddeutschland weiter. Sie nimmt nicht den Nachtzug, weil sie auf ihrer ersten Bahnfahrt die Landschaft sehen und die Leute reden hören will. »Verschlafen will ich das nicht.«[33] In dem Gedicht ›Unausgeschlafen gen Stuttgart‹, das sie im Zug schreibt und an Peter Zingler schickt, wird ihr innerer Zwiespalt in Bezug auf Deutschland deutlich:

> (…)
> Ich ziehe wie in einem Traum
> Durch dieser Landschaft Zeit und Raum
> (…)
> – Den Wiesen, Wäldern und den Reben
> Brauch ich zum Glück nichts zu »vergeben«…
>
> Und all den Tälern weit, den Höhn
> Kann ich getrost ins Auge sehn.
> Es haben Neckar, Rhein und Lahn
> Mir seinerzeit ja nichts »getan«.
> Und auch der Meisen Winterscharen
> Grüß ich wie einst in Kinderjahren.
> *Unausgeschlafen gen Stuttgart, LJ 116*

Am 13. Februar trifft sie in Stuttgart ein und findet die Stadt zauberhaft und billig, aber auch modern. Zwei Tage später ist sie in München. Dort begegnet sie alten Bekannten, u. a. Walter Kiaulehn, Autor und Journalist, der in den zwanziger Jahren – wie sie – für das ›Berliner Tageblatt‹ geschrieben hat und nun für den ›Münchner Merkur‹ arbeitet. Mit Hermann Kesten trifft sie sich zum Abendessen, bei dem plötzlich Erich Kästner erscheint, der auf Mascha Kaléko sympathisch, sportlich elegant und gut angezogen wirkt. Die drei Autoren debattieren über den Heine-Vortrag, den Hermann Kesten ein paar Tage später zum 100. Todestag des Dichters halten soll. Ursprünglich war der Autor und Kafka-Freund Max Brod als Redner vorgesehen. Doch Bundespräsident Theodor Heuss vertrat die Ansicht, es sei ungünstig, einen emigrierten österreichischen Juden mit dem repräsentativen Heine-Vortrag zu beauftragen, die Rede müsse ein Deutscher halten. Zwar betonte Heuss, dies sei nicht antisemitisch gemeint, doch die Empörung war groß, auch bei denen, die Max Brod nicht mochten. Die Aufgabe wurde dann Hermann Kesten übertragen – einem emigrierten deutschen Juden. Kaléko, Kästner und Kesten diskutieren lebhaft, wieviel Kritik und Schärfe angebracht wäre. Sie sind sich einig, dass jeder anständige Dichter von Heine abstamme, vor allem, wenn er Zeitlyrik schreibe wie Kästner und Kaléko. Stolz und zugleich amüsiert berichtet Mascha ihrem Mann: »Es war sehr nett und gemütlich, und Du konntest merken, dass ich allen gut gefiel, weil ich so gar nicht wie eine Frau sprach und dabei doch recht niedlich aussah in meinem schwarzen Jerseyblüschen und dem schwarzen Rock mit Gürtel und Tasche aus San Francisco. Und ich konnte sogar Erich Kästner, der sehr aufmerksam zu mir war, mit meinen letzten paar Camels erfreuen. Kästner verliess uns ungern und sagte zu mir: ›Wir müssen uns noch unbedingt sehen.‹«[34] Die Dichterin, die einen guten Geschmack hat und sich immer stilvoll kleidet, ist achtundvierzig Jahre alt, sieht wesentlich jünger aus und genießt es, die Blicke der Männer auf sich zu ziehen. Auch eine andere Begegnung ruft längst vergangene Zeiten wach. Als in einer Münchner Zeitung eine kleine Notiz über sie erscheint, bekommt sie den Anruf eines früheren Verehrers aus Berlin, der neugierig fragt: »Sind Sie noch so klein und zierlich? Nur sehen möchte ich Sie.« Mascha trifft sich mit dem Anrufer, der sie noch aus der »Engelchen-Zeit« – der Zeit vor ihrer ersten Ehe – kennt. Ihrem Mann schildert sie, wie »gerührt und glücklich« der alte Bekannte war, »die kleine Engel« wiedergetroffen zu haben.[35]

Am 17. Februar 1956, Heines 100. Todestag, hält Hermann Kesten in der Münchner Volksbühne den Fest-Vortrag, den Mascha Kaléko als »gut und sehr mutig« beurteilt. Anschließend geht sie mit Kesten, Kästner und dessen Lebensgefährtin, der Journalistin Luiselotte Enderle, in die Bar des Hotels »Vier Jahreszeiten«. Dort werden wieder Lyrik-Definitionen diskutiert. Mascha Kaléko verteidigt Heinrich Heine als Urheber des Begriffs »Zeitgedicht« und zieht diese Bezeichnung der von Kästner geprägten Definition der »Gebrauchslyrik« vor. Erich Kästner stimmt ihr zu, betont aber, dass es ihm Spaß mache, manchmal tiefzustapeln. Zur Feier des Tages, »wenn man schon selbdritt nach 1000 Jahren in München zusammensitzt im Heinejahr«[36], macht sich die Runde ein besonderes Geschenk, das Mascha später als »das Triumvirat der von Heine Begeisterten und Beeinflussten« bezeichnet. Kästner, Kesten und Kaléko signieren die Heine-Gedenkmarke, die die deutsche Post zum Heine-Jahr herausgegeben hat. In diesem »bedeutsamen« Jahr 1956 schreibt Mascha Kaléko – einen Titel von Heine variierend – ihr Gedicht ›Deutschland, ein Kindermärchen‹:

(…)
Es hat wohl seitdem kein deutscher Poet
So frei von der Freiheit geschrieben.
Wo das Blümelein »Freiheit« im Treibhaus gedeiht,
Wird das Treiben ihm ausgetrieben …

Er liebte die Heimat, die Liebe, das Leid,
Den Geist und die feine Nüance,
Und war nur ein Deutscher. Ein Deutscher, kein »Boche«.
– Es lebe »la petite différence«!
(…)
Wie Heinrich Heine zu seiner Zeit
War auch ich in der Fremde oft einsam.
(Auch daß mein Verleger in Hamburg sitzt,
Hab ich mit dem Autor gemeinsam.)

Der Lump sei bescheiden: Ich sag es mit Stolz,
Daß von Urvater Heine ich stamme,
Wie Tucholsky und Mann, Giraudoux und Verlaine –
Wir lieben das Licht und die Flamme!
(…)

Deutschland, ein Kindermärchen, VfZ 54 ff.

Dieses Gedicht, mit einundzwanzig Strophen das längste in Kalékos Werk, ist eines ihrer wichtigsten. In ihm verbinden sich Witz und Ironie ihrer frühen Verse mit der Zeitkritik und Tiefe, die ihre Exil-Gedichte auszeichnen. Das in vier Abschnitte gegliederte Lang-Gedicht zeigt, dass die Auseinandersetzung mit der Zeit des Nationalsozialismus für die Dichterin eine zentrale Rolle spielt. Ihren Zwiespalt zwischen Gegenwart und Vergangenheit bringt sie hier poetisch zum Ausdruck. Es gibt einige Parallelen zwischen der Jüdin Kaléko und dem konvertierten Juden Heine, der Deutschland nach dem Verbot seiner Bücher 1835 verlassen musste und nach Frankreich ins Exil ging. Die Dichterin spielt nicht nur auf verbotene Bücher an, sondern erinnert auch daran, wie die Nationalsozialisten mit Heinrich Heines ›Lied von der Lorelei‹ umgingen. Das in der Vertonung von Friedrich Silcher zum Volkslied gewordene Gedicht, das mit der Zeile »Ich weiß nicht, was soll es bedeuten…« beginnt, konnten sie nicht verbieten, weil es zu populär war. Der Text wurde jedoch stets mit der Zeile »Verfasser unbekannt« gedruckt, weil man den jüdischen Autor nicht nennen wollte. Kalékos Sorge, dass sich in Deutschland noch viele alte Nazis verbergen, die sich nun harmlos geben, kommt in folgenden Strophen zum Ausdruck.

(…)
Auch meine Lieder, sie waren einst
Im Munde des Volkes lebendig.
Doch wurden das Lied und der Sänger verbannt.
– Warn beide nicht »bodenständig«.

Ich sang einst im preußischen Dichterwald,
Abteilung für Großstadtlerchen.
Es war einmal. – Ja, so beginnt
Wohl manches Kindermärchen.

»… Da kam der böse Wolf und fraß
Rotkäppchen.« – Weil sie nicht arisch.
Es heißt: die Wölfe im deutschen Wald
Sind neuerdings streng vegetarisch.

Jeder Sturmbannführer ein Pazifist,
So lautet das liebliche Märchen,
Und wieder leben Jud und Christ
Wie Turteltaubenpärchen.

Man feiert den Dichter der »Loreley«.
Sein Name wird langsam vertrauter.
Im Lesebuch steht »Heinrich Heine« sogar,
– Nicht: »unbekannter Autor«.
(…)
Deutschland, ein Kindermärchen, VfZ 54ff.

Auch in München ist Mascha Kaléko wieder durch das Nebeneinander von Gegenwart und Vergangenheit irritiert. Beide Zeitebenen scheinen fast immer präsent zu sein: »… die Straßen sind wie ich sie mir erträumte, mit Bäumen, überall und sehr erfreulich für mein europäisches Gemüt, jedes Haus tut mir wohl, – und ich vergesse, dass der Name ›München‹ anderes in mir hervorrufen sollte, – wie den Bierkeller, den ich noch nicht sah, und Dachau, das ich nicht sehen will.«[37]

Nach zehn Tagen in der bayerischen Metropole bekommt sie aus Hamburg die Einladung zu einem Rowohlt-Verlagsfest. Sie ist hin- und hergerissen, möchte die Einladung gern annehmen, aber auch in München weiter für sich und ihr Buch werben. Gerade hat die Presse sie entdeckt und begonnen, über sie zu berichten. Sie fragt Peter Zingler um Rat, der ihr umgehend telegrafiert, dass München wichtiger sei als das Verlagsfest und sie bleiben solle. Sie genießt es, als Autorin herumgereicht zu werden. Bei ihrem Mann entschuldigt sie sich, dass sie aus Karrieregründen nicht zum Schreiben »aus Liebe« komme.

Vom Bayerischen Rundfunk erhält sie den Auftrag, ein Hörspiel zu verfassen. Sie freut sich über das Angebot, das ihr dringend benötigte zusätzliche Einnahmen bringen würde. Der Sender will für zehn Probeseiten dreihundert Mark zahlen und das fertige Manuskript mit zweitausend Mark honorieren. Doch Mascha Kaléko hat noch nie ein Hörspiel geschrieben: »… ich bin sehr skeptisch, wills aber versuchen. (…), wenn es gelingt, wärs schön … aber ich lasse mich von dieser Hollywood-Ekstase nicht hinreissen.«[38] Sie berichtet dem Dramaturgen von ihren Zweifeln, und er bietet an, ihr beim Schreiben zu helfen. Das Projekt wurde nicht realisiert, es ist kein Hörspiel von ihr für den Bayerischen Rundfunk nachzuweisen.[38a] In München lernt Mascha Kaléko auch die Malerin und Zeichnerin Bele Bachem kennen, die sich vor der ersten Begegnung mit der »ehrwürdigen« Autorin fürchtet, weil sie nicht weiß, was sie mit der alten Dame anfangen soll. Deshalb lädt sie noch zwei Freunde ein. Alle sind überrascht vom jugendlichen Esprit der Dichterin und verbringen einen »bezaubernden« Abend, der bis zwei Uhr früh dauert. Bele Bachem bedankt sich überschwänglich für Maschas Besuch und lobt ihre »traurigen und weisen Gedichte«.[39] Ein paar Jahre später wird die Künstlerin Mascha Kalékos Bücher ›Das himmelgraue Poesiealbum‹ und ›Verse in Dur und Moll‹ illustrieren.

Auf der Rückreise nach Hamburg fährt Mascha Kaléko über Frankfurt. Sie besichtigt das Goethehaus und sucht am Mainufer vergebens nach dem alten Haus, in dem sie 1915 als Kind gewohnt hat. In der Redaktion der ›Frankfurter Rundschau‹ trifft sie den Journalisten Erich Lissner wieder, den sie noch aus dem Berlin der dreißiger Jahre kennt. Er beschreibt den »Besuch einer Unvergessenen«: »Ein schwarzer Wuschelkopf, Stupsnäschen, schwarzes Kostüm, rotweißgestreifte Bluse, schwarze rororo-Krawatte, mit der ihr Verleger sie jetzt im Februar beim Betreten deutschen Bodens dekoriert hat. *So* also sieht sie heute aus, die Mascha Kaléko, deren angriffliche, kesse heinisch-ringelnatzische, ironische Gedichte für uns letzte Lichter waren, ehe es über Deutschland völlig Nacht wurde.«[39a]

Anfang März 1956 ist sie wieder in Hamburg und fühlt sich – nach zwei Monaten in Deutschland – gesund und gut, auch wenn sie Chemjo und Steven vermisst. Mit ihrem Mann steht sie in regem Briefwechsel. Steven schickt sie aus jeder Stadt eine Postkarte, doch der Neunzehnjährige enttäuscht sie, weil er nur mit Ulk-Briefen und Comics antwortet. Außerdem macht sie sich Sorgen um ihre Mutter in Tel Aviv, der es gesundheitlich nicht gut geht. Überrascht stellt Mascha fest, dass sowohl ihr Sohn als auch ihre Mutter sehr stark auf ihre Europareise reagieren. Mascha vermutet, dass beide irritiert sind, weil sie so unabhängig ist und eine so weite Reise allein macht. Steven befürchtet sogar, dass seine Eltern wieder für immer nach Europa zurückkehren könnten.[40] Doch daran denkt Mascha Kaléko nicht, trotz der freundlichen Aufnahme, der Erfolge, wichtigen Begegnungen und vielen interessanten Momente im neuen, alten Deutschland. Ihrem Mann schreibt sie: »Es ist soviel in jeder Stunde, dass ich Jahre brauchte, um aus jedem den rechten Genuss zu ziehen. So jagt eins das andre, – immer so bei mir – alles oder nichts.«[41] Sie hat keine Ruhe »zum Schöpferischen«, sondern wertet diese Tage und Wochen als »Zeit der ›Aufnahme‹ – Verdauen kommt später«.[42] Sie bittet Chemjo, ihr nicht auf dicken gelben Bogen zu schreiben, denn »… meine Tasche bricht schon an allen Ecken, 2 Briefe von Dir füllen einen Reisekoffer, kauf dir Luftpostpapier (…) Ich bin ein Reisender in Literatur, mit meinem Musterkoffer von Tür zu Tür von Stadt zu Stadt von Funk zu Funk (…). Das macht müde, und bald bin ich ja damit fertig – noch Berlin.«[43]

(…)
Wir wissen wohl, was gestern war,
Und wir hoffen, es nie zu vergessen.
(…)
Chanson für Morgen, VfZ 42

»Hier war mein Glück zu Hause. Und meine Not.«
– WIEDERSEHEN MIT BERLIN –

Am 7. März 1956 sitzt Mascha Kaléko im Flugzeug von Hamburg nach Berlin. Die Dichterin ist zufrieden mit den ersten Wochen in Deutschland. Ihr Buch verkauft sich gut und steht nach zwei Wochen auf der Bestseller-Liste. Die Zeitschrift ›Constanze‹ überschreibt eine ganze Seite mit »Willkommen, Mascha Kaléko!« und druckt ein Foto,

Interview und Verse von ihr. Während des Fluges nach Berlin beobachtet sie in der Reihe vor sich Leute, die in der aktuellen Ausgabe der ›Constanze‹ blättern und sich über »die reizende Person« auf dem Foto unterhalten: »Eine Dichterin, Mascha Kaléko, so jung und schon so berühmt – sieht doch aus wie 22 höchstens.« Nicht ahnend, dass die Abgebildete hinter ihnen sitzt und amüsiert zuhört. So angenehm schon im Flugzeug mit ihrem Erfolg konfrontiert, reagiert Mascha gelassen, als sie – kaum in Berlin angekommen – in der Pension in der Bleibtreustraße erst einmal Ärger wegen des reservierten Zimmers bekommt. Die Wirtsleute wollen plötzlich mehr Geld als vereinbart und haben das Zimmer für den nächsten Tag einem Stammgast zugesagt, der sich überraschend angemeldet hat. Doch Mascha bleibt ruhig, das Wiedersehen mit ihrer Stadt lässt sie sich nicht verderben. Sie packt kaum aus, sondern genießt die ersten Stunden in Berlin und sucht auch hier gleich nach dem Haus, in dem sie einmal gewohnt hat. »... ich ging den Ku-Damm hinunter bis Joachimsthaler, voller Gedanken, und nahm mir vor, alles bis morgen zu vergessen und nur mal in ›Berlin anzukommen‹: das tat ich. Der Ku-Damm strahlte in hellem Licht breit und gepflegt lag er da, wie ein Boulevard (...), breiter geworden durch die Entfernung der Straßenbahn, doppelstöckige Omnibusse liefen neben den Autos und die Läden schimmerten mit den geschmackvollsten Auslagen von (...) herrlichen Gegenständen, Kleidern, Pelzen, Schuhen aus Italien, Parfums und Delikatessen, der große elegante ›Kempinski‹, (...) und ›Kranzler‹, schöner als je (...) Ich ging natürlich nach Bleibtreu 10/11 und stand um Mitternacht vor dem Hause.«[1] Am nächsten Tag sucht sie sich ein anderes Zimmer, wieder in der Bleibtreustraße, in der sie bis 1938 gemeldet war. Dort stehen zwischen den Ruinen neue, moderne Gebäude. Noch einmal läuft sie zu ihrem früheren Domizil, doch nun betritt sie das Haus. Die Treppe ist kahl, nur noch die dicken Teppichnägel zeigen, wie hoch der Teppich einmal war. Die Stufen sind grau, die Wohnungstüren verschmiert und der Fahrstuhl zittert so sehr, dass sie lieber zu Fuß geht. Dann steht sie vor »unserer« Tür – wie sie ihrem Mann schreibt – und erkennt den Briefkastenschlitz und die

Klingel. »Eine hagere Frau, etwa 40« öffnet, »auf dem Boden im Nebenzimmer spielt ein Baby. Es riecht nach Windeln und Kohl …«. Mascha Kaléko fragt, ob sie einen kurzen Blick in die Wohnung werfen könne, in der sie vor zwanzig Jahren wohnte und in der ihr Sohn geboren sei. Doch die neue Mieterin reagiert abweisend: »Sie schlägt mir die Tür ins Gesicht mit einem knochenharten: Nein. Nicht möglich. Mein ›Heimweh‹ nach Berlin ist ein bisschen gedämpft.«[2] Erst viele Jahre später entsteht das Gedicht über die Bleibtreustraße:

> (…)
> Hier war mein Glück zu Hause. Und meine Not.
> Hier kam mein Kind zur Welt. Und mußte fort.
> Hier besuchten mich meine Freunde
> Und die Gestapo.
> Nachts hörte man die Stadtbahnzüge
> Und das Horst-Wessel-Lied aus der Kneipe nebenan.
> Was blieb davon?
> Die rosa Petunien auf dem Balkon.
> Der kleine Schreibwarenladen.
> Und eine alte Wunde, unvernarbt.
> *Bleibtreu heißt die Straße, Tr 136*

Berlin wirkt verwirrend auf Mascha Kaléko, wie im Traum geht sie durch die Straßen, entdeckt Altes und Neues. Als sie sich auf dem zuständigen Polizeirevier meldet, wird ihr plötzlich klar, dass ihr diese Adresse – Meinekestraße 10 – sehr vertraut ist. Von 1925 bis 1942 befand sich dort das Haus der Zionistischen Organisationen, ein Zentrum des jüdischen Lebens in Deutschland. Nicht nur das Palästinaamt, das bis zu seiner Schließung 1941 etwa fünfzigtausend Juden bei der Auswanderung half, sondern auch der jüdische Kulturbund und die ›Jüdische Rundschau‹ waren dort untergebracht. Diese wichtigste jüdische Zeitung in Deutschland war für Mascha Kaléko nach dem Schreibverbot die einzige Möglichkeit, noch zu veröffentlichen. Einer Freundin aus der gemeinsamen Zeit im Berlin der dreißiger Jahre berichtet sie: »... ich bin in Aufruhr jetzt, innerlich, und kann nicht viel sagen ...«[3] Die Eindrücke in Berlin sind so bewegend, dass Mascha Kaléko ihrem Mann täglich schreibt: »Chemjolein, mir geht es gut. Bin auf dem Postamt Lietzenburgerstraße – ›unserem‹ Postamt!!! Ausgerechnet!!! (...) Berlin am Kurfürstendamm ist toll!« Doch schon am zweiten Tag sieht sie die Stadt differenzierter: »Berlin stürmt auf mich ein. (...) Berlin ist erschütternd. Kaputt bis auf Ku-Damm und Tauentzien, die schöner sind als 5th Ave – für meinen Geschmack. Aber um 12 Uhr nachts schläft alles. Man arbeitet zu viel. Und alles zieht weg von Berlin, die Stadt ist ein Trümmerfeld, bis auf die Insel Ku-Damm, Tauentzien (...) gestern lief ich – es war ein Zwang in mir, zu laufen und zu sehen – auch macht ja das Laufen hier frisch und nicht müde – und ich lief hinunter den ganzen Ku-Damm bis Nollendorfplatz. Frag mich nicht, nichts steht, lauter Ruinen. Stand vor der Synagoge Fasanenstraße und sah ihr in die zerschossenen Eingeweide ...« Rund um den Kurfürstendamm sucht Mascha Kaléko meist vergeblich nach vertrauten Straßen, Plätzen und Gebäuden von früher. »Die Gedächtniskirche, (...) die nicht nur ihren ›Kopf‹ verloren hat (...) Zerschossen oben, vorn steht der Eingang und hinten der Ausgang – dazwischen Luft. Wo das Romanische war, – ein riesenleerer Platz. Man kann durchgucken bis zum Bahnhof Zoo.[4] (...) Und nebenan, das ›Küka‹, in dem ich meine ersten Verse vorlas, in der einst lebensvollen, lebenstollen Budapester Straße. Trümmerhaufen jetzt, Steppenland. ›Budapußta‹-Straße, das würde eher passen (...) einstweilen, bis sie wieder neu erbaut wird ... Aber das ›Romanische‹, das wird nie wieder auferstehen. (...) Daß auch nicht ein Steinchen mehr davon übrigblieb. Kahlrasiert ist der Platz. ›Heiße Wiener‹ – das gibt's auch heute noch dort. (...) Abends auf meinen Wanderungen durch das Mark dieser Stadt, da kommen die Gedanken. Wie hab ich da ›Heimweh nach Berlin‹ mitten in Berlin ...«[5] Ihrem Mann schickt sie eine Postkarte mit dem Blick vom Kranzler-Eck am Kurfürstendamm zur Ruine der Gedächtniskirche und schreibt wehmütig: »... kein Stein von ›unserem‹ Café zu finden.«[6] Sie fährt auch nach Steglitz in die Björnsonstraße 27 zu dem

Haus, in dem ihre erste gemeinsame Wohnung mit Chemjo Vinaver lag. »Unversehrt, wollte rein, ein Hund bellte mich fort.«

> Berlin, im März. Die erste Deutschlandreise,
> Seit man vor tausend Jahren mich verbannt.
> Ich seh die Stadt auf eine neue Weise,
> So mit dem Fremdenführer in der Hand.
> Der Himmel blaut. Die Föhren rauschen leise.
> In Steglitz sprach mich gestern eine Meise
> Im Schloßpark an. Die hatte mich erkannt.
>
> *Wiedersehen mit Berlin, LJ 43*

Mascha schildert ihrem Mann, wie gut erhalten das Viertel im Süden Berlins ist und wie schön und ruhig. »Es ist so viel stiller hier, so wenig Leute. Die Juden fehlen ... Und wie.«[7] Mascha vermisst jüdisches Leben in Berlin und berichtet von ihren Versuchen, ein jüdisches Restaurant zu finden. Als sie den Wirt, einen »Golemriesen mit einem Mund voller Goldzähne«[8] sieht, verlässt sie das Lokal sofort wieder. Die Jüdische Gemeinde in Berlin hat sich ein halbes Jahr nach Kriegsende wieder neu konstituiert, und es gibt auch wieder einige Synagogen. Mitte der zwanziger Jahre lebten etwa 170 000 Juden in der Stadt, am Ende des nationalsozialistischen Terrors waren es nur noch rund achttausend. Gut zehn Jahre nach Kriegsende wirkt Berlin, von den Alliierten in vier Sektoren unterteilt, zerstörter und ärmlicher als andere deutsche Städte. Während sich in den Stadtteilen mit französischer, britischer und amerikanischer Besatzung langsam das Wirtschaftswunder zeigt, ist die Diskrepanz zum östlichen Teil der Stadt, der zur DDR gehört, sehr groß. »Man spürt den Osten in allem«, berichtet Mascha ihrem Mann, »auch an der Grenze war ich gestern am Potsdamer Platz. (...) Die ganze Potsdamer Straße hat dieses arme, heruntergekommene Gesicht, von fern die Ruine Wertheim, das zerschossene ›Haus Vaterland‹, und du kannst weit hineingucken in eine Steinwüste ...«[9] Für Mascha Kaléko vermischen sich die aktuellen Bilder immer wieder mit denen der Vergangenheit. Sie läuft zum Tiergarten, wo sie fast zwanzig Jahre zuvor mit Steven im Kinderwagen spazierenging. Aber sie findet nur Schutthaufen und Reste alter Bunker. Enttäuscht ist sie auch vom Bahnhof Zoo, der heruntergekommen wirkt wie eine kleine amerikanische Vorstadt-Station: »… keine Spur von damals. Unvorstellbar, dass hier mal die eleganten Express-Züge des internationalen Europa hielten mit parfümierten Pariserinnen und Warschauerinnen. Auch die Leute die da rumgehn sind schäbig, arm oder ekelhaft-Protzke. (…) Die Gesichter sind alle so traurig, besonders der älteren Frauen, und schon gar der aus Ost-Berlin …« Ihr fällt auf, dass sie nur in Berlin so viele misstrauische und verhärmte Gesichter beobachtet, »denen man Schreckliches ansieht, das sie sahen und selber durchmachten!« Mascha Kaléko erkennt, dass der Kurfürstendamm nur Fassade ist, dass es in anderen Bezirken viel ärmlicher zugeht. Ungläubig, staunend und erschrocken geht sie durch die Ruinenstadt. »Wie vieles seh ich, das ich nicht mehr seh!« Obwohl sie auch andere Berliner Bezirke besucht – wie Dahlem und Wilmersdorf –, die nicht so zerstört sind, kommt sie zu dem Fazit: »… aber hier leben, nein, ich könnte das kaum. (…) Ich bin heiter und guter Laune. TROTZ allem.«[10] Sehnsüchtig schreibt sie ihrem Mann: »Kann nicht erwarten, mit DIR hier zu gehen.«[11] Nach einer Woche in Berlin verändert sich Maschas Stimmung. Sie ist erkältet, ärgert sich über provinzielle Cafés, schlechtes Essen und freche und langsame Kellner. Außerdem scheitert ihr Versuch, wegen ihrer Entschädigungsangelegenheit beim Senator vorzusprechen, weil dieser verreist ist. Das neue Berlin sieht sie nun kritischer und ihr wird klar, dass die Stadt, die sie von früher kannte, für immer verschwunden ist. Sie muss erkennen, dass ihr Heimweh sich nicht nur auf den Ort, sondern vor allem auf die vergangene Zeit bezieht. Das Berlin der fünfziger Jahre ist eine andere Welt. Resigniert stellt sie fest: »War in der Radiostation und lief durchs Bayerische Viertel bis zum Rathaus Schöneberg – es war dieselbe Szenerie, aber es wird ein andres Stück gespielt, und der ganze Zauber ist fort, weil es eine andre ›Besetzung‹ ist.«[12] Die Radiostation in Schöneberg ist der RIAS (Rundfunk im amerikanischen Sektor), wo eine Sendung produziert wird, in der sie ihre Gedichte spricht. Beruflich ist ihr Berlin-Besuch erfolgreich. Als Mascha Kaléko im Berliner Studio des Nordwestdeutschen Rundfunks anruft, wird sie vom leitenden Redakteur, dem jungen Thilo Koch, auf Berlinisch begrüßt. Er holt sie im Auto ab und geht mit ihr im eleganten Restaurant »Kopenhagen« essen. Der Journalist und die Autorin, die »voller Leben und Witz«[13] ist, verstehen sich gut. Er gesteht ihr, dass er Hitlerjunge war, aber seit der Kristallnacht im November 1938 nur noch gegen das Nazitum gekämpft habe. Eine Woche später gibt er eine große Party für sie in seinem Haus. Sie lernt Berlins berühmtesten Kritiker Friedrich Luft kennen und den Schriftsteller Hans Scholz, der für sein Buch ›Am grünen Strand der Spree‹ mit dem Fontane-Preis der Stadt Berlin ausgezeichnet wurde. Der ›Tagesspiegel‹ und andere Berliner Zeitungen drucken Gedichte und Fotos von ihr und berichten über den Besuch der Dichterin in ihrer alten Heimat. Die Anerkennung tut ihr gut. An Kurt Pinthus schreibt sie Mitte März 1956: »Ich hatte eigentlich eine Menge Erfolg, auch in München, Stuttgart und Frankfurt. Überall gibt es Redakteure, die meinen Namen kennen von damals, wo ein junger Mann sitzt, taucht irgendwo doch ein Greis auf, der sagt: MK – na klar kenn ich die. (…) Berlin mit seinen Ruinen – das kommt mir vor wie eine Art Pompeji. Ein Pompeji ohne Pomp. – Das gefiel. Satire, Esprit und sowas sind ja meistens Mangelware. (…) Die Zeitungen schreiben überall und drucken Sachen von mir… (…) Von den ganz persönlichen Wiederbegegnungen mit der Vergangenheit – davon kann ich nicht schreiben, so erschüttert bin ich im Augenblick.«[14]

Mascha Kaléko ist schon etwas erschöpft vom Wiedersehen mit »ihrer« Stadt und den vielen unterschiedlichen Eindrücken, als ein Ereignis eintritt, das alle ihre Gedanken und Pläne durcheinanderbringt. Durch den Anruf einer fremden Frau erfährt sie, dass ihre Schwester Lea in Berlin wohnt. »Mir zitterte die Stimme, ich war fertig und heulte wie ein Untier und konnte gerade noch meine genaue Adresse sagen.«[15] Die Dichterin trifft sich sofort mit der totgeglaubten Schwester und beide fallen sich weinend in die Arme. Mascha erzählt ihr von den Eltern und Geschwistern, die in Tel Aviv leben, verschweigt allerdings die Krankheit der Mutter, die auf den vermeintlichen Verlust dieser Tochter zurückzuführen ist. »Und es ist keine reine Freude, sondern herzzerreissend zu hören, was die Arme alles durchgemacht hat in ihren tragischen Emigrationsjahren. Ich schäme mich, gedacht zu haben, auch ich hätte gelitten, – das verblasst an ihren Erlebnissen.«[16] In keinem der vielen Briefe, in denen sie vom glücklichen Wiedersehen mit Lea berichtet, erwähnt Mascha, was der Schwester in diesen Jahren widerfahren ist – vermutlich wurde sie während des Krieges nach Russland verschleppt. Das Wiederfinden der Schwester verdankt Mascha ihrem neuen Erfolg als Dichterin. Freunde hatten ihr Foto in der Zeitung gesehen und Lea davon berichtet. Die Schwester rief sofort in der Redaktion an, doch dort teilte man ihr mit, dass Mascha Kaléko bereits abgereist sei. Lea ließ sich nicht entmutigen und telefonierte sich von Redaktion zu Redaktion, bis sie Maschas Pension ausfindig gemacht hatte, traute sich dann aber vor Aufregung nicht, selbst anzurufen. Mascha Kaléko ändert ihre Pläne, bleibt in Berlin und verlängert ihre Aufenthaltsgenehmigung bis zum Oktober, »... denn was kann mir noch so viel bieten als Lea täglich um mich zu haben? (...) Sie ist herrlich wie immer, ein Engel. (...) wir redeten wild durcheinander ...« Die beiden Schwestern sind so ins Gespräch vertieft, dass sie sogar Maschas Sendung im RIAS verpassen. Von einer Minute zur anderen hat sich Maschas Stimmung geändert: »Ich (...) bin im ganzen sehr munter und fidel. Und immer Zen ... Auch jetzt, wo ich so Grosses erlebte ... Lea zu finden ... wer hätte das gedacht ... [17] (...) ich möchte sagen, mir ist, als hätte ich ein Kind gefunden, das man mir aus der Wiege gestohlen hat ...«[18] In gemeinsamen Briefen berichten die Schwestern den Eltern und Geschwistern in Tel Aviv und Chemjo und Steven in New York von ihren Erlebnissen. Mascha trifft sich fast täglich mit Lea und genießt es, mit ihr durch Straßen zu laufen, die beide noch aus der Kindheit kennen. Der erste gemeinsame Ausflug soll nach Schwanenwerder, einer Halbinsel im Wannsee, führen. Doch die beiden verfahren sich und landen »aus Versehen« in Kladow, wo Mascha

Kaléko als Mädchen und junge Frau oft war. In der Emigration, im »heftigen Vorfrühling Manhattans«, hat Mascha ein »Sehnsuchtsgedicht« geschrieben und ihm den Titel ›Souvenir à Kladow‹ gegeben:

Ich denke oft an Kladow im April …
Noch hält der Frühling sich im Wald verborgen,
Die Ufer warten kahl und winterstill,
Und nur die ersten Knospen rufen: »morgen!«
(…)
In diesem Haus mit seinen blanken Scheiben,
Den Fliederbüschen und dem Silbermond,
Dem See, darauf die kleinen Boote treiben –
Hier hab ich achtzehn Frühlinge gewohnt.

Von meinem Herzen bleibt ein gutes Stück
Auf diesem kleinen Erdenfleck zurück.
– Und eine Stimme in mir sagt: Ich will
Die Stunde, wie sie ist, in mir bewahren.
Und sieh: da lebt sie, nach so vielen Jahren!
(…)
Souvenir à Kladow, VfZ 16

In Kladow, einem grünen Randbezirk der Großstadt, ist nur wenig von den Kriegsfolgen und Zerstörungen zu sehen. Gerührt berichtet Mascha ihrem Mann: »Und da warn wir, mitten in Kladow, und alles wie einst, die jungen Knospen an den Bäumen, die helle sonnige Märzluft über dem See, die gepflegten Wege, die Boote, – wir ließen uns mit dem Boot übersetzen, wie einst, – wir waren wie Kinder, verrückt vor Sehnsucht und Erfüllung und sagten oft zueinander: ›Ach, kneif mich doch, dass ich sehe, ich träume nicht …‹ Unbeschreiblich, dieses Erlebnis. (…) Worte sind zu arm. Dann ließen wir uns am Ufer nieder in einem der Gartenlokale und bestellten Würstchen mit Salat und saßen da und waren – im Himmel.« Mascha verschiebt den geplanten Italien-Urlaub, weil sie keinen ›Tag Familie‹ versäumen will. »Jedes Zusammensein mit mir glättet eine Falte weg in ihrem Gesicht.«[19] Maschas Begeisterung überrascht etwas, denn die Beziehung der beiden Schwestern war während der Kindheit nicht sehr eng. Die Dichterin fühlte sich immer der dreizehn Jahre jüngeren Schwester Rachel näher. Vermutlich sind sich Mascha und Lea nie zuvor so nah gewesen wie bei ihrem Wiedersehen in Berlin. Sie gehen in Cafés und Kinos, besuchen Musical- und Theater-Vorstellungen. Mascha versucht, der Schwester jeden Wunsch zu erfüllen, lädt sie zum Essen ein, macht ihr Geschenke und wünscht sich, reich zu sein: »Nicht meinetwegen … aber ich könnte das Kind etwas verwöhnen, das so viele Jahre nicht gelebt hat. Ich tus auch, ohne mirs leisten zu können. Wir wissen ja nicht, wie gut es uns geht …« Mascha Kaléko ist ein großzügiger Mensch, und obwohl es immer wieder Zeiten gibt, in denen sie sparen muss, verteilt sie gern Geschenke und lädt andere zum Essen oder zu kulturellen Veranstaltungen ein. Nach drei Monaten allein in Deutschland und so viel emotionaler Aufregung vermisst Mascha Chemjo und Steven besonders: »Nun habe ich aber langsam Sehnsucht nach Dir, und nach dem vielbeschäftigten Söhnlein. (…) Freude ist auch anstrengend …«[20] Von Steven hat sie lange nichts gehört und macht sich Sorgen um ihn. Als er ihr endlich einen Brief schreibt, legt er ein eigenes Gedicht bei, das sehr deprimiert klingt, und bittet die Mutter um ihre Meinung. Mascha ist gerührt, kommentiert die Verse aber trotzdem kritisch in einem Brief an ihren Mann: »Sein Gedicht ist begabt – aber zu kompliziert, er soll anfangen, einfacher zu werden. Größe durch Einfachheit ist größer als durch Kompliziertheit – aber das versteht man nicht bevor man 30 ist.«[21]

Mascha taucht ein in das kulturelle Leben Berlins. Sie besucht ein Karajan-Konzert mit dem Philharmonischen Orchester und genießt es, so bekannt zu sein, dass sie von den Theatern Freikarten für die Stücke bekommt, die sie interessieren. Neugierig ist sie vor allem auf das Kabarett im Nachkriegsdeutschland. Das Programm der Gruppe »Die Insulaner« im Theater am Kurfürstendamm gefällt ihr gut: »Eine Parodie auf Ostberliner Zustände. (…) Kein Essen, keine Freiheit, Personenkult, keine Kultur, Entfremdung vom Volk, schlechte Bauten etc. und nach jedem der einzeln genannten Übelstände der Refrain: ›Aber sonst is es schön im Sowjetparadies. So wird uns im

Osten verjkündet.‹ Natürlich rasten die Leute. Es herrscht in Berlin ein scharfer Kampf gegen Ost. Und die Kabaretts haben reichlich Nahrung für ihre Programme.«[22] Nach der Vorstellung trifft sie sich mit Günther Neumann und Tatjana Sais, den »Stars des Kabaretts in Deutschland«. Als Mascha Kaléko das Lokal betritt, scharen sich viele junge Leute um sie, weil sie ihre Gedichte in der Schauspielschule rezitiert oder in der Zeitung gelesen haben. Sie genießt diese Momente, bedeuten sie doch einen kleinen Ausgleich für ihre von den Nationalsozialisten zwangsweise abgebrochene Karriere als Dichterin. Mit Tatjana Sais entsteht die Idee, ein Manuskript fürs Radio zu schreiben mit Gedichten aus dem ›Lyrischen Stenogrammheft‹ und einer Rahmenhandlung. Später berichtet Mascha ihrem Mann glücklich, dass der Sender Freies Berlin von ihrem Entwurf mit dem Titel ›Abschied – Ein Solo für Frauenstimme‹ begeistert ist und ihr tausend Mark Honorar zahlen wird. Das Geld kann sie gut gebrauchen, denn das Buch-Honorar ist verbraucht und Mascha muss sparen. »Vom Gedichteschreiben kann man nur leben, wenn man schon tot ist.«[23] In dieser Situation ist es sehr willkommen, dass sie ab und zu etwas verdient. Eine Münchner Illustrierte zahlt ihr hundert Mark für den Abdruck eines Gedichtes, und der Bayerische Rundfunk lässt zwölf ihrer Gedichte vertonen. Besonders freut sich Mascha Kaléko darüber, dass eine der führenden literarischen Zeitschriften, ›Die Deutsche Rundschau‹, der sie einfach einige Texte geschickt hatte, zwei Gedichte zur Veröffentlichung angenommen hat. Aus Kassel

Mascha Kaléko im Mai 1956 in Berlin

bekommt die Dichterin eine Einladung, in einem Vortrag vom Berlin der dreißiger Jahre zu erzählen und Gedichte und Prosa zu lesen. Vor der Veranstaltung fragt sie den Buchhändler, ob sie auch kritische Gedichte lesen solle. Er ermutigt sie, das auszuwählen, was sie für richtig halte, und betont, dass es »für unsere satten Deutschen im Zeichen des Wirtschaftswunders« auch heilsam sein könne, einmal andere Töne zu hören. Mascha Kalékos Lesung vor mehr als zweihundert Leuten wird ein großer Erfolg. Sie berichtet von ihren ambivalenten Eindrücken: »Es war ein merkwürdiges Wiedersehen. Ein sehr merkwürdiges *Erlebnis*, in diesem so sehr veränderten, aber doch noch erkennbaren Berlin wieder wie vor langer Zeit auf einer Caféterrasse zu sitzen. Und wieder, wie damals – vor den sagenhaften ›tausend Jahren‹ – den Kurfürstendamm hinabzuschlendern, wieder sein Buch in den Schaufenstern der Berliner Buchläden zu sehen, wieder den Duft der märkischen Föhren im Grunewald zu wittern und das so lang vermißte Gezwitscher heimatlicher Spatzen zu hören, früh beim Erwachen. Das mag nichts Besonderes scheinen – solange man es hat. Wenn man aber, sechstausend Meilen weit entfernt und achtzehn Frühlinge lang, sich vergeblich danach sehnte, so wird alles zu einem bedeutsamen Ereignis. Nun, vieles erkannte ich wieder in meinem Berlin, und manches erkannte auch mich. Aber so viel fehlte (...) Zwanzig Jahre sind vergangen – und diese Jahre hatten es in sich. (...) Wer von uns ahnte wohl damals, daß die paar leuchtenden Jahre vor der großen Verdunkelung schon nach lumpigen zwanzig Jahren zu einer Art ›goldenem Zeitalter‹ avancieren würden ...«[24] Mascha berichtet von ihren Anfängen im literarischen Berlin und liest Gedichte. Nach dem Vortrag kommt es zu einer lebhaften Diskussion mit dem Publikum über die Folgen des Nationalsozialismus und des Krieges. Einige Zuhörer beschweren sich darüber, dass ihnen ihr mühsam errichtetes Haus weggenommen wurde, weil das Grundstück einer Familie in Palästina gehöre. Mascha zeigt Verständnis, weist aber auf das Schicksal der verfolgten jüdischen Familien hin. Sie erzählt, dass sie in Amerika ein jüdisches Mädchen getroffen habe, die einzige Überlebende einer zehnköpfigen Familie, die im Sommer bei der größten Hitze immer lange Ärmel trage, um die in die Haut eingebrannte KZ-Nummer zu verstecken. Die Zuhörer in Kassel werden sehr leise, und Mascha gesteht, dass es ihr vor einigen Jahren noch unmöglich gewesen wäre, so mit ihnen zusammenzusitzen und zu reden. Damals wollte sie von Deutschland und den Deutschen nichts wissen – »… da sass auch bei mir der Schmerz so tief, dass ich nur meine eigene Seite sehen konnte«. Aber nun sei es an der Zeit, »dass vernünftige Menschen sich wieder zusammen setzen und so miteinander reden wie wir hier«.[25] Der Buchhändler ist erstaunt, dass gerade die Jugend, für die das Berlin der dreißiger Jahre eine goldene Zeit ist, die Ausführungen der Autorin mit besonders wachem Sinn verfolgt. Nicht nur bei den Lesern, auch in der Presse findet die Veranstaltung starken Widerhall. In den ›Hessischen Nachrichten‹ heißt es: »Man muß Mascha Kaléko (…) sehen und hören. Man muß den Zauber ihrer Persönlichkeit erleben (…) Man muß die Melancholie ihrer Erscheinung und ihrer Stimme spüren, und dann weiß man, diese Lyrikerin, von brennendem Heimweh jung gehalten, ist selbst ein Stück jenes ›Zeitalters der dreißiger Jahre mit frühreifer Patina‹, von dem sie (…) erzählt hat. Sie ist ein Stück von jenem ›romanischen Café‹ mit seinen großen Namen. Wir haben es nicht erlebt, und wir sind ehrlich neidisch. (…) Alle Gedichte, besonders die neuen, noch unveröffentlichten, zeigen Mascha Kalékos dichterische Reaktion auf die Schatten der Zeit, auf die Jahre des Krieges und des großen Leides: ein Zug stiller Trauer und ein Hang zur Selbstironie durchweht alles und ist stärker als Aufschrei und Resignation.«[26] Die Dichterin freut sich über die große Resonanz auf ihre Lesung und berichtet Dr. Guggenheim: »… erstaunlich sind die Pressespalten aller drei lokalen Zeitungen, die noch, als ich schon im Auto zum Bahnhof sauste, einen Photographen schickten, der mich noch schnappschoss. (…) Zum Glück lehrte mich Kassel, dass man zuweilen durch ›Wagen‹ auch gewinnt. Ich verschwieg nicht die heftigen Zweifel, mit denen ich hier ankam (…) und ich ›erinnerte‹ ein wenig an jene schlimmen Jahre, aber tat dies mehr durch Verse, und die gingen mitten ins Herz …«[27]

Liebes fremdes Land, Heimat du, wievielte.
Park so grün wie dort, wo als Kind ich spielte.
Erster Duft im Strauch. Schüchterne Platanen.
Müßt ihr immer mich an daheim gemahnen?
Alles um mich her blüht im Sonnenlicht.
Doch der Frühling hier ist mein Frühling nicht.
(…)
Lieber fremder Baum. Weiß nicht deinen Namen,
Weil wir von weither, aus dem Gestern, kamen.
Wenn bei uns daheim dunkle Weiden weinen,
Junge Birke lacht, weiß ich, was sie meinen.
Fremder Vogel du, – sangest süß, verzeih,
Ist so trüb mein Herz. Wartet auf den Mai.
(…)
Frühlingslied für Zugereiste, VfZ 51

Als Mascha Kaléko aus Kassel nach Berlin zurückkommt, ist Frühling. Jahr für Jahr hat sie sich in New York danach gesehnt, »ihren« Berliner Frühling noch einmal zu erleben. Beglückt berichtet sie ihrem Mann im baumarmen New York, dass in einer Straße, die Kastanienallee heißt, auch wirklich Kastanien stehen und diese im Mai blühen. Sie genießt diese Jahreszeit: »… wie schön es jetzt hier ist: Der Flieder duftet die Straßen entlang, und es ist zum Wildwerden vor echtem Frühling, mitten in der Stadt. Komme eben vom Strandbad Halensee, erinnerst Du dich (…) und habe mich gesonnt. Heute früh war das Wetter zu verführerisch, ich liess alles liegen und gönnte mir meinen ersten faulen Tag. Ging zum Bus vorm Haus, fuhr 3 Minuten, rin ins Strandbad (Eintritt 30 Pf) nahm einen Liegestuhl 30 Pf pro Stunde, (…) lag (…) auf dem Stuhl in himmlischster Sonne, heiss, aber von lauem Wind und Lindenduft umfächelt. Bestellte mir 2 Eier im Glas und 1 Apfelsaft, las meine Zeitung und war 20 Jahre zurückversetzt, und es war schön, und ich betete den ganzen Weg nach Hause, dass es uns vergönnt sein möge, hier mal zu leben, oder in Italien, aber Europa im Sommer. Du wirst sofort gesund. (…) Alles duftet zum Verrücktwerden, die Bäume sind grün wie angestrichen. So frisch ... Wenn ich an den Tod glaubte,– hier könnte es einem schwerfallen zu sterben.«[28] Während sie aus Hamburg noch schrieb: »Ich bin sehr zu Besuch hier«[29], fühlt sie sich ein Vierteljahr später im Berliner Frühling fast schon heimisch: »Berlin ist lebendig, und ich bin so eingelebt hier, wer hätte das gedacht nach dem ersten Eindruck ... alles ist unbeständig, auch das. Aber so lang es so ist, freuen wir uns des Augenblicks, das tue ich.[30] (...) Ich fühle mich gesundheitlich so wohl in Berlin wie nicht seit 18 Jahren. (...) Ich geh durch die hellen Maistraßen (...). Es ist unbeschreiblich, immer das Windchen wenns auch 30 Grad sind.«[31] Mascha Kaléko kann es kaum erwarten, mit ihrem Mann durch das alte neue Berlin zu laufen – gerade im Frühling, wenn das Wetter für sein Asthma günstig ist. »Das Klima bedrückt einen nicht, und die vielen Bäume und Blumen, mitten unter Trümmern, und die blühenden Apfelbäume in den vielen Gärten und Laubenkolonien, so mitten in der Stadt, hinreissend. Befreiend, die Nähe der Natur.«[32] Fast ein halbes Jahr haben sich Mascha und Chemjo nicht gesehen, noch nie waren sie so lange voneinander getrennt. Da Maschas Aufenthalt in Berlin länger als geplant dauert und sie in der Stadt als Dichterin so gut aufgenommen wird, will Chemjo sie besuchen. Das hat auch noch einen praktischen Grund. Mascha hat endlich den Senator getroffen und bei ihm wegen eines Rentenanspruches von ihr und ihrem Mann vorgesprochen. Sie erklärt ihm, dass vor allem ihr Mann an »von der Verfolgung verursachten Krankheiten« leide. Seine Atemnot-Anfälle rühren von den Verhören durch die Gestapo her, denen er in den letzten Jahren in Berlin ausgesetzt war. Die Anfälle treten immer auf, wenn er sich aufregt. Der Senator hat Verständnis, legt ihr aber nahe, dass sich ihr Mann in Berlin einer ärztlichen Untersuchung unterziehen müsse. Auch Mascha erwartet Chemjo sehnsüchtig: »Wenn wir nur schon wieder zusammen wären, ich weiss kaum noch wie du aussiehst.«[33]

Einerseits genießt es Mascha, »nach den relativ stillen Jahren in New York« wieder gefragt zu sein, und freut sich, dass man sie »spaltenlang bespricht, begrüßt und be-photot«, andererseits fühlt sie sich aber auch gehetzt und wünscht sich, »mal ohne literarische Mission, so ganz faul und privat« in Berlin zu sein.[34] Doch die Dichterin will ihren Aufenthalt nutzen, um die literarische Szene in Berlin kennenzulernen und neue berufliche Kontakte zu knüpfen. Sie begegnet der Journalistin und Autorin Herta Zerna, die sie zu einer Zusammenkunft der ehemaligen »Romanischen« mitnimmt und ihr erzählt, wie schwierig es für Autoren von damals sei, Artikel in Zeitungen unterzubringen. Die Kluft zwischen den Vor-Hitler-Intellektuellen und den jungen, ehemaligen Nationalsozialisten, die nun überall als Redakteure sitzen und eine andere Sprache sprechen, sei sehr groß. Das Treffen in einer Berliner Kneipe bei Bier und Schnaps enttäuscht Mascha, mit den lebhaften Diskussionen im »Romanischen Café« der zwanziger und frühen dreißiger Jahre hat es nichts gemein. »Berlin von einst ist (...) eine Legende im Mondlicht geworden. (...) Man ist nahezu klassisch, wenn man jener Ära entstammt.« Von den früheren Kollegen ist kaum mehr einer in der Stadt. Nur Valeska Gert, die als avantgardistische Tänzerin und Schauspielerin in der Weimarer Republik bekannt wurde, 1938 emigrierte und 1947 nach Europa zurückkehrte, hat ein »Kellnerkabarett« eröffnet, in dem die Kellner nicht nur bedienen, sondern auch Verse und Sketche vortragen. Doch auf Mascha Kaléko wirkt das Unternehmen wie ein Abklatsch der einstigen Kabaretts der zwanziger Jahre. Beeindruckt ist sie von der Bewunderung, die die jungen Leute der 64-jährigen Valeska Gert entgegenbringen, die noch immer als Vamp auftritt und zu einem Treffen im Café Bristol im roten Wildledermantel mit schwarzem Hut auftaucht. Doch von den biederen, wohlgenährten Berlinern, die sie von der Terrasse des Café Kranzler aus beobachtet, ist Mascha Kaléko enttäuscht: »von Bohème keine Spur.«[35] Gottfried Benn gratuliert sie zum siebzigsten Geburtstag und schickt ihm ›Das Lyrische Stenogrammheft‹ mit dem Zusatz: »Ich war sehr jung als ich das alles schrieb.«[36] Der Dichter antwortet ihr: »Seit in den Zeitungen die ersten Gedichte von Ihnen auftauchten, verfolge ich Sie und Ihren Namen mit grosser Aufmerksamkeit. Wenn ich mich von einem sehr schmerzhaften Leiden erholt habe, werde ich versuchen, Ihnen persönlich zu begegnen.«[37]

Doch zu einem Treffen beider Autoren kommt es nicht. Gottfried Benn stirbt am 7. Juli 1956 an Wirbelsäulenkrebs. Fünf Tage später nimmt Mascha Kaléko an seiner Beerdigung auf dem Waldfriedhof Dahlem teil und kondoliert seiner Frau: »… unter den Trauernden, die Ihnen auf diese Weise das Wenige sagen, das sich wirklich sagen lässt, mag auch ich nicht fehlen. Die Welt ist ärmer ohne einen Albert Einstein, einen Thomas Mann, einen Gottfried Benn. Und für mich hat Berlin, das ich nach langem wiedersehe, einen hohen Stern verloren.«[38] Diese Einschätzung überrascht, denn sicher weiß Mascha Kaléko, dass der Dichter die Machtübernahme durch die Nationalsozialisten 1933 zunächst begrüßte, wenn er auch seinen Irrtum schnell erkannte, sich später von dem neuen Regime distanzierte und aus der Reichsschrifttumskammer ausgeschlossen wurde. Vielleicht hat die Dichterin, die in dieser Hinsicht äußerst sensibel ist, in diesem Fall das dichterische Werk Benns über die Moral des Autors gestellt.

Mascha Kaléko wird von einer Welle des Erfolges getragen. Nur drei Monate nach dem Erscheinen des Buches hat der Rowohlt Verlag bereits vierzigtausend Exemplare vom ›Lyrischen Stenogrammheft‹ verkauft. Allerdings hält die Autorin die äußere Aufmachung des Buches, dessen Umschlag eine Seite mit Stenographie-Schrift zeigt, für misslungen und wünscht sich eine andere Ausstattung. Sie berichtet dem Verleger, dass Menschen, die den Titel nicht kennen, das Buch für die Erinnerungen einer Stenotypistin halten würden.[39] Ledig-Rowohlt erklärt, dass gerade die Taschenbücher ihren Erfolg »mehr mit der Dynamik der Reihe selbst als durch die individuelle Note des Äusseren« erzielen würden. Er lobt ihre neuen Gedichte, die ab und zu in Zeitungen und Zeitschriften erscheinen, »in denen Sie auf neue reizvolle Weise doch ganz die Alte sind«.[40] Mascha Kaléko versucht, sein Interesse an ihren neuen Gedichten zu steigern, und berichtet ihm von Berliner Buchhändlern, die schon nach »neuen Versen« fragen: »… die Kostproben, die in der Presse kürzlich erschienen, haben den Appetit angeregt. (…) In Berlin ist man nach wie vor sehr interessiert an mir. (…) Ich wünschte ich könnte so rasch produzieren wie ich jetzt absetzen könnte.[41] (...) Meine neuen Verse erfreuen sich grosser Beliebtheit bei Presse, Funk und ausschnittbewahrenden Lesern, die sie mir sogar zum Autographieren vorlegen ... Berlinern schlägt ein Herz unter der berühmten ruppigen Schale. Manche schreiben, sie hofften, ich würde doch eine Heimat hier wieder finden, wenn auch leider das Berlin, das ich ›noch immer suche‹, nicht mehr da sei ...«[42] Seit ihren frühen literarischen Erfolgen hat Mascha Kaléko eine besondere Beziehung zu ihren Lesern, die nicht nur ihre Gedichte, sondern auch die charmante und witzige Dichterin ins Herz geschlossen haben. Das zeigt sich vor allem bei ihren Lesungen. Mascha tritt den Menschen mit einer Offenheit entgegen, die manche überrascht: »... ich schmiere keinem Honig um den Mund, ich bin geradezu, und keck und ehrlich«.[43] So nimmt sie nicht nur Leser, die ihre Texte schon kennen, für sich ein, sondern wird auch von neuen entdeckt. Der Portier im »Hotel am Zoo« bringt regelmäßig ihre Briefe zum Postamt, seit er ihr Bild im ›Tagesspiegel‹ gesehen und ihr Gedicht ›Sozusagen ein Mailied‹ gelesen hat. »Na, hat es Ihnen Spaß gemacht?« fragt ihn die Autorin, und er antwortet: »Aber, Gnäfrau. ›Spass‹ ist wohl nicht das rechte Wort, – erschüttert hat es mich.«[44] Gerade in ›ihrer‹ Stadt Berlin genießt es Mascha Kaléko besonders, erkannt und auf ihre Gedichte angesprochen zu werden. Einmal sitzt sie in einem Restaurant einem missgelaunten Herrn gegenüber und liest Zeitung. Plötzlich unterbricht er sie bei ihrer Lektüre und sagt: »Ich sehe Sie so eine Weile an und finde, dass Sie der Mascha Kaléko ähnlich sehen, hat man Ihnen das schon mal gesagt?« Mascha antwortet kurz: »Ja«, und will weiter lesen. Der Mann lässt nicht locker: »Kennen Sie das Lyrische Stenogrammheft?« Mascha erwidert: »Ja.« Er kann sich nicht beruhigen und ruft: »Frappant diese Ähnlichkeit!« Darauf Mascha: »Das kommt vielleicht daher, dass ich Mascha Kaléko bin.«[45] Andere Leser schreiben ihr rührende Briefe. Ein Mann schickt dem ›Tagesspiegel‹, der Mascha Kalékos Gedicht über Kladow veröffentlicht hat, zwanzig Fotos von Kladow für die Dichterin. Sie stellt fest, dass diese Aufnahmen zufällig genau an dem Tag gemacht wurden, als sie mit ihrer

Schwester Lea dort war, und auch die Stelle am Wannsee zeigen, wo sie saßen. Ihrem Mann schreibt sie: »Alles ist mysteriös, und ich habe das Gefühl in Europa bin ich wieder Ich.«[46]

(…)
Es ostert schon. Grün treibt die Zimmerlinde.
Wies heut im Grunewald nach Frühjahr roch!
Ein erster Specht beklopft die Birkenrinde.
Nun pfeift der Ostwind aus dem letzten Loch.
Und alles fragt, wie ich Berlin denn finde?
– Wie ich es finde? Ach, ich such es noch!

Ich such es heftig unter den Ruinen
Der Menschheit und der Stuckarchitektur.
Berlinert einer: »Ick bejrüße Ihnen!«,
Glaub ich mich fast dem Damals auf der Spur.
Doch diese neue Härte in den Mienen …
Berlin, wo bliebst du? Ja, wo bliebst du nur?
(…)

Wiedersehen mit Berlin, LJ 43f.

Trotz der positiven Erlebnisse verliert Mascha Kaléko nicht ihren kritischen Blick auf die Stadt und ihre Einwohner. Als sie einmal vorn statt hinten – wie vorgeschrieben – in einen Bus einsteigt, wird sie sofort von zwei alten Frauen mit »ekelhaften Hundegesichtern« zurechtgewiesen. Gegenüber sitzt eine Dame mit »menschlichem Gesicht«, die sie anlächelt und ihr zuzwinkert. »Aber den Mut, das auszusprechen, wie man es bei uns drüben hätte, das hatte auch diese nette Dame nicht, denn Zivilcourage ist fremd hierzulande. Man merkt doch die Hitlerjahre den Menschen an, dem Pöbel besonders.«[47] Als ihr der gleiche Fehler ein paar Wochen später noch einmal passiert, schließt der Schaffner die Tür und klemmt sie ein: »Dann merken Se sich det fors nechste Mal«, zitiert Mascha ihn in ihrem Brief an Chemjo und urteilt: »Die Leute sind verroht, (…) entweder sind sie servil und voll von kriechender Demut oder nazibrutal. Natürlich sind nicht alle so, aber immerhin, es macht sich fühlbar, wenn man länger hier ist. Touristenglück sieht nicht alles.«[48] Maschas Gefühle der Stadt gegenüber bleiben ambivalent. Als sie an ihren bevorstehenden Abschied von Berlin denkt, ahnt sie: »... ich werde dicke Tränen weinen, obgleich ich die Narben überall noch immer spüre.« Sie zieht Bilanz, erinnert sich an die unzerstörten Gegenden, die noch wie früher aussehen, und an blühende Bäume. Aber auch an den Telefonanruf einer Schauspielerin, die ihr von einer Probe mit einem Fernsehregisseur berichtet. Der »sympathische Mensch mit ordentlichen Ansichten« sagte zu den Darstellern: »Das sitzt noch nicht. (...) Das proben wir bis zum Vergasen.« »Also das genügt dann wieder, mich auf New York zu freuen ...«[49] Ihrem Sohn, der befürchtet, seine Eltern könnten für immer nach Deutschland zurückkehren, lässt sie durch ihren Mann bestellen: „Sag ihm, obgleich ich Europa liebe, (...) es gibt nur ein Amerika, und Freiheit ist nur dort, (...) nirgends ist ein Individuum so frei und nirgends ist so viel Toleranz. Schon gar nicht in Deutschland, und in Berlin zuletzt. Man muss länger hier sein, um das zu sehen, Touristen sehen nur die schönen Hotels und Geschäfte (...) viel Annehmlichkeiten, aber der Alltag ist schwer.«[50] Die politische und soziale Situation im Berlin der Nachkriegszeit ist nicht einfach. Die Stadt liegt wie eine Insel mitten in der DDR. Viele Ostberliner verlassen den russischen Sektor der Stadt, weil die wirtschaftliche Entwicklung in den Westsektoren schneller vorangeht. Doch nicht nur immer mehr Westberliner, auch Banken und Verlage ziehen nach Westdeutschland, weil sie glauben, die von einem sozialistischen System eingeschlossene Stadt habe keine Zukunft. Mascha Kaléko sieht das anders, weil der amerikanische Millionär Hilton an der Gedächtniskirche ein »tolles Hotel« baut – wie sie ihrem Mann berichtet: »So nüchterne Geschäftsleute müssen wissen was sie tun. Vielleicht kommt doch ne Vereinigung?« Sie glaubt, dass es sich für die Russen nicht lohne, den Berliner Osten zu halten. »... aber ich bin wohl nicht typisch und verstehe zu wenig von Politik, – andere denken, die Russen geben das auf keinen Fall auf.«[51]

Mitte Juni kommt Chemjo Vinaver nach Berlin. Mascha hatte ihm geschrieben: »Mir gehts gut, habe weiter den gleichen Erfolg mit allem. Erwarte dich sehnlichst und verschiebe meinen Geburtstag auf den Tag Deiner Ankunft.«[52] Endlich können sie gemeinsam die Straßen und Plätze von früher besuchen und das neue Berlin entdecken. Chemjo bekommt das Berliner Klima gut, was Mascha so kommentiert: »In Berlin – ausgerechnet – war er asthmafrei, Ironie des Schicksals...«[53] Einmal fahren sie in den Norden Berlins nach Tegel. Doch Mascha ist vom »Ausflugsrummel mit Paukenmusike bis nachts um drei rund um den Tegeler See« genervt und froh, wieder an ihren »friedlichen Kudamm« zurückzukehren. Dort bewohnen sie ein Zimmer im Hotel Metro. Das ungewohnt beengte Zusammensein über mehrere Wochen führt zu Reibereien zwischen dem Künstlerpaar. Nach Chemjos Abreise gesteht Mascha ihrem Mann in einem Brief: »Jetzt fange ich wieder an, Sehnsucht nach Dir zu haben (Mit all deinen Fehlern). Wir begingen eine Dummheit, dass wir immer ein Zimmer hatten. Seit 15 Jahren muss jeder sein Zimmer haben, und auf einmal pressen wir uns wie Sardinen zusammen. Und es wäre auch nicht teurer gewesen, da man ja pro Bett zahlt. Nächstes Mal wird alles ideal werden, ich schwöre es mir. Ich brauche Dich. Wenn auch nicht von früh bis spät. Aber spät brauche ich dich doch. – Du mich auch? Oder hast du genug von mir? Ich war so gereizt, hatte ein bisschen viel auf einmal erlebt in den wenigen Monaten.«[54]

Nach Chemjo Vinavers Abreise trifft im September Maschas jüngste Schwester Rachel in Berlin ein. Es ist das erste Zusammentreffen der drei Schwestern seit mehr als zwanzig Jahren. Mascha erwähnt in einem Brief an Chemjo nur, dass sie zusammen Bach-Platten gehört haben und in Tränen ausgebrochen sind. Als ob sie sich der Rührung schämt, beendet sie die kurze Schilderung mit einem »Nun genug davon.«[55] Mascha Kalékos erster Berlin-Aufenthalt nach der Emigration war für sie nicht nur privat, sondern auch beruflich aufregend und eindrucksvoll. Nach einer Veranstaltung mit Musik im Englischen Garten im Juli 1956 bedauert der Rezensent des ›Tagesspiegels‹, dass dies Mascha Kalékos letzte Lesung in Berlin vor ihrer Heimreise war: »Es fällt einem nicht leicht, einzusehen, daß Menschen wie sie, die doch eigentlich ganz hierher gehören, nur noch als flüchtiger Gast zu uns kommen. (...) Man wird die eigenartige Melodie aus verschämter Schnoddrigkeit und lächelnder Trauer nicht so rasch aus dem Ohr verlieren.«[56]

> (...)
> Auf meinem Herzen geh ich durch die Straßen,
> Wo oft nichts steht als nur ein Straßenschild.
> In mir, dem Fremdling, lebt das alte Bild
> Der Stadt, die so viel Tausende vergaßen.
> Ich wandle wie durch einen Traum
> Durch dieser Landschaft Zeit und Raum.
> Und mir wird so ich-weiß-nicht-wie
> Vor Heimweh nach den Temps perdus ...
> (...)
> *Wiedersehen mit Berlin, LJ 43f.*

»... meine Zeit muss wieder kommen ...«

– ERFOLGE UND ENTTÄUSCHUNGEN –

Nach den erlebnisreichen und aufregenden Monaten in Deutschland gönnt sich Mascha Kaléko einen Urlaub. Sie erfüllt sich einen alten Wunsch und reist Anfang Oktober 1956 in die Schweiz nach Ascona, einem ihrer Sehnsuchtsorte. »Trägt nicht ein jeder von uns heimlich einen alten Ortsnamen mit sich herum als etwas Unerledigtes auf dem Kalender, das irgendwann nachzuholen wäre?«[1] In Ascona ist es noch warm, und sie wird die Bronchitis, an der sie in Berlin erkrankt war, und den »quälenden Husten« schnell los.[2] Sie genießt den Blick auf den Lago Maggiore, doch die Einheimischen wirken auf sie trocken und unpoetisch. »Die Schweizer kommen mir vor als denke jeder: Ich brauch mir keine Müh zu geben, das tut die Landschaft schon. Aber bedient wird man besser als in Berlin. Und ehrlich sind sie auch.«[3] Ascona galt in den zwanziger Jahren im »Romanischen Café« als der »Treffpunkt für Former und Reformer«, an dem man »der großstädtischen Zivilisation, den diversen geistigen und kulturellen Korsetten der ›goldnen zwanziger Jahre‹« entfliehen konnte. Seitdem war die Dichterin neugierig auf den Schweizer Kurort, den sie in ihrem ›Novemberbrief aus Ascona‹ stimmungsvoll und zugleich ironisch beschreibt: »Hast du Glück, funktioniert die Sonne vom Zehnuhrkaffee an bis zum Espresso um drei. Dazu ist sie vertraglich verpflichtet, laut Reiseprospekt und ›Statistik der sonnenreichen Tage im Tessin‹. Nichtsdestoweniger – aber, bitte nicht der Kurverwaltung weitersagen – schon gegen vier bezweifelt der zitternde Zugereiste, daß es hierorts auch nur einen halben Sonnenstrahl gegeben haben könnte. So heimtückisch überfällt dich der Abend. Bläulich grau hängt er mit einem Mal über dem Lago Maggiore. (...) Die Interpunktion der Landschaft, Tag um Tag lernst du sie besser lesen. Dort, die Bucht trägt seit gestern den sanften Novemberschleier um die Schultern, und die Berge im Nebel schweigen. Den See hast du nun ganz für dich, und siehe da, er ist ein herrlicher See, sobald man ihn von parkenden Autos befreit. Ein kleines Boot huscht vorbei, schattenhaft. Darüber, gelblich-perlmuttern, das erste Mondviertel, die Sense – ein japanischer Holzschnitt, wie er im Buche steht. Dämmerstunden, aus Schwermut gesponnen, mit etwas Heimweh durchwirkt für den einsamen Fremden. (...) Menschenleer die Straße, schon flammen die ersten Lichter auf und die Lampen in den alten Dorfhäusern. Auf jeden Schritt antworten dir die Pflastersteine, und du schlenderst dahin, begleitet vom Echo der sich eng windenden Gassen. (...) Jetzt findet nämlich hierorts eine Jahreszeit statt, die es eigentlich nicht gibt: zu kahl für Sommer, zu grün für Winter. Und den Herbst haben sie auch schon ›eingemottet‹, zusammen mit den bunten Terrassensesseln ...« Diese Atmosphäre mit viel Ruhe und wenig Ablenkung ist ideal zum künstlerischen Schaffen. Mascha Kaléko will ihren Aufenthalt nutzen, um die vielen Eindrücke nach »der Zeit der Aufnahme«, den aufregenden Monaten in Berlin, aufzuschreiben und die geplanten Manuskripte fürs Radio zu entwerfen. Doch der Ort wirkt nicht befruchtend auf sie und konzentriertes Arbeiten stellt sich nicht ein. »Ich habe eine unproduktive Zeit und das Gefühl, es läßt sich nicht erzwingen – meine Zeit muss wieder kommen. (...) man muss abwarten können.«[4] Das scheint ihr nicht zu gelingen, sie ist unzufrieden, fühlt sich ziellos und ohne Arbeitslust. »Ich bin nicht mal konzentriert um Zen zu lesen, das will was heißen. Dabei habe ich alle Bedingungen zur Ruhe und zum Arbeiten. Und weil ich das nicht richtig nutze, bin ich schlechter Stimmung. Wenn ich mit gutem Gewissen faulenzte, bis ichs satt habe, würde die Arbeitslust von allein kommen, – vielleicht?« Sie vermutet, dass »all das Neue« sie »noch zu sehr beschäftigt, um die Ruhe zum Arbeiten zu haben, – dazu muss ich von draußen her gelangweilt sein, das bin ich aber nicht«.[5] Noch immer ist der Schweizer Kurort ein beliebtes Ziel nicht nur für Touristen, sondern auch für viele Künstler und Emigranten. Erich Maria Remarque, 1929 durch seinen Antikriegsroman ›Im Westen nichts Neues‹ bekannt geworden, zog schon 1931 nach Ascona, emigrierte 1939 nach New York und kehrte nach dem Krieg wieder in die Schweiz zurück. Er kennt Ascona seit »einem Vierteljahrhundert« und versichert Mascha Kaléko bei einem »stundenlangen« Gespräch im Café, dass der Ort die meisten Künstler eher zum Nichtstun als zum Schaffen anrege: »Wie vielen bin ich schon begegnet auf der Piazza, frisch angekommen mit dem Vorsatz, in Ascona ›das Werk‹ zu schaffen, zu vollenden! Bald aber sah man sie gemächlich mit den anderen im Sonnenschein vor dem Albergo sitzen und fleißig auf den Lago Maggiore blicken.«[6] Der Schriftsteller beklagt sich darüber, dass ihn die Literaturkritik seit seinem Erfolgsroman nicht mehr ernst nehme, und fragt Mascha Kaléko nach ihren neuen Texten, weil er nur ihre »Sachen von damals« kenne. Auch in der Schweiz wird sie als Autorin geschätzt. Robert Neumann, ein jüdischer Autor und Publizist, der 1934 nach Großbritannien emigrierte und nun in Ascona wohnt, lädt sie zu einem Treffen mit den Intellektuellen des Ortes ein. Dort ist Mascha Kaléko »der berühmte Gast des Abends«, doch auch das muntert die Dichterin nicht auf. An Chemjo schreibt sie fast gleichgültig: »Ich (...) genoss es, (...) wie ich derartiges neuerdings zu ›geniessen‹ pflege, – mit einem Wissen: was das schon wert ist.«[7] Diese Äußerung macht Kalékos Stimmungsumschwung deutlich, denn in Berlin konnte sie ihren Erfolg noch genießen. In dieser Verfassung vermisst sie ihren Mann besonders. »Es wird mir klarer noch als klar, wie sehr ein Mensch seine ›zweite Hälfte‹ braucht. Was ich in Deiner Gegenwart so einfach hinnehme, das ist mir Luft zum Leben (…) Zusammen aufstehen, zusammen essen. Der ganze Tag kann (…) und soll dann getrennt verbracht werden, aber es gibt (…) ein Heimkommen …«[8] Als sie sich auch noch über den Rowohlt Verlag ärgert, der ihr die vereinbarten dreißig Prozent Funkhonorare nicht zahlen will, bekommt Mascha Kaléko Gallenschmerzen. Die Deutschlandreise hat das Buch-Honorar aufgebraucht, und auch im Urlaub muss die Dichterin sparen. Aber es geht nicht nur ums Geld, sie fühlt sich als Autorin nicht gewürdigt, zumal sich ihr ›Lyrisches Stenogrammheft‹ weiterhin sehr gut verkauft. An Peter Zingler schreibt sie im Oktober 1956 aus Ascona einen deutlichen Brief: »Dass Sie ›das lyr. St.‹ für Funk wahrnehmen und abrechnen, haben wir nicht vereinbart. Nicht, dass Sie nicht wiederholt das Thema mit mir diskutiert hätten. Aber mein letztes Wort – und Sie waren gar nicht entzückt davon – war: Ich bin auf die Funkhonorare angewiesen und kann die in meinem Vertrag ausbedungenen Funkrechte einstweilen nicht abtreten oder teilen. (…) Ich hoffe, dass diese Angelegenheit nun bald in Ordnung gebracht wird, denn ich bin tatsächlich auf die Beträge angewiesen, was ich von dem Rowohlt Verlage, der so schön blüht und gedeiht, nicht annehmen möchte.«[9]

Im November 1956 fährt Mascha Kaléko nach Rom – auch das war ein alter Traum von ihr. Schon in den dreißiger Jahren plante sie eine Reise in die »Ewige Stadt«, die jedoch wegen der Geburt ihres Sohnes verschoben wurde. In Rom bessert sich ihre Stimmung, Land und Leute wirken belebend auf sie: »Das Temperament der Italiener und ihre kultivierte Art im grossen ganzen ist unverändert – wie ich sie schon 1935 fand, als ich zuerst in Venedig war. (…) Die Italiener sind lebhaft, interessant, und von einer natürlichen Anmut. Alles ist so schön und künstlerisch – vom Essen bis zum letzten Barsessel.« Sie besichtigt das Kolosseum, wandert begeistert durch den Borghese

Park und bedauert, dass die Amerikaner keine grünen Oasen voller Statuen haben, besucht das Forum Romanum und die Sixtinische Kapelle: »Dass ich in Rom war und den Papst nicht sah, würde ich überleben, aber die berühmtesten Fresken des Michelangelo muss ich schon sehen.« Nur eines stört sie an Rom: Sie muss früh ins Bett gehen, weil eine Dame allein sich nicht amüsieren kann, ohne angestarrt zu werden. In Berlin konnte sie nachts durch die Straßen streifen, in der italienischen Hauptstadt ist das undenkbar. Immer mehr vermisst sie ihren Mann: »Diese Dinge – sehen und besichtigen – tue ich gern allein, aber sonst hätte ich dich gern bei mir. (…) Es gibt süße alte Droschken, und wärst du hier, kann ich mir nichts Herrlicheres denken, als mit dir in so einer Droschke durch die Altstadt zu kutschieren.«[10]

Noch in Ascona hat Mascha Kaléko erfahren, dass ihr Vater in Tel Aviv überraschend gestorben ist. Diese Nachricht ist ein Schock für sie. Seit ihrer Kindheit war ihr Verhältnis zum Vater enger als das zur Mutter. Ein Gedicht, das sich vermutlich auf seinen Tod bezieht, nennt sie elf Jahre später in einem Interview »ihr liebstes Gedicht«.[11] Zu ihren Lebzeiten hat sie es nicht veröffentlicht.

Du lebtest auf einer Insel,
Die dich nur trug.
Der Himmel und zwei Fußbreit Boden.
Das war genug.
(…)
Du konntest nicht fordern, noch bitten,
Begrubst deine Träume stumm.
Und hast wie Hiob gelitten,
Doch ohne sein Warum.

Viel Küsten dein Schiff umkreiste,
Du warst in der Menge allein.
Ein Wort hie und da. Doch das meiste
Schwiegst du in dich hinein.

Nun schläfst du in Kanaans Erde.
... Das hattest du erreicht:
Der Himmel und zwei Fußbreit Erde.
O, werde sie dir leicht.
Zum 30. Oktober, LJ 120

Ihr Bruder Haim und ihre Schwester Rachel bitten Mascha, sofort nach Israel zu kommen. Der Mutter geht es nach dem plötzlichen Tod ihres Mannes, der nur einen Tag krank war, sehr schlecht. Sie hat wieder Depressionen, und die Geschwister befürchten, dass sie versuchen wird, sich das Leben zu nehmen. Mascha weiß, dass sie zur Mutter reisen müsste. Doch sie fühlt sich dazu nervlich nicht in der Lage und möchte – trotz ihres schlechten Gewissens den Geschwistern gegenüber – so schnell wie möglich nach Hause. Ihren ursprünglichen Plan, in Italien zu überwintern und im Frühjahr 1957 wieder nach Berlin zu gehen, gibt sie auf. Ihrem Mann schreibt sie: »Ich bin nicht imstande, meine Reise fortzusetzen (...) Ich habe eine Art Panik, ich komme heim. (...) Karriere ist ganz schön, aber für eine Frau allein ein Jahr lang oder länger ist eben zu viel. (...) Allein nie mehr auf längere Zeit.«[12] Nach einigen Schwierigkeiten, kurzfristig eine Schiffspassage nach New York zu bekommen, reist Mascha Kaléko schließlich auf der »Queen Elizabeth II« zurück und ist – nach elf Monaten Abwesenheit – Anfang Dezember 1956 wieder zu Hause.

Das Jahr 1956 ist für Mascha Kaléko sowohl beruflich als auch privat eines der aufregendsten ihres Lebens gewesen. Das Wiedersehen mit Berlin, der Stadt, die sie am ehesten als ihre Heimat empfindet, das Zusammentreffen mit der totgeglaubten Schwester und der überraschende Tod des Vaters sind Ereignisse, die der Dichterin sehr nahegehen. In Berlin hatte sie – wie schon in den dreißiger Jahren – wieder Ohnmachtsanfälle. Kaum nach New York zurückgekehrt, wird sie krank. Die Mediziner vermuten, dass ihre Galle nicht richtig funktioniert, doch sie hat wenig Vertrauen zu den Ärzten und ihre eigene Theorie über die Ursachen: »Ich glaube (...), dass Krankheit zunächst mal von der ›Seele‹ oder vom ›Geiste‹ her kommt. Und was dieses Department betrifft, so bin ich nicht ganz auf der Höhe und bin nicht zufrieden mit mir. Womit das zusammenhängt? Mit vielem, aber im Grunde doch wohl nur mit einem. Der Tod meines Vaters, – und dass meine Mutter so schwer krank ist.« Mascha hat nicht nur Gallenbeschwerden, sondern auch eine Allergie der Atemwege. Aber sie ist froh, wieder bei ihrer Familie zu sein. Auch Chemjo Vinaver erfährt nun als Musiker und Komponist Anerkennung, gibt Chor-Konzerte und macht Tourneen. Die Veröffentlichung seiner Anthologie jüdischer Musik mit einem Titelbild von Marc Chagall hat Aufsehen erregt. Diese Sammlung enthält nicht nur eigene Werke Vinavers, sondern auch Arnold Schönbergs letzte Komposition, die Vertonung des 130. Psalms. Chemjo Vinaver schickt Exemplare seines Buches an Albert Schweitzer, Paul Hindemith und Leonard Bernstein und erhält durchweg positive Resonanz.

Der zwanzigjährige Steven studiert Literatur und Drama an einem College, das drei Stunden von New York entfernt liegt, und besucht die Eltern am Wochenende. »Worauf wir uns immer heftig freuen. Was neu ist, denn er hatte eine stürmische Pubertät deren Wellen haushoch gingen, und die unser einst so schönes Verhältnis zu dritt sehr in die Brüche schlugen, aber nun wacht er auf und findet, dass er ganz nette Eltern hat.« Steven hat sowohl die musikalische Begabung seines Vaters als auch die poetische seiner Mutter geerbt. Dem auf mehreren Gebieten talentierten Sohn fällt es nicht leicht, sich für eine Kunstrichtung zu entscheiden, vermutlich steht er unter hohem Leistungsdruck durch die kreative Produktivität seiner Eltern. Vielleicht wählt er deshalb weder die Musik noch die Poesie, sondern arbeitet an einem Theaterstück und will Regisseur werden. Aus Berlin hat Mascha ihm alle Theaterprogramme mitgebracht. Die Eltern haben dem Sohn keine Steine in den Weg gelegt, sondern seine Begabungen gefördert. Nun muss er seinen Weg selbst gehen. In Mascha Kalékos Gedicht ›An mein Kind‹ heißt es:

(...)
Ich kann vor keinem Abgrund dich bewahren,
Hoch in die Wolken hängte Gott den Kranz.
Nur eines nimm von dem, was ich erfahren:
Wer du auch seist, nur eines – sei es ganz!
(...)
An mein Kind, VfZ 34

Mascha Kaléko fällt es schwer, sich wieder an das New Yorker Leben zu gewöhnen. Einer Freundin schreibt sie: »Ich bin auch nicht mehr zuhause hier seitdem ich in Europa war.«[13] Das zeigt, wie wichtig, aber auch verwirrend der Deutschland-Besuch für die Dichterin war. Um den Kontakt zum deutschen Kulturleben nicht zu verlieren, bittet sie Inter Nationes, eine Organisation, die sich um die Verbreitung deutscher Kultur im Ausland kümmert, um Zusendung von Material. Sie erhält daraufhin regelmäßig die Zeitschriften ›Akzente‹, ›Lyrik unserer Zeit‹, ›Die Barke‹ und die ›Bücher-Kommentare‹ sowie zahlreiche Gedicht-Anthologien, u. a. ›An den Wind geschrieben – Lyrik der Freiheit 1933–45‹ und die von Gottfried Benn eingeleitete Sammlung ›Lyrik des expressionistischen Jahrzehnts‹.

Nach dem Erfolg der Neuauflage des ›Lyrischen Stenogrammhefts‹ will der Rowohlt Verlag auch Mascha Kalékos Emigrations-Gedichte, die 1945 nur in Amerika erschienen waren, veröffentlichen. Doch über die geplante Ausgabe der ›Verse für Zeitgenossen‹ kommt es zu einer Kontroverse zwischen der Autorin und dem neuen Lektor Wolfgang Weyrauch. Er wirft der Dichterin Ungenauigkeiten im Umgang mit Reim, Grammatik und Rhythmus vor und will mehr als ein Drittel der Gedichte streichen: »Zum einen ergeben sich thematische Wiederholungen; (...) zum anderen geraten Sie mitunter in weltanschauliche Erörterungen, die zweifellos von einer intensiven menschlichen Erschütterung eingegeben sind, die aber andererseits in der Wahl der Formulierungen in der Üblichkeit stecken bleiben. Sodann fallen Sie zuweilen einer Überbetonung des Gefühlsmässigen anheim, die jeweils der Sache schadet, welche Sie im Sinne haben.«[14] Mascha Kaléko reagiert selbstbewusst und professionell auf diese Vorwürfe und beruft sich auf ihre dichterische Freiheit. In einem ausführlichen Brief listet sie ihre vermeintlichen »Verstöße« auf und führt zu ihrer Verteidigung Heine, Brecht, Wedekind, Werfel und Ringelnatz an. »Mit Buchstabenkritik und tierischem

Mascha, Chemjo und Steven in ihrer Wohnung in der Minetta Street, Juni 1958

Ernst ist dieser Art von Lyrik nicht beizukommen, und das gilt auch für die Verse von MK. – Bewegt doch auch mein Gedicht sich nur selten in sogenannten höhren [sic] lyrischen Gefilden, sondern treibt sein Unwesen vorzugsweise in den sagen-wir-mal ›Niederungen‹ der täglichen Umgangssprache, dem gefühlsbetonten Volksliede und [ist] dem satirischen Bänkelsänger näher als etwa dem pompösen Ideal klassischer Formkunst, das den ach so zahlreichen Rilke-Epigonen und ›Auch-Georges‹ vorschweben mag.« Wolfgang Weyrauch kritisiert unreine Reime oder das Reimen deutscher Worte auf Fremdwörter, beispielsweise »verbatim – Atem«. Die Originalität von Kalékos Gedichten liegt auch in diesen poetischen Einfällen. Offensichtlich hat Weyrauch den individuellen Charme ihrer Poesie und ihren besonderen Ton nicht erkannt oder kann nichts damit anfangen. Die

Mischung von klassischen Strophen und Reimen mit modernen, überraschenden Reimworten und der besondere persönliche Stil zwischen Emotionen, Ernst und Ironie machen den Erfolg von Kalékos Lyrik aus. Die Dichterin kennt die Wirkung ihrer Gedichte auf die Leser und verteidigt sich souverän. Ihr Brief an den Lektor ist aufschlussreich, weil er Mascha Kalékos Auffassung von ihrer Art zu schreiben und ihre Arbeitsweise erklärt. Es ist das einzige Mal, dass sie so detailliert auf ihre Gedichte eingeht. Der Brief ist sachlich und genau, aber auch witzig und ironisch und zeigt viel von ihrem Selbstverständnis als Dichterin. Sie ist sich bewusst, dass ihre Lyrik nicht in höheren Ebenen anzusiedeln ist, weiß aber auch um die Originalität und Treffsicherheit ihrer Gedichte. Sie schließt mit den Zeilen: »... habe ich mit meiner Keckheit den Lektor Weyrauch chokiert (oder shockiert), so hoffe ich doch, der Autor WW wird Verständnis für mich haben ...«[15] Einige kleine sprachliche Korrekturen nimmt sie gern an. Sie ist auch damit einverstanden, dass der neue Band um fast dreißig Gedichte gekürzt wird. Allerdings bittet sie Heinrich Maria Ledig-Rowohlt, Gedichte, die ihr besonders wichtig sind und thematisch mit der Exilsituation zusammenhängen, nicht herauszunehmen. Dazu gehören u.a. ›Einmal möcht ich dort noch gehen ...‹, ›Überfahrt‹ und ›Frühlingslied für Zugereiste‹. Schließlich fordert sie den Verlagsleiter auf, sich in der Diskussion mit dem Lektor Weyrauch hinter seine Autorin zu stellen. »Dagegen bitte ich sehr, bei den akzeptierten Gedichten sich meiner Verteidigung anzuschließen und es doch – mit Ausnahme der wenigen von mir dankbar als berechtigt anerkannten Korrekturen – bei dem Kaléko-Stil zu belassen. Kaléko-Leser müssen ja nicht unbedingt mit George-Enthusiasten identisch sein – nicht wahr?«[16] Schon in einem früheren Widmungsgedicht für Ernst Rowohlt bat sie hintergründig darum, dass man »einer geschenkten Poesie (...) nicht auf den Vers-Fuß sehen« solle. Verleger und Lektor lenken ein, und der Band ›Verse für Zeitgenossen‹ erscheint 1958 mit allen der Dichterin wichtigen Gedichten im unzensierten »Kaléko-Stil«. Das Buch enthält – statt eines Vorwortes – ein Gedicht, das als Kalékos poetisches Credo gelten kann.

Wie Janus zeigt zuweilen mein Gedicht
Seines Verfassers doppeltes Gesicht:
Die eine Hälfte des Gesichts ist lyrisch,
Die andere hingegen fast satirisch.
Zwei Seelen wohnen, ach, in mir zur Miete
– Zwei Seelen von konträrem Appetite.
Was ich auch brau in meinem Dichtertopf,
Stets schüttelt Janus einen halben Kopf;
Denn, was einst war, das stimmt uns meistens lyrisch,
Doch das, was ist, zum großen Teil satirisch.
Quasi ein »Januskript«, VfZ 5

In wenigen Zeilen fasst die Autorin das Geheimnis ihrer Poesie zusammen: die besondere Mischung aus Lyrik und Satire. Schon in den zwanziger Jahren war sie die einzige weibliche Stimme unter den Dichtern der Neuen Sachlichkeit. Auch in der deutschsprachigen Literatur der Nachkriegszeit gibt es keine andere Lyrikerin, die in diesem speziellen Ton aus Humor und Kritik, Melancholie und Heiterkeit schreibt. Die deutsche Ausgabe der ›Verse für Zeitgenossen‹ ist nicht identisch mit der amerikanischen. Die Gedichte ›Hoere Teutschland‹[17] und ›Bittgesuch an eine Bombe‹ fehlen. Geschrieben in der Zeit des nationalsozialistischen Terrors, bringen sie den Hass der Dichterin den Deutschen gegenüber zum Ausdruck. Sie weist auf die Verantwortung Deutschlands für den Zweiten Weltkrieg und den Holocaust deutlich hin und wünscht sich, dass Fabriken, Paläste und Mörder zerstört werden und nur die Natur verschont bleiben soll. Inzwischen hat Mascha Kaléko nicht nur ihre Haltung Deutschland gegenüber geändert, sondern sie hofft, dass auch die Deutschen etwas gelernt haben. Sprachlich nicht besonders ausgefeilt, sind diese Gedichte auch inhaltlich nicht geeignet, das Comeback der Autorin in Deutschland zu fördern. Viele Gedichte, die nach der Veröffentlichung der ersten Emigrations-Texte entstanden sind, hat Mascha Kaléko in den neuen Band aufgenommen, so das schon zitierte Heine-Gedicht[18] und ›Kleine Zwischenbilanz‹:

Was wird am Ende von mir übrig bleiben?
– Drei schmale Bände und ein einzig Kind.
Der Rest, es lohnt sich kaum, es aufzuschreiben.
Was ich zu sagen hab, sag ich dem Wind.
(...)
Es ist und bleibt das gleiche allerorten –
Man sagt am Ende nichts, in vielen Worten.
Zum Reden hat sogar der Feige Mut;
Doch Schweigen klingt in jeder Sprache gut.
Kleine Zwischenbilanz, VfZ 22

Die ›Verse für Zeitgenossen‹ bekommen in der deutschsprachigen Presse sehr gute Kritiken. Der Rezensent des Berliner ›Telegraf‹ bringt es in wenigen Sätzen auf den Punkt: »Seit sie dichtet, haben sie viele Menschen, die sie nie gesehen haben, lieb: Mascha Kaléko. Sie macht Gedichte, die so einfach sind, daß sie jeder kapiert, weil es Dinge sind, die wir alle erleben: die Kindheit, die kleine und die große Liebe, die Traurigkeit beim Gedanken an gestern und morgen. Das Quentchen Spott bei allem Gefühl vertreibt jegliche Sentimentalität aus ihren Versen, macht sie so reizvoll und bemerkenswert.« Er würdigt auch den veränderten Ton ihrer Exil-Gedichte: »Hier werden aus bitterem Emigrantendasein Töne angeschlagen, die den Hörenden und Lesenden ergreifen. Sie untertreibt, das ist ihre Art. Heine hat es nicht anders gemacht. Der echte Schmerz, zurückgedrängt und durch einen durchaus geistigen Prozeß in die kleine Melancholie verwandelt: Das ist eine künstlerische Bewältigung, die ihr überzeugend gelang.« Karl Krolow lobt in der ›Frankfurter Allgemeinen Zeitung‹, wie anziehend und suggestiv ihr Erinnerungsheimweh wirke, obwohl die Zeilen und Reime so leicht kommen und gehen.[19] Die Mischung aus Heiterkeit und Ernst begeistert Leser und Kritiker. Kurt Pinthus urteilt in der ›Zeit‹: »Ihre Verse zeigen nicht nur die spielerische Sprachkunst, sondern ebenso den kämpferischen Hohn Heinrich Heines. Sie bekennt selber, daß sie ›vom Ur-Vater Heine stammt‹ (...) Bescheiden variiert sie den Meister: ›Und nennt man die zweitbesten Namen, so wird auch der meine genannt.‹ Doch auf ihrem

Gebiet möchte ich Mascha Kaléko zu den besten Namen zählen. Wie sie über die Jahre des Exils sich mit guter Miene oder guter Laune hinwegbringt; (...) wie der junge Sohn, der geliebte Mann, das »Heimweh, ich weiß nur nicht wonach« immer wieder neue anmutige, volkstümlich-zarte Töne ihrem bewegten Herzen entlocken, das ist in diesem Ernst, der sich heiter gibt, heute kaum noch einmal so schwebend dichterisch zu finden. Das Leben in diesen Tagen ist schwer; wenn man Mascha Kaléko liest, scheint es leichter.«[20] Die ›Basler Nachrichten‹ attestieren der Autorin ein »europäisches Bewußtsein« und nennen sie »eine eigenwillige Einzelerscheinung in der deutschen Literatur«.[21] Auch sie selbst hält dieses Buch »für das Beste meiner bescheidenen Versuche in der Dichtkunst«.[21a] Wieder schickt sie Exemplare an bekannte Weggefährten, beispielsweise an den Schriftsteller Jacob Picard, der 1940 in die Vereinigten Staaten emigriert ist und nun meist in Holland lebt. Er dankt ihr sehr herzlich für das Buch, das ihm »eine wahrhafte Freude« gemacht hat, und lobt die »besondere, unverkennbare Art«, die ihren Gedichten Dauer gibt. Er bekennt, dass er sonst nicht viel von der sogenannten »Gebrauchslyrik« halte, doch Kalékos Verse bezaubern ihn durch Klugheit, Charme und ihre besondere »zarte Resignation und Melancholie«.[22] Er vergleicht Kalékos Gedichte mit denen von Erich Kästner und kommt zu dem Schluss, dass Kästner nur Satire schreibe, während sie »oft reinste Lyrik« verfasse.[23]

Nicht nur um das Erscheinen ihres Buches zu unterstützen, reist Mascha Kaléko im Juli 1958 wieder nach Europa. Sie besucht Paris und Wien und fährt nach Bad Reichenhall mit ihrem Mann, der dort eine Kur wegen seines Asthmas macht. Von September 1958 bis Mai 1959 ist das Ehepaar in Berlin. Sie wohnen in kleinen Pensionen, meist in Charlottenburg nahe dem Kurfürstendamm, in der Gegend, die vor der Emigration ihren Lebensmittelpunkt bildete. Einer Journalistin, der Mascha Kaléko auf dem Balkon ihrer Pension ein Interview gibt, gesteht sie: »Mein Mann sagt, hier bin ich ganz anders.« Nicht einmal das unfreundliche Wetter kann ihr die Laune verderben, und sie bekennt: »... ich in Berlin, das ist wie in einer jungen Ehe –

ich finde einfach alles herrlich, Nieselregen auch!«[24] Manfred George schreibt sie, dass sie sich in Berlin großartig fühle. Der Herausgeber des ›Aufbau‹ in New York weiß, dass sie die Menschen oft »mit dem Lächeln ihrer Worte«[25] erobert, und stellt fest: »Im übrigen spricht aus Ihrem Brief so viel Munterkeit und Wohlbehagen, wie man es selten findet. Sie sind wirklich in Berlin wie der Fisch im Wasser, während ich bisweilen das Gefühl hatte, dass Sie hier gelegentlich etwas sehr nach Luft schnappen mussten.«[26] Er bezieht sich dabei auf ein Zitat von Heinrich Heine, der einmal gesagt hatte, er fühle sich in Paris so wohl wie ein Fisch im Wasser. Die Grüße nach New York verbindet Mascha Kaléko mit einem beruflichen Anliegen. Sie berichtet Manfred George, dass der Berliner ›Tagesspiegel‹ ein neues Gedicht von ihr publiziert habe, und bittet ihn, während ihrer Abwesenheit ab und zu etwas von ihr im ›Aufbau‹ zu veröffentlichen, denn »ich möchte in der Zeit, da ich New York fern bin, nicht ganz beitragslos vor meinen Lesern (...) dastehen ...«.[27]

Berlin empfängt Mascha Kaléko mit offenen Armen. Alle wichtigen Tageszeitungen berichten regelmäßig von ihren Lesungen, drucken Gedichte und Fotos von ihr und rezensieren ihr neues Buch. Erstmals tritt sie auch im Fernsehen auf: Der Kritiker Friedrich Luft interviewt Mascha Kaléko, Kurt Pinthus u. a. in seiner Sendung »Prominente des Berlin von damals«. Im Sender Freies Berlin liest sie ihren Prosatext ›Brief ins Blaue‹. Karla Höcker, Autorin und Journalistin, fasst die Wirkung der Dichterin auf ihr Publikum einfühlsam zusammen: »Mascha Kaléko aus ihren Werken vorlesen zu hören, ist ein besonderes Erlebnis. Denn bei aller Reife der Gedanken, bei aller Geschliffenheit der Form, die ihre Verse aufweisen, ist sie im tiefsten Innern ein Kind geblieben. Diese anmutige dunkelhaarige Frau mit dem trotzigen Mund und den großen traurigen Augen mußte Deutschland als Emigrantin verlassen. (...) Sie hat Humor, sie hat Witz, sie kann mit zwei, drei Worten blitzschnell eine Situation, ein Gefühl, eine Landschaft umreißen, und die Berliner Atmosphäre, einst und jetzt, beherrscht sie bewunderungswürdig. Aber im Grunde ihres Herzens ist Mascha Kaléko ein Kind geblieben – ein Kind, dem man die Heimat nahm. Verwundert, zuweilen mit Abscheu und Tränen, dann wieder spitzbübisch lächelnd, geht sie in ihren Versen auf die Suche nach dieser hartherzigen, geliebten und tausendfach verwandelten Heimat.«[28] Im Gegensatz zu ihrem ersten Besuch in der Stadt, bei dem die Dichterin vor allem nach den Spuren des früheren Berlin suchte, scheint sie nun die neue Entwicklung der Metropole aufmerksam und interessiert zu verfolgen. Mascha Kaléko, die keinen Führerschein hat, genießt die Ausflüge im Auto mit einer Freundin nach Brüningslinden oder zum Jagdschloss Grunewald. Mit Chemjo Vinaver – ihre Schwester Lea lebt inzwischen in Frankfurt am Main – nimmt die Dichterin wieder ausgiebig am Berliner Kulturleben teil. Sie besucht nicht nur Theater und Literaturveranstaltungen, sondern beobachtet auch für ihren Mann – der Berlin vorübergehend verlässt, um auf einer Tournee zu dirigieren –, wie sich das Musikleben in der alten Heimat entwickelt. In einem Konzert sitzt Mascha Kaléko zufällig neben der Berliner Journalistin und Lyrikerin Hedwig Rohde. Die beiden kommen ins Gespräch; Mascha gefällt es, dass man sich in Berlin – im Gegensatz zu New York – noch festlich anzieht beim Besuch einer Theateraufführung oder eines Konzertes. Nach der Veranstaltung gehen die beiden Frauen in eine kleine Bar, einen Treffpunkt für Studenten und Kunstschüler. Hedwig Rohde wundert sich, dass Mascha Kaléko so jugendlich ausssieht: »Lustig gesträubtes Schwarzhaar, kindlich dunkle Augen und ein ausdrucksvoll üppiger Mund. (...) Wenn sie spricht, wirkt sie viel reifer, ihr Blick ist nicht kindlich, sondern prüfend.« Bei einem Glas Wein erklärt Mascha Kaléko: »Berlin ist beinahe schon wieder Berlin. Vor zwei Jahren überwog für mich das, was fehlte. Jetzt möchte ich am liebsten ganz hierbleiben. Obwohl die New Yorker viel hilfsbereiter sind als die Berliner von heute.«[29] Am 23. Oktober 1958, auf den Tag genau zwanzig Jahre, nachdem sie New York erreichte, hat die Dichterin eine Lesung im ausverkauften Kammersaal der Hochschule für Musik. Mascha Kaléko trägt aus den ›Versen für Zeitgenossen‹ und dem ›Lyrischen Stenogrammheft‹ vor. Als der »stürmische« Beifall nicht endet, greift sie zu ihrer Manuskriptmappe und liest unveröffentlichte Texte. Der Berliner ›Telegraf‹ berichtet zwei Tage später: »Mascha Kaléko, zierlich und beweglich, las mit sympathischer, weicher Stimme Lieder aus ihrer Berliner Zeit, Gedichte aus der Emigration sowie Stücke und Verse von der Liebe, vom Herbst und vom Tod. (...) Diese Sprache, manchmal gesucht, manchmal salopp, bewußt in der Nachfolge Heines gehalten, flüssig und leicht, ist leichtverständlich wie ein Schlager und macht die Verse populär, die, wie der überfüllte Saal bewies, insbesondere den weiblichen Gefühlen entsprachen. (...) Es gab viel Blumen und Beifall.«[30] Doch Mascha Kaléko trägt nicht nur leichte Verse vor, sondern auch ihr Gedicht ›Chor der Kriegerwaisen‹, dem sie nun den Zusatz »geschrieben zwischen zwei Kriegen« gegeben hat. Wieder finden diese Strophen bei Presse und Publikum großen Anklang.

Wir sind die Kinder der ›Eisernen Zeit‹,
Gefüttert mit Kohlrübensuppen.
Wir haben genug von Krieg und von Streit
Und den feldgrauen Aufstehpuppen!
(...)
Wir spüren noch heute auf Schritt und Tritt
Jener ›Herrlichen Zeiten‹ Vermächtnis.
– Und spielt ihr Soldaten, wir machen nicht mit;
Denn wir haben ein gutes Gedächtnis!
Chor der Kriegerwaisen, LSt 71

Diese Zeilen, bereits 1933 in ihrem ersten Lyrikband veröffentlicht, verfehlen im Nachkriegsdeutschland, das über Wiederbewaffnung und Einführung der Wehrpflicht diskutiert, nicht ihre Wirkung. Aber auch die Emigrations-Gedichte mit ihrer »sehnsuchtsvollen Traurigkeit, die aus der Liebe zur Heimat kommt«, werden von Lesern und Rezensenten als besonders »bewegend« hervorgehoben. Nur im ›Berliner Volksblatt‹ klingen auch kritische Töne über die Autorin an: »Am stärksten wirkt sie, wo sie am leisesten ist und nur andeutet, anstatt auszusprechen. Hier gelingen ihr kleine Kostbarkeiten, während manches andere sich zu sehr ins Alltägliche verflacht.«[31] Alle anderen Berliner Zeitungen sind des Lobes voll und berichten über die gelungene Veranstaltung, in der »die charmante Dichterin ihren zahlreichen Zuhörern zwei Stunden« bescherte, »in denen Besinnung und Lachen dicht nebeneinander standen«.[32] Der Abend endet mit einer »Generaloffensive der Autogrammjäger«.[33] Nicht nur bei Lesungen erfährt Mascha Kaléko die Zuneigung und das Interesse ihrer Leser. Sie bekommt viele Zuschriften, die ihre Gedichte loben, in denen die Menschen ihre eigenen Ängste und Hoffnungen wiederfinden. Manchmal wird sie auch um Rat gefragt und soll den Briefen beigelegte Gedicht-Proben beurteilen. Im Entwurf zu einer solchen Antwort heißt es: »Wer gehen lernt, hält sich zuerst einmal an einer Hand fest, – beim anfangenden Poeten heißt diese Hand zuweilen Dehmel oder Hölderlin, – aber wehe dem jungen Dichter, der nicht bald lernt, auf eigenen Vers-›füssen‹ zu wandeln. Nachahmen darf man auf die Dauer auch die größten Genies nicht, – es sei denn darin, dass sie keinen nachahmen. Um eigenwillig ›man selber‹ zu sein in dem was man hervorbringt, muss man zunächst einmal ganz unverkennbar ›man selber‹ sein.«[34]

In Berlin liest Mascha Kaléko auch in der traditionsreichen Buchhandlung Elwert & Meurer in Schöneberg, im Rathaus Tiergarten und an anderen Orten. Einmal teilt man ihr mit, dass der Saal für ihre Lesung schon vierzehn Tage vor der Ankündigung der Veranstaltung ausverkauft sei. »Das spricht 15 Jahre nach Hitler für Sie und Ihr Publikum!«[35] Die Vergangenheit ist immer präsent, wenn auch nicht mehr so deutlich wie bei Maschas erstem Besuch in Berlin zwei Jahre zuvor. Als sie sich einen Dokumentarfilm über ›Die Nürnberger Prozesse‹, die 1945/46 gegen die Hauptkriegsverbrecher geführt wurden, anschaut, löst das widersprüchliche Gefühle aus: »Es ist Herbst, wie damals vor genau 20 Jahren, als ich abschiednehmend über dieses Pflaster schritt. Die Blätter fallen, bronzefarben und braun. Und die braune Farbe hat ihren Schrecken verloren. Beinahe. Ach, nicht so ganz waschecht ist dieses Braun, es haftet manchem noch an, – so schnell lässt sich das nicht ganz abreiben. Und kommt man aus dem Film, so dauert es eine Weile, ehe der Krampf sich ganz löst, die Angst weicht. (…) es ist hell auf dem Kurfürstendamm, die Pärchen untergehakt wie eh und je, auch im Oktobersturm. Die Lautsprecher dröhnen nicht mehr durch das herbstliche Laub der Bäume, nicht ein einziges Hakenkreuz, unfassbar! Nach so vielen eben drin auf der Leinwand... (...) Irgendwo in uns gibt es das unsichtbare Tonbandgerät, das notiert. Mit Vergessen lässt sich das nicht ausradieren. Eher mit stillem Zuhören, Stellungnehmen, Neinsagen zu dem was war. Laut nein sagen.« Genau beobachtet Mascha Kaléko die Reaktionen des Publikums, fragt sich, »ob das Schweigen ein beredtes Schweigen« ist, und registriert vereinzelt gehauchte Laute »des Entsetzens beim Anblick der Leichenberge, der Krematorien.« Sie fordert »Mitleid mit denen, die heute nichts als eine Zahl in der Statistik sind. Einer Statistik, die immer noch als ›übertrieben‹ abgetan wird«.[36] Zwar gelang es ihr, noch rechtzeitig aus Deutschland zu emigrieren, doch sind dem nationalsozialistischen Terror viele ihrer jüdischen Verwandten zum Opfer gefallen. Es ist ihr unmöglich, die Schrecken des Dritten Reiches zu vergessen. Misstrauisch und genau beobachtet sie, ob die Deutschen innerhalb so kurzer Zeit den Übergang von der Diktatur zur Demokratie wirklich geschafft haben. Ihr kritischer und sensibler Blick hat auch Folgen für ihr Berufsleben, denn sie kommt in eine Situation, wo sie nicht anders kann, als »nein« zu sagen. Nach den Erfolgen ihrer beiden wiederaufgelegten Bücher wird Mascha Kaléko im Frühjahr 1959 für den mit viertausend Mark dotierten Fontane-Preis nominiert. Sie freut sich über diese Anerkennung, die von der Berliner Akademie der Künste verliehen wird. Doch als sie erfährt, dass der Schriftsteller Hans Egon Holthusen – Direktor der Abteilung für Dichtung und Jury-Mitglied – in der SS war, zieht sie ihre Kandidatur zurück. Es sei ihr unmöglich, als von den Nationalsozialisten verbotene und verfolgte Autorin und emigrierte Jüdin einen Preis aus seiner Hand anzunehmen. Die Akademie der Künste schlägt eine Aussprache vor. Da Mascha Kaléko sich weigert, in die Räume der Akademie zu kommen, findet das Gespräch in ihrem Zimmer im Hotel Metro am Kurfürstendamm statt. Die Unterredung, die Mascha Kaléko hinterher für sich protokolliert, zeigt die unterschiedlichen Positionen und bestätigt das Misstrauen der Dichterin den Deutschen gegenüber. Dem Generalsekretär der Akademie der Künste, Freiherr von Buttlar, und dem Stellvertretenden Leiter der Abteilung für Dichtung, Dr. Hugo Hartung, erklärt Mascha Kaléko ihre Beweggründe: »Ich habe es auch nicht leicht, als emigrierte Autorin. Überall im Auslande hat man sich dagegen zu verteidigen, dass man sich wieder mit dem deutschen Schrifttum identifiziert. Dass man in einem Lande wirkt, das noch immer an exponierter Stelle einstige Nazis fördert. Wie soll ich nach dieser Erfahrung hier solchen Vorwürfen entgegentreten?«[37] Erregt wird sie von Dr. von Buttlar unterbrochen: »Wenn es den Emigranten nicht gefällt, wie wir die Dinge hier handhaben, dann sollen sie doch fortbleiben.«[38] Mascha Kaléko erwidert: »Dagegen muss ich mich verwahren, Herr von Buttlar, im Namen aller emigrierten deutschen Autoren …« Hugo Hartung steht ihr bei: »Ja, ich muss schon sagen, da hat Frau Kaléko recht, gerade in ihrem Falle trifft das gar nicht zu … eine von allen verehrte und geliebte Dichterin … nein Frau Kaléko gehört hierher, auch wenn sie weit weg in New York lebt.« Dr. von Buttlar macht ihr Komplimente, die Mascha Kaléko schweigend ablehnt. Sie bleibt sachlich und klar: »Ich habe nur die Haltung der Akademie im Falle Holthusen zu kritisieren. Wäre Herr Holthusen nur ein Mitglied der Akademie, das würde nicht ganz so schwerwiegen. Aber Sie setzen die Vertuschungspolitik zu lange fort. Wie Sie die Dinge handhaben, überlasse ich Ihnen. Aber dann bekennen Sie sich wenigstens dazu ganz offen. Und ich halte Sie keinesfalls für befugt, den emigrierten Autoren das Recht einer Stellungnahme oder Teilnahme am deutschen Schrifttum streitig zu machen. Auch, wenn Sie mich davon ausnehmen.« Dr. von Buttlar appelliert an Mascha Kalékos Toleranz, sie und ihr Mann stünden doch Martin Buber und der jüdischen Mystik nahe, die Versöhnung lehre und nicht Intoleranz. Mascha Kaléko wiederholt ihren Standpunkt: »Aber Herrn Holthusen als Schriftsteller soll ja kein Härchen gekrümmt werden. (…) Nur widerstrebt es mir, aus den Händen eines einstigen SS-Mannes einen Preis entgegenzunehmen. So willkommen jedem Autor die damit verbundenen Lorbeeren und die klingende Münze sein mögen – aus dieser Hand möchte ich sowohl als Autorin als auch als Jüdin nichts entgegennehmen.« Dr. von Buttlar springt erregt auf: »Ich bin kein Jude und habe mindestens so viel durchgemacht wie die Juden. – Und eine Jugendtorheit wie die SS-Zugehörigkeit kann man Holthusen doch nicht in alle Ewigkeit ankreiden.« Mascha Kaléko ist perplex angesichts dieses Vergleiches, doch sie erwidert nur: »Nein, aber man muss ihn nicht mit Ehrenposten belohnen …« Dr. von Buttlar versucht es daraufhin auf die sanfte Tour: »Sie als empfindsame Frau können ihm doch ihr weibliches Mitgefühl nicht versagen.« Doch Mascha Kaléko bleibt unnachgiebig: »Ich bin nicht verpflichtet Ihre Ansicht zu teilen, und ich bin keinesfalls intolerant, aber es gibt (…) recht subtile Grenzen zwischen Toleranz und Mangel an Haltung … (…) Einer Akademie, die nicht einmal auf solche Vorwürfe ihre Haltung bekennt, würde ich nicht einmal als korrespondierendes Mitglied angehören.«[39] Herbert von Buttlar bedauert, »daß die unmenschlichen Erfahrungen der letzten Jahre die Juden um ihre Toleranz gebracht haben, d. h. eigentlich um ihren Charakter, den sie auch in diesen Schicksalsstürmen behaupten« mussten. Die Dichterin ist vom scharfen Ton und Verlauf des Gesprächs enttäuscht. In der Aktennotiz der Akademie der Künste über die Unterredung wird vermerkt, dass Frau Kaléko »in einer sehr sympathischen und keineswegs doktrinären Art ihren Standpunkt«[40] verteidigt. Nach dem Treffen schreibt Herbert von Buttlar der Dichterin, er sei »sehr dankbar für die Unterhaltung, obwohl sie die Unvereinbarkeit unserer Standpunkte deutlich machte« und habe »diese persönliche Begegnung und Aussprache eindrucksvoll in Erinnerung«.[41] Mascha Kaléko kann nicht verstehen, dass die Akademie der Künste nach Bekanntwerden der SS-Vergangenheit ihres Direktors der Abteilung für Dichtung nicht sofort Schritte unternommen und ihn von seinem Amt entbunden hat. Die Akademie der Künste distanziert sich nicht von Hans Egon Holthusen, der durch amerikanische Behörden rehabilitiert wurde. Vielmehr teilt der Präsident der Akademie, Hans Scharoun, Mascha Kaléko am 27. August 1959 mit: »… die politischen Einwände gegen Herrn Holthusen sind mehrmals Gegenstand der Erörterungen innerhalb der Akademie gewesen. Die notwendigen Prüfungen seiner Haltung und Gesinnung haben, bevor ihm das wichtige Amt des Direktors der Abteilung Dichtung im Jahre 1956 angetragen wurde, stattgefunden. Anlass zu Beanstandungen hat sich nicht ergeben.«[42] Den Fontane-Preis 1959 erhält der Schriftsteller Gregor von Rezzori, bekannt durch seine ›Maghrebinischen Geschichten‹, und mit dem Nachwuchspreis wird Heinz von Cramer ausgezeichnet. Die Presse kritisiert diese Entscheidung der Jury, der neben Hans Egon Holthusen noch Ernst Schnabel und Friedrich Luft angehören, als Fehlurteil, da offensichtlich »nicht die Dichtung, sondern der Feuilletonismus ausgezeichnet wurde«.[43] Von den internen Diskussionen vor der Verleihung erfährt die Öffentlichkeit nichts.

Der Fontane-Preis hätte der Dichterin nicht nur finanziell, sondern vor allem ideell als Anerkennung ihrer Dichtkunst gutgetan. Dr. Nahum Goldmann, der Präsident des Jüdischen Weltkongresses, schreibt Mascha Kaléko 1960: »Ich persönlich sehe nicht ein, warum Sie den Literaturpreis der Stadt Berlin nicht annehmen konnten trotz der Gründe, die Sie angeben, aber die Entscheidung muss natürlich Ihre persönliche sein.«[44] 1962 lehnt der Lyriker Paul Celan die Mitgliedschaft in der Akademie der Künste Berlin West ab, weil Hans Egon Holthusen ihr angehört.[45] Vier Jahre nach ihrer Zurückweisung des Fontane-Preises erfährt die Dichterin, dass Herbert von Buttlar »zurückgetreten worden« sei, und konstatiert nicht ohne Genugtuung: »Nun wird es vielleicht auch die Möglichkeit geben, mit der Akademie zusammenzuarbeiten. So lange dieser Herr an der Spitze stand, wollte ich ja nichts mit dem Institut zu tun haben …«[46] Auch Hans Egon Holthusen gibt seinen Posten in der Berliner Akademie der Künste auf und wird 1961 Programmleiter des New Yorker Goethe-Hauses. Wie recht Mascha Kaléko mit ihrer Haltung hat, zeigt sich erst knapp vier Jahrzehnte später. Mitte der neunziger Jahre werden Dokumente gefunden, die belegen, dass Hans Egon Holthusen nicht »nur kurz« und als »junger Mann« Mitglied der SS war, sondern nachweislich von 1933 bis 1943 der SS angehörte. In den folgenden Jahren wird Mascha Kaléko mehrmals von der Akademie der

Künste nach Berlin eingeladen, und man stellt ihr für ihre Aufenthalte ein Appartement zur Verfügung. Doch für den Fontane-Preis wird sie nicht mehr vorgeschlagen, und sie erhält auch keine andere literarische Ehrung, was sie sehr schmerzt. Wie wichtig ihr eine solche Anerkennung gewesen wäre, zeigen einige Bemerkungen in ihren Briefen. Zwölf Jahre nach der Diskussion um den Fontane-Preis schreibt sie an die Berliner Schriftstellerin Ingeborg Drewitz: »Nein, mit Preisen habe ich (…) kein Glück, bin zu weit vom Schuss, und ohne Ellenbogen. (…) Dabei wäre ein Preis schön, ›Ruhm‹, PLUS Geld.«[47] Doch ihr ist bewusst, dass man sich von Äußerlichkeiten nicht abhängig machen darf, dass Unabhängigkeit letztendlich wichtiger ist. Mascha Kaléko liegt es nicht, ihre Meinung zurückzuhalten. »Das allerdings hat seinen Preis, bringt aber keinen.«[48]

Was ähnelt wohl dem bißchen Ruhme
So sehr wie eine Treibhausblume?
Soll dir das arme Pflänzchen sprießen,
Mußt du es täglich brav begießen.
Und Dünger streun. Und Unkraut jäten.
Aufs Wetter sehn. Und leise treten.
Doch pfeifst du drauf, so wirst du nie
Gekrönt von der A-ka-de-mie.

Das bißchen Ruhm, LJ 59

Zeitgleich mit der Diskussion um den Fontane-Preis wird Mascha Kaléko 1959 in das PEN-Zentrum deutschsprachiger Autoren im Ausland aufgenommen. Das ist eine Art Anerkennung, denn in diese internationale Schriftstellervereinigung – 1921 in London gegründet – kann man nicht eintreten, man muss vorgeschlagen und gewählt werden. Die weltweit agierende Organisation setzt sich für die Freiheit des literarischen und geistigen Schaffens, die »Freiheit des Wortes« und das »Ideal einer in Frieden lebenden Menschheit« ein und ist gegen jede Art von »Rassen-, Klassen- und Völkerhass«. Nach dem Machtantritt der Nationalsozialisten wurden die meisten Mitglieder des deutschen PEN-Zentrums ausgeschlossen und der Rest

»gleichgeschaltet«. Beim 11. Internationalen PEN-Kongress im Mai 1933 in Ragusa (Dubrovnik) hielt der Schriftsteller Ernst Toller eine anklagende Rede, in der er die deutschen Vertreter fragte, warum sie nicht protestierten, als in ihrer Heimat Bücher verbrannt und Autoren, Schriftsteller und Kritiker vertrieben, verhaftet und ermordet wurden. Daraufhin traten die deutschen Delegierten den Rückzug an. Der PEN – die Abkürzung steht für Poets, Playwrights, Essayists, Editors and Novelists – distanzierte sich von den Repressalien gegen Autoren im nationalsozialistischen Deutschland. Egon Larsen, Autor und Schatzmeister des PEN-Clubs, kennt Mascha Kaléko noch aus den dreißiger Jahren. Er begrüßt sie als neues Mitglied und versichert ihr, dass er ihre Gedichte »restlos bewundere«.[49]

Auch der Philosoph Martin Heidegger, den Mascha Kaléko im Frühjahr 1959 in Berlin kennenlernt, ist sehr beeindruckt von der Dichterin. Nach dem ersten Treffen schreibt er ihr: »Eine grosse Freiheit und ruhige Sicherheit ist in Ihren Versen. Traurig war ich über die kurze Begegnung unter den vielen Leuten. Gern hätte ich Sie andern Tags noch einmal gesehen. Aber ich wusste nichts von Ihnen. Aber Ihr ›Stenogrammheft‹ sagt, dass Sie alles wissen, was Sterblichen zu wissen gegeben.«[50] Der Philosoph scheint sich in die anmutige Dichterin ein wenig verliebt zu haben. Er legt dem Brief ein Bild von sich mit Widmung bei und bittet Mascha, ihm auch ein Foto von sich zu schicken. »Je öfter ich in Ihren Gedichten lese, je unmittelbarer rührt mich der freie Weltblick an, der in ihnen verborgen glüht.«[51] Mascha schickt ihm ein Porträt, und Heidegger bedankt sich: »Schön ist diese Gegenwart im Bild und sie spricht nun durch die Verse. Ich freue mich auf ›Irgendwo. Irgendwann.‹ des Wiedersehens.«[52] Es ist nicht bekannt, ob es zu einer weiteren Begegnung zwischen Mascha Kaléko und Martin Heidegger gekommen ist. Vermutlich weiß die Dichterin, die die deutsche Presse aufmerksam verfolgt, dass der Philosoph Mitglied der NSDAP war und weder während des Dritten Reiches noch danach eindeutig gegen das Terror-Regime Stellung bezogen hatte. Vielleicht hat sie seine Bewunderung genossen, doch den Verehrer – wie schon frühere – auf Distanz gehalten.

Denn in Briefen und vielen Gedichten wird klar, dass ihr Mann Chemjo Vinaver ihre große Liebe ist:

> Ich frage mich in meinen stillen Stunden,
> Was war das Leben, Liebster, eh du kamst
> Und mir den Schatten von der Seele nahmst.
> Was suchte ich, bevor ich dich gefunden?
> (...)
> *Sonett in Dur, Tr 25*

Auch für Chemjo Vinaver ist Mascha die Frau seines Lebens. Seine Briefe an sie sind nicht erhalten, aber es gibt einen Liebesbeweis ganz besonderer Art: Ein Notenblatt mit einer kleinen Melodie, komponiert auf die sich immer wiederholenden Worte »Ich liebe dich«. Auf der Rückseite entschuldigt sich Chemjo für seine manchmal schlechten Manieren, bittet seine Frau um etwas Geduld und verspricht, sich von »ganzem Herzen zu ändern«, denn »ich lebe doch und atme immer mit dir«.[53] Diese Künstlerehe ist nicht einfach, weil beide Ehepartner eigenwillige Persönlichkeiten sind. Trotzdem ist die Beziehung der beiden so eng, dass Mascha einmal in einem Brief über ihren Mann schreibt: »Er ist ich, fast.«[54] Ihre trotz aller Unterschiede harmonische Ehe gibt Mascha und Chemjo den inneren und äußeren Halt, das Auf und Ab des Lebens zu bestehen. Deshalb sorgen sich die beiden sehr umeinander, wenn sie getrennt sind, weil Mascha in Europa Lesungen hat oder Chemjo mit seinem Chor unterwegs ist. Als Mascha einmal mehrere Tage lang keine Nachricht von ihrem Mann hat, ist sie wie gelähmt vor Angst und kann kaum schreiben: »Ich bin außer mir: noch keine Post von Dir!«[55] Vor dem Hintergrund der großen, existenziellen Gefahren, denen dieses Paar ausgesetzt war, wird die Angst um den Verlust des geliebten Menschen noch verständlicher. Diese Furcht setzt sich in der ständigen Sorge der Eltern um den einzigen Sohn fort.

Nach ihrem langen Berlin-Aufenthalt kehren Mascha und Chemjo im Juni 1959 nach New York zurück. Mascha Kaléko bereitet die Übersiedlung nach Israel vor und packt Überseekoffer. »Ich sitze zwischen Bergen von Büchern und Zeug – von dem der Mensch meint, dass er es zum ›Leben‹ brauche, und erwäge, was davon unbedingt mitmuss, nach Europa, nach Jerusalem …«[56] Im Juli verlässt das Ehepaar New York und besucht den zweiundzwanzigjährigen

Mascha, Chemjo und Steven in Berlin im Mai 1959 vor der Ruine der Gedächtniskirche

Steven in Italien, der dort beim Spoleto-Festival ein Theaterstück inszeniert. Im August fahren sie gemeinsam nach Bad Soden im Taunus, anschließend besucht Mascha allein den PEN-Kongress und reist danach nochmals nach Berlin. Dort trifft Ende September auch Steven ein, der die Berliner Theaterszene kennenlernen will. Dem inzwischen wieder nach New York zurückgekehrten Vater berichtet Steven von seinen Aktivitäten in Berlin und dass er nur für das Theater lebe. Der junge Regisseur besucht zahlreiche Vorstellungen: Kabarett-Programme der »Stachelschweine« und der »Distel«, Mozart-Opern, vor allem aber Brecht-Stücke am Berliner Ensemble: ›Die Mutter‹, ›Die Dreigroschenoper‹, ›Der aufhaltsame Aufstieg des Arturo Ui‹, ›Leben des Galilei‹ und ›Mutter Courage und ihre Kinder‹. Steven Vinaver trifft auch Helene Weigel, Brechts Frau und hervorragende Schauspielerin in dessen Stücken, übersetzt deutsche Chansons ins Englische und lernt den Komponisten Michael Dress kennen, mit dem er sich anfreundet und zusammenarbeitet. Am West-Berliner Schiller-Theater übernimmt Steven Vinaver die Regie beim Antikriegsstück ›Picknick im Felde‹ des spanischen Schriftstellers Fernando Arrabal. Als seine Mutter früher als geplant nach New York zurückkehren muss, weil es Chemjo gesundheitlich nicht gut geht, bleibt Steven in Berlin und berichtet den Eltern, wie merkwürdig vertraut ihm die Deutschen sind und wie gut er sich vorstellen kann, in Berlin geboren zu sein. Die Stadt gefällt ihm. Er macht lange Spaziergänge durch den Grunewald und stellt sich vor, wie seine Eltern früher hier lebten. Mascha freut sich, dass der Sohn »sich so zuhause fühlt in dieser unserer Schicksalsstadt, wo nicht nur seine Eltern, sondern auch er Wesentliches erfuhr …«.[57] Als im Frühjahr 1960 ihre Schallplatte »Mascha Kaléko spricht Mascha Kaléko« erscheint, schreibt ihr Steven: »… the record is one of the best poets records I've heard« und schließt den Brief mit dem Gruß: »Dein kleiner Emigrant«.[57a] Um ihn zu unterstützen, schickt seine Mutter eine Empfehlung an den Theaterkritiker Herbert Ihering: »… ich meine es ehrlich, wenn ich Freunden meiner Verse sage: dieser Junge ist das Beste an meiner Gesamtproduktion.«[57b] Mascha und Chemjo leiden darunter, dass Steven nur sehr sporadisch Lebenszeichen von sich gibt und sie oft nicht wissen, wie es ihm geht. Die Unzuverlässigkeit des Sohnes ist für beide schwer zu ertragen, während Steven seine Eltern vermutlich für überängstlich hält. Wenn er ihnen schreibt, dann sehr ausführlich, mit Entschuldigungen und der Versicherung, wie sehr er sie vermisse. Seine Briefe aus Berlin unterzeichnet er mit: »Dein Berliner Kindl«.[58] Als Steven wieder einmal wochenlang nichts von sich hören lässt, wenden sich die Eltern besorgt an seinen Freund Michael Dress. Der junge Komponist ist ein Neffe von Dietrich Bonhoeffer, dem von den Nationalsozialisten noch in den letzten Kriegstagen im April 1945 hingerichteten regimekritischen Theologen. An die Mutter von Michael Dress schreibt Mascha: »Es ist mir sehr seltsam zumute, wenn ich bedenke, wie diese beiden jungen Menschen in eine so enge ›Collaboration‹ kamen und noch dazu in einem Antikriegsstück, – beides so passend für einen ›kleinen Emigranten‹ und ein ›Widerstandskämpfer-Kind‹ … «[59] Die Premiere im Schiller-Theater im Mai 1960 wird allerdings kein Erfolg.

Chemjo Vinaver und Mascha Kaléko haben sich entschlossen, da der Sohn nun erwachsen ist, Amerika zu verlassen und nach Israel zu ziehen. Nur dort kann Chemjo Vinaver die Arbeit an seiner Anthologie chassidischer Synagogalmusik fortsetzen und vollenden. Mascha, die sich in New York inzwischen einigermaßen zu Hause fühlt, wagt diesen Umzug nur ihrem Mann zuliebe. Sie muss sich um die Organisation kümmern, denn Chemjo ist damit nicht nur überfordert, sondern auch wieder krank. In offiziellen Briefen betont Mascha, dass sie sich nur vorübergehend in Jerusalem aufhält. Sie will ihren Status als amerikanische Staatsbürgerin nicht verlieren. Auf ihrer Visitenkarte stehen beide Städte. In ihren privaten Briefen ist von einer dauerhaften Rückkehr nach New York nie die Rede. Nach der Verfolgung im Dritten Reich, der Vertreibung aus Deutschland und der Emigration nach Amerika ist die Übersiedlung ins »gelobte Land« wieder eine große Umstellung für die Dichterin und eine Zäsur in ihrem Leben.

Wir haben keine andre Zeit als diese,
Die uns betrügt mit halbgefüllter Schale.
Wir müssen trinken, denn zum zweiten Male
Füllt sie sich nicht. – Vor unserm Paradiese

Droht schon das Schwert, für das wir auserlesen,
Verlorner Söhne landvertriebene Erben.
Wir wurden alt bevor wir jung gewesen,
Und unser Leben ist ein Nochnichtsterben.
(…)
Verstohlen träumen wir von Wald und Wiese
Und dem uns zugeworfnen Brocken Glück …
Kein Morgen bringt das Heute uns zurück,
Wir haben keine andre Zeit als diese.

In dieser Zeit, Tr 64

Mascha Kaléko, Berlin 1958

JERUSALEM (1959–1975)

Ich schnüre mein Bündel zur Reise
Nach uralter Vorväter Weise.
Sie sprechen von mir nur leise.
Ich bleibe der Fremde im Dorf.

Der Fremde, Tr 46

»Ich habe große Sehnsucht nach Europa.«

– KEINE HEIMAT IN DER FREMDE –

Am 10. Oktober 1959 übersiedeln Mascha Kaléko und Chemjo Vinaver nach Israel. Der neue Staat wurde im Mai 1948 – nach dem Ende der britischen Mandatsverwaltung in Palästina – gegründet. Die Vereinten Nationen hatten im November 1947 entschieden, Palästina in ein jüdisches und ein arabisches Gebiet aufzuteilen; die Juden waren damit einverstanden, die Araber nicht. Kurz nach der Staatsgründung griffen die arabischen Nachbarstaaten Israel an, und die Jordanier eroberten die Altstadt von Jerusalem, das geteilt wurde. Als das Ehepaar Kaléko-Vinaver in die Heilige Stadt zieht, hat sich die politische Lage etwas beruhigt, doch die biblischen Stätten in Ost-Jerusalem sind für Israelis nicht zugänglich.

Nach mehr als zwanzig Jahren in Amerika ist die Übersiedlung für Mascha Kaléko wie eine zweite Emigration. Für sie sind die Eingewöhnungsprobleme noch größer als beim ersten Exil. Während ihr

Mann auch offiziell umzieht, hat sie nur ein Touristenvisum, das sie regelmäßig verlängern muss. Für die amerikanischen Behörden sind sie nur vorübergehend abwesend, weil Chemjo Vinaver das Klima in New York gesundheitlich nicht verträgt und seine Frau ihn begleiten muss. Auf keinen Fall wollen sie auf den amerikanischen Pass verzichten, weil er für sie Freiheit bedeutet: »Papierfreiheit« zwar, »aber die ist in unserem Erdendasein leider nicht unwichtig.«[1] Die Wohnung in der Minetta Street in New York wollen sie noch nicht aufgeben; vielleicht kann Steven, der auf unbestimmte Zeit in Europa lebt, dort einmal einziehen. In den ersten Jahren betont die Dichterin – vor allem in ihrer beruflichen Korrespondenz –, dass sie nur vorübergehend in Israel sei. Auf ihrer neuen Visitenkarte steht: »Mascha Kaléko – New York – Jerusalem«. Vielleicht will sie sich die Möglichkeit offenlassen, nach Amerika zurückzukehren. Der Unterschied zwischen der Heiligen Stadt Jerusalem und der Millionen-Metropole New York ist nicht nur in Bezug auf die Größe enorm, auch das Klima, die Mentalität der Bevölkerung und der Alltag unterscheiden sich sehr. Vor allem aber hat Mascha Kaléko Verständigungsschwierigkeiten, denn sie spricht kein Hebräisch bzw. Ivrit. Am ersten Abend in Jerusalem wundert sie sich, dass wildfremde Leute sie mit ihrem Vornamen ansprechen und wie eine Bekannte begrüßen. Als sich herausstellt, dass diese Anrede »Ma hascha'a« (Wie spät ist es?) bedeutet, ist Mascha froh, dass sie doch nicht jeder kennt.[1a] In Jerusalem ist das Leben viel weniger anonym als in der Großstadt New York: »... hier weiß beinahe jeder alles«, erklärt sie in einem Brief und fügt ironisch hinzu: »Chemjo fragt denn auch zuweilen, wenn er Leute trifft: ›Schalom, wie geht es mir?‹« Mit Interesse registriert Mascha Kaléko die Entwicklung des Landes, das sie zuletzt 1938 gesehen hat: »Bei meinem ersten Besuch vor nahezu drei Jahrzehnten war dies das ›Palästina‹ unter britischer Mandatur gewesen. Heute aber grüßt mich das moderne Israel, der junge Staat, der sich (...) seine Unabhängigkeit errang. Die kleinen Söhne und Töchter der damaligen Einwanderer aus Deutschland sind inzwischen zu ex-Leutnants aus dem israelischen Befreiungskriege avanciert...« Erstaunt stellt sie fest, dass ihre

Schwester Rachel »keineswegs das Gewand der zionistischen Pioniermädchen« trägt, das Mascha »häufig im Palästina der ›dreissiger‹ Jahre, und nicht nur in den ›Kibbuz‹-Siedlungen,« aufgefallen war. »Ganz wie ihre Zeitgenossinnen in Berlin, Rom und Paris, von heute, schritt sie im enganliegenden Pulli und Röckchen einher, von der Frisur à la Juliette Gréco zu schweigen.«[2] Maschas Gefühle dem neuen Wohnort gegenüber sind ambivalent: Fremdheit und Vertrautheit wechseln einander ab. In den ersten Wochen empfindet sie in Jerusalem »eine Art Zuhausesein, das ich kaum definieren kann«.[3] Dabei wohnt das Ehepaar Kaléko-Vinaver zunächst im Hotel, da sich der Einzug in die möblierte Wohnung, die sie schon von New York aus gemietet hatten, immer wieder verzögert. Schließlich müssen sie doch eine andere Bleibe suchen, was nicht einfach ist. Im Sommer 1960 ziehen sie in die Gaza Road im Stadtteil Rehavia. In diesem von deutschen Juden gegründeten Viertel, das auch als das »vierte Reich« bezeichnet wird, wachsen die meisten Bäume. So erinnert die neue Umgebung sogar ein wenig an Berlin: »Das Beste sind die paar Bäume, die, wenn man sich an das Stein- u. Wüstenland der 30er Jahre erinnert, rührend sind. Von europ. ›Wald‹ keine Rede, aber Bäume vorm Haus und auch wenn man mit Einholekorb umherwandelt in Talbiyeh und Rehavia (...) ist es beinahe Dahlemisch.«[4]

Nicht nur die Stadtlandschaft erscheint ihr vertraut: »Auf der Straße fallen mir oft Gesichter auf, die mir unbekannterweise ›sehr bekannt‹ vorkommen, und zuweilen stellt sich nachher wirklich heraus, daß man einander 1930 aus dem Café am Olivaer Platz kannte oder aus dem Edenhotel von anno dazumal.«[5] Mascha Kaléko folgt den Spuren der von ihr verehrten »großen Dichterin« Else Lasker-Schüler, die ihre letzten Lebensjahre in der Heiligen Stadt verbrachte und ganz in der Nähe lebte. Die Landschaft bei Sonnenuntergang erinnert an die »Abendfarben Jerusalems«, die die jüdische Lyrikerin in ihrem Gedicht ›Sulamith‹ besang – »lange eh sie es (...) kannte«. Für Mascha Kaléko ist das ein Beweis für die kreative Sensibilität der Poeten: »... was ist schon ein Dichter, wenn nicht ein Ahner.«[6] Während in den in Amerika entstandenen Gedichten trotz der Sehnsucht immer auch Witz und treffsicher beschriebene Alltagsdetails aufleuchten, klingen Maschas späte Verse aus Jerusalem fast ausnahmslos deprimiert:

> Wenn ich »Heimweh« sage, sag ich »Traum«.
> Denn die alte Heimat gibt es kaum.
> Wenn ich Heimweh sage, mein ich viel:
> Was uns lange drückte im Exil.
> Fremde sind wir nun im Heimatsort.
> Nur das »Weh«, es blieb.
> Das »Heim« ist fort.
>
> *Heimweh, wonach?, Tr 105*

Das Klima am neuen Wohnort bekommt Mascha und Chemjo zunächst gut, und es geht ihnen gesundheitlich in der ersten Zeit besser als in New York. Doch das tägliche Leben ist in vielerlei Hinsicht völlig anders als in Amerika oder Europa. »Es gibt keine Abenddämmerung, um 4 bzw. 5 je nach Datum, fällt die Nacht vom Himmel mitten am hellen Tage. Mir ist immer etwas Angst und bange, so stell ich mir die menschliche Ur-Angst vor, als die Menschheit noch ganz neu war und auf einmal Dunkelheit fiel über ihre Welt. (…) Heute war ich (selten tun wir das) mit Vinaver ein bischen [sic] im Freien. Aber es war nicht einmal möglich, länger als eine halbe Stunde zu Fuss zu gehen, die Strassen um Jerusalem sind zu eng für Busse, Autos PLUS Fussgänger, und so gaben wir's auf und stiegen in den Bus, der vollgepfropft war mit irakischen und marokkanischen Leuten, Gemüsekorb im Arm, in Lumpen gehüllt und mit Angst vor frischer Luft, sodass beileibe kein Fenster offen sein durfte.«[7] Mascha Kaléko bedauert, dass weder sie noch ihr Mann einen Führerschein haben, um unabhängiger von den öffentlichen Verkehrsmitteln zu sein. Die Organisation des Alltagslebens ist viel anstrengender als in New York, vor allem für Mascha. Sie muss den Haushalt erledigen und täglich kochen, denn anders als in Amerika kann man in Jerusalem nicht schnell und preiswert Mittag essen gehen. Für die Dichterin mit ihrem empfindlichen Magen sind die Gerichte in den Restaurants

»entweder unerschwinglich oder unverdaulich«.[8] Die täglichen Haushaltspflichten erschöpfen sie: »Die Kocherei ist so kraft- und zeitraubend, wenn man jede dämliche Mahlzeit zu hause machen muss. Alles bleibt ›für morgen‹ liegen, Post und Wichtigeres … aber so auf ne freie Viertelstunde hin kann ich nicht dichten.[9] (…) Ich bin 24 Stunden lang im ›Dienst‹. Pflegerin, Köchin, Dienstmädchen, alles, nur nicht Ich.«[10]

Trotz der großen Unterschiede zwischen Israel und Amerika vermisst sie New York kaum und wundert sich, dass ihr nicht einmal der Central Park fehlt. Manchmal möchte sie »eine Stippvisite nach Chinatown«[11] machen oder zur Minetta Street im New Yorker Künstlerviertel Greenwich Village, wo sie siebzehn Jahre lang wohnte. Oder sie wünscht sich eine reguläre ›Sunday Times‹ mit allen Beilagen, denn in Jerusalem gibt es nur »die dünne overseas Ausgabe, die schmeckt gar nicht nach New York«.[12] Vor allem aber vermisst sie Europa und eine vertraute Sprache. »So immerzu blos Ivrit, kein Theater, kein Radio für mich, das ist für nen deutschen Barden schwer.« Gerne würde sie ihren Sohn, der gerade in London arbeitet, öfter besuchen, »sonst fällt mir das Dach noch über dem Kopf zusammen, vor lauter Europasehnsucht«.[13]

Mit großem Interesse verfolgen Mascha Kaléko und Chemjo Vinaver den Prozess gegen Adolf Eichmann, der für die Deportation und Ermordung von hunderttausenden Juden während des Dritten Reiches verantwortlich ist. Sie besuchen auch eine der Verhandlungen, die 1961 in Jerusalem stattfinden, »aber darüber kann man nicht schreiben, wenn man ein Herz hat«. Mascha liest täglich die Berichterstattung über den Prozess in der ›Jerusalem Post‹ und erfährt: »… wie wenig selbst wir wussten, denen so viel Allernächste vergast wurden. Hier sehe ich immerzu Menschen mit Nummern auf dem Arm, denn die Hitze ist zu heiss für lange schützende Ärmel … Wir fragen uns nur, wie sich das in Deutschland auswirkt, die Presse bringt sicher nicht alles. Und die faire und saubere Atmosphäre des Gerichtshofes in Jerusalem ist mehr als sich beschreiben lässt.«[14] Der

Prozess endet mit dem Todesurteil gegen Eichmann, der wenig später hingerichtet wird.

In einem Interview antwortet Mascha Kaleko einmal auf die Frage, ob sie sich für Politik interessiere: »Man muss wissen, was in der Welt vorgeht und (…) manchmal auch aufpassen und (…) nein sagen können.«[15] Auch der Bau der Berliner Mauer im August 1961 beunruhigt sie. Vermutlich ist sie nun froh, nicht dort zu wohnen, denn sie wäre wohl am liebsten wieder nach Berlin gezogen. Doch für ihren Mann war das – nach den Erfahrungen während des Nationalsozialismus – unmöglich, obwohl er bei seinen Aufenthalten dort kaum gesundheitliche Beschwerden hatte und das Klima für sein Asthma günstig war. Nun befürchtet die Dichterin, dass man auch im Westteil der Stadt nicht mehr sicher ist. Im August 1961 reisen Mascha Kaléko und Chemjo Vinaver erstmals seit ihrer Übersiedlung nach Israel für drei Monate nach Europa. Zunächst fliegen sie nach Zürich, wo Mascha Kaléko eine Funkaufnahme hat. Nach Jerusalem schickt sie eine Postkarte: »… es gießt zwar in Strömen, aber es ist doch Europa. (…) Ich genieße es sehr.«[16] Anschließend reist das Ehepaar nach England zu Steven, der dort beim Edinburgh Festival eine literarische Revue inszeniert. Er hatte seine Eltern gefragt, ob sie kommen könnten, um einen Erfolg mit ihm zu teilen oder ihn bei einem Misserfolg zu trösten. Mascha, die der BBC ein Interview gibt, berichtet Freunden: »Unser Sohn probt day and night, das Wiedersehen war alles wert …«[17] Doch durch den Londoner Nebel und den schottischen Regen bekommt Chemjo wieder einen Asthmaanfall und

Mascha Kaléko in Hamburg, Oktober 1961

muss noch vor der Premiere abreisen. Seine Frau bleibt, liest danach im PEN-Club in London und fährt anschließend nach Deutschland.

Nach Lesungen in Frankfurt am Main, Hannover und anderen Städten trifft sie sich mit einer Berliner Freundin vorsorglich in Hamburg. An den Sender Freies Berlin schreibt sie: »*Kopf hoch* in diesen kritischen Tagen für Berlin!«[18] Doch als sie erfährt, dass sich in Westberlin nichts geändert hat, reist sie weiter in die Vier-Sektoren-Stadt. Am 18. Oktober 1961 liest sie als Gast des Senators für Volksbildung in der »Urania«. Alle wichtigen Berliner Zeitungen berichten über diese Veranstaltung. ›Der Tagesspiegel‹ nennt die »Eigenart ihrer Lyrik (...) eine Verbindung von kabarettistischer Knappheit und Moralismus.«[19] Die ›Berliner Morgenpost‹ schildert den Auftritt der dunkelhaarigen, nur knapp ein Meter sechzig großen Dichterin: »Eine zierliche Person im schwarzen Kleid trippelt herein. (...) Sie begrüßt die Berliner mit herzlicher Schnoddrigkeit und einer Spur Ironie. (...) Mit langsamer, heller Stimme beginnt sie ihre Lesung: Kostproben aus dem ›Lyrischen Stenogrammheft‹, Emigranten-Gedichte und einen heiteren Auszug aus einem neuen Buch. (...) Die Verse der Kaléko kommen aus der Welt von Joachim Ringelnatz und Eugen Roth – kleine Weisheiten des Alltags aus weiblicher Sicht.«[20] Das Publikum ist begeistert, verlangt mehrere Zugaben, und die Autorin liest zum Abschluss ›Unsinn- und Sinngedichte‹ aus einem unveröffentlichten Manuskript. Der Andrang bei der Lesung ist so groß, dass es »mehr Autogrammjäger als Bücher«[21] gibt und die Buchhandlung Mascha Kaléko bittet, Zettel zu signieren, die später in die verkauften Bücher eingeklebt werden. »Die kleinen Ovationen in meinem heimatlichen Berlin waren mir nicht mehr neu, wenn auch immer willkommen, was mir neu war auf dieser Lesetournee, waren die jungen Menschen, nicht nur in Frankfurt, sondern vor allem in den kleinen Städten, und ihr waches Interesse für die Art meiner Bücher.«[22] Allerdings erscheint ihr neues Buch ›Der Papagei, die Mamagei und andere komische Tiere‹ erst kurz nach den erfolgreichen Lesungen. Sie widmet es dem inzwischen vierundzwanzigjährigen Sohn: »Für Steven und das Hündchen, das er nie bekam«. Es sind Gedichte für »verspielte Kinder aller Jahrgänge«:

Im Schaufenster das Krokodil
Hat Tränen viel verloren.
Umsonst: Es war am fernen Nil
Zur Brieftasche geboren.
Krokodilemma, LJ 151

Diese kurzen Strophen, die noch in New York entstanden sind, überraschen durch Originalität und Kalékos bewährte Mischung aus Witz, Ironie und Melancholie. Doch sie erreichen inhaltlich und formal nicht die Qualität ihrer früheren Gedichte. »Papagei sind keine Gedichte, bestenfalls Verse«[23], urteilt die Verfasserin selbst in dem Bewusstsein, dass dieser Band nicht ihr ganzes poetisches Können zeigt.

Der Schwan, wenn er sein Ende ahnt,
Das heißt: wenn ihm sein Sterben *schwant*,
Zieht sich zurück, putzt das Gefieder
Und singt das schönste seiner Lieder.

– So möcht auch ich, ist es soweit,
Mal eingehn in die Ewigkeit.
Der Schwan, Ein Epilog – LJ 159

Während sich die poetischen Formen in der deutschsprachigen Literatur in den fünfziger und sechziger Jahren verändern, bleibt Mascha Kaléko ihrer konventionellen Art zu dichten treu. Freie Rhythmen und Assoziationen, Sprachspiele und Strophen ohne Reim und festes Versmaß bestimmen die moderne Poesie. Die Dichterin kennt den Band ›Die Struktur der modernen Lyrik‹ von Hugo Friedrich, sie liest auch zeitgenössische deutschsprachige Dichtung, mit der sie allerdings – bis auf wenige Ausnahmen wie die Texte von Paul Celan – nicht viel anfangen kann. Sie informiert sich über die Literaturszene in Deutschland und besucht in Berlin eine Arbeitstagung zum Thema »Lyrik heute«, die im Rahmen des »Internationalen Kongresses der Schriftsteller deutscher Sprache« in der Berliner Kongresshalle stattfindet. Auf dem Podium sitzen Günter Grass, Peter Rühmkorf, Franz Mon, Günter Bruno Fuchs, Rudolf Hartung, Helmut Heissenbüttel und Walter Höllerer. Die Autoren lesen eigene Texte und diskutieren mit dem Publikum über Inhalte und Formen zeitgenössischer Lyrik und das serielle Herstellen von Gedichten, das die aktuelle Auffassung der Vermarktung von Kunst als Massenware für eine größere Öffentlichkeit bedient. Doch Mascha Kaléko ist das Gespräch zu theoretisch, in den Statements der jungen Lyriker kann sie ihre eigene Position nicht wiederfinden. Nachdem sie die Diskussion eine Weile verfolgt hat, meldet sie sich zu Wort und wendet ein, dass man »schöpferische Vorgänge nicht zerpflücken« könne, sie müssten den »einzelnen schöpferisch begabten Menschen« überlassen werden. »Ich habe noch nie etwas hergestellt. Und ich bin erstaunt und empört zu sehen, auf welche Art man Dichtung herstellen kann. Ich habe immer geglaubt, eine Lyrikerin zu sein, aber ich nehme meinen Hut und meinen Mantel und gehe, entschuldigen Sie bitte.«[24] Mit diesen Worten verlässt Mascha Kaléko den Saal. Einer Freundin, der sie von der Veranstaltung berichtet, erklärt sie ihre Enttäuschung mit dem Fazit: »Die ›fühlen‹ alle mit dem Gehirn.«[25] In einem unveröffentlichten Text bekennt sie, »auf kein einziges lyrisches ›Credo‹« zu schwören und »keinem Ismus« anzugehören. »Die modernen Neutöner im deutschen Dichterhain, die ihre Verse nach Rezepten aus der Retorte herstellen«, interessieren sie nicht. »In den Lyriker-Konferenzen und Symposien wird zwar ungeheuer viel von Techniken gesprochen und die Modernen greifen in unseren 60er Jahren auf den Expressionismus und andere Ismen der 20er Jahre zurück, aber leider scheint allzuoft das Wort zuzutreffen: was neu ist, ist nicht gut, und was gut ist, ist nicht neu. (…) Als meine Generation zu dichten anfing, waren die Ismen samt und sonders in die Mottenkiste gewandert (…). Heute holt man alles aus der Mottenkiste wieder heraus … (…) Die Alltagssprache zum Material der Dichtung zu machen, zum ›Zeug für Träume‹, das hatten Dichter (…) in Europa und Übersee Jahrzehnte zuvor getan. Wir hielten uns für Neutöner, da uns die Welt jener Dichter sprachlich kaum zugänglich war. Das Großstadt-Idiom miteinzuweben in den Vers, sich dem andern im Gedicht verständlich mitzuteilen, das war damals unser ›neuer Ton‹, nach Dada, Expressionismus usw. Um 1930 galt das als ›modern‹. Heute aber gilt es wieder so unverständlich wie nur irgend möglich zu dichten, nicht weil man muss (…) sondern weil das Komplizierte oder besser das Kompliziert-Klingende den Leser beeindruckt. (…) Denn was man nicht verstehen kann, das hört sich leicht nach Dichtung an.« Diese Absage an die zeitgenössische Lyrik zeigt, dass die Dichterin den Anschluss an die Moderne verpasst hat, sie bleibt ihrem Stil treu, den sie verteidigt und den ihre Leser schätzen. »Um so mehr erfreuen mich die Zuschriften meiner Leser. Aus denen ersehe ich wenigstens, dass es noch immer (…) Leute gibt, die auch Verse dann lieben, wenn sie ohne Gebrauchsanweisung entstanden sind.« Mascha Kaléko betont, sie brauche keine »Konferenzen (…) zur Hebung der Dichtkunst. (…) ›Lernen‹ von der ›Technik‹ des andern? Davon halte ich garnichts. (…) Ist es nicht die Stille, die der beste Mäzen des Dichters ist? Wozu alles zerreden?«[26] Die Diskrepanz zwischen ihrer eigenen Dichtung und der von der Literaturwissenschaft und -kritik höher eingeschätzten Lyrik ist ihr schon lange bewusst.

> (…)
> Gehöre keiner Schule an
> Und keiner neuen Richtung,
> Bin nur ein armer Großstadtspatz
> Im Wald der deutschen Dichtung.
>
> Weiß Gott, ich bin ganz unmodern.
> Ich schäme mich zuschanden:
> Zwar liest man meine Verse gern,
> Doch werden sie – verstanden!
>
> *Kein Neutöner, LJ 17*

Poetisch und selbstironisch zieht sie hier die Grenze zwischen den neuen literarischen Stilrichtungen und ihren eigenen Gedichten, die vielleicht unmodern, doch für jeden verständlich sind. Die Tagung »Lyrik heute« will den zeitgenössischen neuen Kanon der deutschen Dichtung zeigen und diskutieren. Dass dazu nur männliche Autoren eingeladen werden, passt in die sechziger Jahre, in der Frauen auch in der Literatur noch nicht gleichberechtigt sind und es schwer haben, ihre Texte durchzusetzen. Dabei gibt es wichtige Lyrikerinnen wie Nelly Sachs, Marie Luise Kaschnitz, Ingeborg Bachmann oder Hilde Domin, die die neuen Formen favorisieren und die Diskussion bereichert hätten. Mascha Kalékos Gedichte werden gern gelesen, unterscheiden sich aber deutlich von der modernen Dichtung der sechziger Jahre. Bei aller Treffsicherheit des Ausdrucks geht sie mit ihren Gedichten formal keine neuen Wege. Auch das ist ein Grund, warum es für die Autorin – neben der nachlassenden eigenen Produktivität – immer schwerer wird, ihre Texte zu veröffentlichen.

Die Reisen nach Europa und Deutschland sind für Mascha Kaléko wie ein Auftanken der alten, vertrauten Welt. Nach ihrer Rückkehr ist sie in Jerusalem wieder in der Rolle der Außenseiterin, der Heimatlosen. Die Situation hat sich umgekehrt: Während Chemjo Vinaver gut in der neuen Umgebung zurechtkommt, ist sie es nun, die die Landessprache – bis auf wenige Worte beim Einkaufen – nicht beherrscht, was ihre Zurückgezogenheit noch verstärkt. Sie hat viel aufgegeben, damit ihr Mann seine beruflichen Pläne verwirklichen kann. In Israel ist er an den Quellen der jüdischen Musik, kann die Arbeit an seiner Anthologie chassidischer Synagogalmusik fortsetzen und will auch wieder einen Chor gründen. Chemjo Vinaver trifft in Jerusalem Freunde, die er noch aus dem Berlin der dreißiger Jahre kennt und mit denen er Jiddisch sprechen kann. Auch durch seine wissenschaftliche Arbeit und seine Konzerte hat er mehr Kontakte als Mascha. Allerdings haben beide Probleme mit der Mentalität und den Arbeitsbedingungen in Israel. »Man merkt den Orient schon sehr, die Leute sind nicht so pünktlich (...) und das erschwert die Arbeit, ist man selber noch so hoffnungslos zuverlässig.«[27] Die Vorbereitungen für eine große Oratoriums-Aufführung, die im April 1962 stattfinden soll, sind nervenaufreibend – nicht nur für den Dirigenten, auch für seine Frau: »... die Leute, durch das Schicksal geplagt, haben sich Ordnung und Zuverlässigkeit etwas abgewöhnt, sodass ein Mensch wie mein Mann, der sich bei seiner Natur den Perfektionismus nicht abgewöhnen kann, es schwer hat. (...) Und wer weiss, dass Vollendung auf dieser Erde ohnehin unerreichbar ist, muss sich doppelt anstrengen, so nahe wie möglich dem Ziele nahezukommen – und in der Kunst gilt das genau wie in anderen Dingen ...«[28]

Nach monatelanger Suche finden Mascha Kaléko und Chemjo Vinaver endlich ein neues Domizil. Sie kaufen eine Eigentumswohnung in der King George Street 33, was nur möglich ist, weil die deutsche Entschädigungsbehörde nach jahrelanger Prüfung und langwieriger Korrespondenz eine Wiedergutmachung gezahlt hat. Doch statt »eines kleinstädtischen Hauses mit nur wenigen Mietern und Gärtchen, wie es hier üblich ist«, beziehen sie die Dachwohnung eines »Wolkenkratzers mit herrlichem Blick auf den Ölberg und die uns unzugängliche Altstadt«.[29] Einem Bekannten in Berlin berichtet Mascha Kaléko von den Vorzügen: »Keinen Nachbarn über uns ausser dem – hier herrlichen – Sternenhimmel. Und einen Blick auf das alte Jerusalem, das uns mit seiner uralten Vergangenheit genau so verschlossen ist, wie Ihnen ›Ostberlin‹. Aber von dem 7. Stock werden wir über die gefährliche Stadtmauer hinweg nach Jordanien blicken können. Der Teil Jerusalems, in dem Juden leben dürfen, ist leider sehr von Neubauten entstellt, die zwar der Notwendigkeit, Menschen zu behausen, Rechnung tragen, aber nichts von dem Geist der Altstadt verströmen ...«[30] In der Drei-Zimmer-Wohnung hat das Künstler-Paar einen gemeinsamen Wohnraum und jeder ein Zimmer für sich. Die Einrichtung ist – auch noch lange nach dem Umzug – spartanisch. Maschas Zimmer ist ein schlichter Raum, »... einer Mönchsklause nicht unähnlich. Die Möbel – ein Tisch, ein Schrank, ein Feldbett, zwei Stühle. (...) Ein großer metallener Karteischrank« birgt »die Korrespondenz; private in einem Kasten, Verlagsdinge im anderen, darunter Veröffentlichtes, daneben Unveröffentlichtes«.[31]

Mascha Kaléko hat viele Dinge in New York zurückgelasssen und bemüht sich – im Sinne des Zen-Buddhismus, mit dem sie sich seit Jahren beschäftigt – um Reduzierung. Schon beim Packen der Überseekoffer notierte sie, dass der Mensch im Grunde nicht einmal ein Zehntel dessen brauche, was er ansammele.[32] In den ersten Monaten in der neuen Wohnung kommen die beiden allerdings kaum zur Ruhe. Kurz nachdem alles renoviert und eingerichtet ist, platzt ein Wassertank, der auf dem Dach steht. Da während der Regenzeit im Winter Wände und Decken nicht richtig trocknen können, dauern die Renovierungsarbeiten bis in den Frühling. »An Misere mangelt es uns nicht, dabei soll einer leben und arbeiten. Ich habe das Leben zuweilen sehr über. Keine Kraft ...«[33], klagt Mascha in einem Brief. Sie hat zwar wieder ein Zuhause, aber sie fühlt sich nicht heimisch. Da sie die Landessprache nicht beherrscht, ist es schwer, neue Kontakte zu knüpfen oder Freunde zu finden. Immerhin wird der Kontakt zu Suse Weltsch, ihrer vertrauten Freundin aus dem Berlin der dreißiger Jahre, wieder intensiver. Suse Weltsch emigrierte mit ihrem Mann, dem Journalisten und Zionisten Robert Weltsch, 1938 nach Palästina und lebte nach ihrer Scheidung in einem Kibbuz. Die anderen Freunde sind weit entfernt. Kurt Pinthus in New York bittet sie: »Schreiben Sie mir mal einen Sonntagvormittag-Schreibebrief, der mir unsere Telefongespräche aus Manhattan wieder ersetzt, bis ich selber dort bin.«[34] Die Korrespondenz mit Freunden und Bekannten in Amerika und Europa wird wichtiger und intensiver. Denn nur wenige Vertraute – wie Johannes und Gertrude Urzidil aus New York – besuchen Mascha und Chemjo in Jerusalem. Ihre Wohnung in der Minetta Street in New York haben sie, da Steven nun in London wohnt und arbeitet, einer Bekannten zur Verfügung gestellt, die allerdings die zurückgelassenen Möbel, Bücher und Schallplatten veruntreut und Amerika verlässt, so dass sie nicht zur Rechenschaft gezogen werden kann. Diese menschliche Enttäuschung belastet das Ehepaar Kaléko-Vinaver sehr. Doch am meisten leiden sie darunter, dass sie Steven so selten sehen. Erst 1961, fast zwei Jahre nach ihrer Übersiedlung nach Israel, besucht er seine Eltern erstmals in Jerusalem. Er hat – wie Mascha feststellt – »seit langem das Bedürfnis, sich auszusprechen und seine ungewisse Zukunft mit uns zu überlegen, soweit man darauf Einfluss hat«.[35] Danach lässt er wieder lange nichts von sich hören. Diese Nachlässigkeit des Sohnes, der sich oft wochen- oder monatelang nicht meldet, ist für Mascha und Chemjo schwer zu ertragen und über Jahre hinweg ständiger Anlass zu Sorge, Ärger und Verzweiflung. Seine Mutter, die Stevens Schreibfaulheit inzwischen schon als »Schreibkrankheit« bezeichnet, mahnt ihn immer wieder und erklärt ihm, wie unsympathisch ihr Leute sind, die Briefe nicht beantworten. Chemjo Vinaver scheint das noch mehr zu bedrücken als Mascha; die Ungewissheit macht ihn so unruhig, dass er nicht arbeiten kann. Seit einigen Jahren ist Stevens Verhältnis zum Vater enger als das zur Mutter, mit deren kompromissloser Art der Sohn oft Schwierigkeiten hat. Vermutlich wird seine Beziehung zu ihr auch dadurch belastet, dass sie seine Homosexualität nicht wahrhaben will und er in dieser Hinsicht wenig Verständnis bei ihr findet.[36] So kann Steven über einen wichtigen Teil seiner Persönlichkeit mit den Eltern nicht sprechen. Im Berufsleben versuchen sie ihn zu unterstützen, und Mascha ahnt, »dass es nicht nur seelische Probleme sind, die er zu bewältigen hat, sondern auch der Lebenskampf«, der seine Kräfte mehr herausfordert, »als er erträgt, wie schlimm muss es sein, mit seiner Sensibilität, die er oft hinter Trotz und Stolz verbirgt, den Geschäftsmethoden der Managers ausgesetzt zu sein.«[37] Vielleicht spürt Steven noch immer einen indirekten Erfolgsdruck der Eltern, die beide als Künstler anerkannt sind, und will ihnen beweisen, dass er auf seinem Gebiet auch erfolgreich ist. Wenn das nicht der Fall ist, meldet er sich nicht. Dabei versichern ihm Mascha und Chemjo immer wieder: »We love you mit oder ohne success«.[38] Im September 1963 besucht Steven Vinaver, der für seine Revue ›Twist‹ 1962 den Preis der Londoner Kritik für die beste Revue des Jahres erhalten hat, die Eltern zum ersten Mal in der neuen Wohnung und bleibt zwei Wochen. Mascha und Chemjo sind so glücklich, ihn endlich wiederzusehen, dass sie ihm alles verzeihen. Steven Vinaver ist ein schlanker, hochgewachsener Mann, der alle, die ihn treffen, durch seinen Charme bezaubert. Bei diesem Aufenthalt macht die Familie auch Verwandtenbesuche. Maschas Schwester Rachel und ihr Bruder Haim mit seinen drei Kindern leben im etwa fünfzig Kilometer entfernten Tel Aviv. Die fast achtzigjährige Mutter, um die sich vor allem Rachel kümmert, ist in einem nahegelegenen Altersheim untergebracht. Kurz nach ihrer Übersiedlung nach Israel besuchte Mascha Rosa Engel dort zum ersten Mal. Sieben Jahre zuvor – beim ersten Wiedersehen nach fast zwanzig Jahren – hatte sie die Eltern noch in der gemeinsamen Wohnung angetroffen. In Maschas Erinnerung war vermutlich noch das Bild der »schönen und eleganten« Mutter aus den zwanziger Jahren lebendig. Die Wirklichkeit muss erschütternd gewesen sein. In den Texten – ein kurzes Prosastück und ein Gedicht –, die nach dem Besuch im Altersheim entstehen, schildert Mascha Kaléko die Begegnung mit der Mutter nicht. Allein über die Beschreibung der Gegenstände gelingt es der Dichterin, in wenigen Zeilen die beklemmende Atmosphäre einzufangen:

> Krücken hängen hier
> Wie anderswo die Schirme.
> Zwei Rollstühle, alt und schäbig
> Schweigen miteinander.
> Es riecht nach Pfefferminz
> Und etwas Karbol.
> (...)[39]

Mascha Kaléko besucht die Mutter nun häufiger, doch ist dies immer »ein trauriges Wiedersehen«.[40] An ihre Cousine in New York schreibt sie: »Mutti geht es nicht besser, leider. Jeder Besuch deprimiert alle Kinder. Seit Papas Tod hat sie gar keinen Lebensmut mehr, Gott bewahre mich davor, so alt zu werden.«[41]

Zu ihrem siebzehn Jahre jüngeren Bruder Haim hat Mascha keine enge Beziehung. Sie nennt ihn einen braven, begabten und gescheiten, doch amusischen Menschen, bei dem Sauberkeit und Ordnung im Mittelpunkt stehen, die Gefühle aber zu kurz kommen. »Während bei mir das Emotionelle im Vordergrund ist, obwohl im Hinterzimmer durchaus ein nicht unklarer Geist und sogar etwas Vernunft zur Miete wohnen.« Bedauernd stellt Mascha fest, dass sie mit dem Bruder außer den Eltern nichts gemeinsam habe und er bei ihr vor allem Patriotismus vermisse. »Auch hat er einen heillosen Respekt vor dem was sich schickt. Während ich schon als Kind so handelte, als schicke sich, was mir geschickt wird.«[42] Mascha und Chemjo werden zwar Paten von Haims Sohn, doch ändert sich das Verhältnis der Geschwister dadurch nicht. Am nächsten steht ihr die jüngste Schwester Rachel, die als Journalistin für die zweitgrößte Tageszeitung Israels arbeitet. »Ich bin sehr stolz auf diese Schwester, sie hat hier großen Erfolg mit einer neuen Radioserie und ihren Kunstkritiken ...«[43] Puttel, wie sie die Schwester seit der Kindheit nennt, reiste trotz Grippe aus Tel Aviv an, als es Mascha kurz nach der Übersiedlung aus Amerika in Jerusalem schlecht ging, weil Chemjo krank war, sie immer noch keine Wohnung hatten und sie sich überfordert fühlte. In der Reihenfolge der ihr wichtigsten Menschen nennt Mascha Rachel an dritter Stelle nach Chemjo und Steven. Maschas Beziehung zu ihrer Schwester Lea, die nach dem glücklichen Wiedersehen 1956 in Berlin einige Monate sehr innig war, hat sich deutlich abgekühlt. Lea lebt in Frankfurt am Main und arbeitet bei der United Restitution Organisation (URO), die außerhalb Deutschlands wohnende Holocaust-Überlebende bei Wiedergutmachungs- und Entschädigungsanträgen unterstützt. Wenn Lea nach Israel kommt, sehen sich die beiden kaum. Mascha empfindet die Schwester als unehrlich und egoistisch und meidet den Kontakt zu ihr, da sie sich ausgenutzt fühlt. »Ich war jahrzehntelang ihr Leuchtturm, wenn das wacklige Schiffchen umzukippen drohte. Ich war immer da in allen Erdteilen ...«[44] Und in einem Brief an eine Bekannte gesteht die Dichterin: »Es ist schade, dass es einem oft mit Brüdern und Schwestern nicht besser ergeht als mit anderen Leuten. Mir sind oft Fremde viel näher als Verwandte, – ›Blut‹ ist offenbar doch nicht so wichtig wie manche meinen mögen, Seelenverwandtschaft ist bindender.«[45]

Es dauert einige Zeit, bis Mascha Kaléko in Jerusalem Menschen findet, denen sie sich seelisch verbunden fühlt. Sie lernt eine junge französische Malerin kennen, mit der sie Autofahrten durch die Umgebung macht, wenn beide in deprimierter Stimmung sind. Später freundet sie sich mit der Ehefrau eines Arztes an, auch in dieser Freundschaft geht es vor allem darum, sich gegenseitig zu helfen und melancholische Stunden zu meistern. In einem Brief bekennt Mascha Kaléko: »Immer schwerer wird es mir, unter den Menschen zu leben, – oder gar mit ihnen. Dazu zähle ich allerdings nicht meinen Mann, denn er ist ich, fast.«[46] Doch die harmonische, fast symbiotische Beziehung der beiden Künstler kann die bedrückende Lebenssituation nur teilweise mildern. Je länger Mascha Kaléko in Israel lebt, desto mehr scheinen für sie die Nachteile zu überwiegen. Zu der Isolierung kommen bald auch gesundheitliche Probleme, das Klima macht Mascha und Chemjo zu schaffen: »Der Winter in Jerusalem ist kalt und stürmisch, wenn auch nicht allzulange während, aber es ist ein so krasser Übergang von Kälte zu Hitze. Man kann sich darum kaum an die Schwankungen ›gewöhnen‹, besonders wer etwas am Herzen hat. Und im Sommer gibt es die Schirokko-Chamsine.«[47] Diese trockenheißen Wüstenwinde treten oft mit extremen Temperaturen und Sandstürmen auf, die alles mit feinem gelbem Staub bedecken. Das Wüstenklima ist zwar für Chemjos Asthma günstig, nicht aber für sein krankes Herz. Die Belastungen durch das ungewohnte Klima, den Alltag, die Krankheit des Mannes und eigene Beschwerden werden immer größer. Immer wieder schildert Mascha ihre Unzufriedenheit und Erschöpfung: »Der Alltag raubt mir Zeit und Kraft, im Winter schrieb ich sogar wieder ein bischen [sic], aber jetzt muss ich wieder immerzu kochen und haushalten, ich schrieb schon mal darüber, wie schlimm es um uns schaffende Frauen bestellt sei, einfach weil wir keine ›Frau‹ haben, die kocht und tippt.«[48]

»Die Leistung der Frau in der Kultur«

Zu deutsch: »Die klägliche Leistung der Frau.«
Meine Herren, wir sind im Bilde.
Nun, Wagner hatte seine Cosima
Und Heine seine Mathilde.

Die Herren vom Fach haben allemal
Einen vorwiegend weiblichen Schatz.
Was uns Frauen fehlt, ist »Des Künstlers Frau«.
Oder gleichwertiger Ersatz.

Mag sie auch keine Venus sein
Mit lieblichem Rosenmund,
So tippt sie die Manuskripte doch fein
Und kocht im Hintergrund.
(…)
Petrarcas Seele, weltentrückt,
Ging ans Sonette-Stutzen
Ganz unbeschwert von Pflichten, wie
Etwa Gemüseputzen.
(…)
Gern schriebe ich weiter
In dieser Manier,
Doch muß ich, wie stets,
Unterbrechen.
Mich ruft mein Gemahl.
Er wünscht, mit mir
Sein nächstes Konzert
Zu besprechen.

Die Leistung der Frau in der Kultur, Tr 96

Die Belastungen des Alltags, denen Mascha Kaléko fortwährend ausgesetzt ist, hindern sie daran, zu schreiben und sich um die Veröffentlichung ihrer Gedichte zu kümmern. Auch hat sie weder Zeit noch Kraft, sich dafür einzusetzen, dass ihre Texte in Israel bekannter werden. Als Autorin ist sie dort von ihrer Sprache und – bis auf wenige Ausnahmen – ihren Lesern abgeschnitten. »… die Leser, denen meine Bücher wichtig sind, scheinen sie ohnehin aus Deutschland zu beziehen, soweit sie von dem Erscheinen erfahren. Ich bin sogar auf meinen Leseabenden an einigen Orten in Deutschland von Israelis mit Schalom begrüßt worden – und um meine Unterschrift in Ivrit gebeten worden, was ich nett fand und tat.«[49] Doch der deutsche Buchmarkt ist weit entfernt. Sie freut sich über die Publikation ihrer Lyrik in einigen Anthologien. In der von Siegmund Kaznelson herausgegebenen Sammlung ›Jüdisches Schicksal im deutschen Gedicht‹ ist sie mit acht Beiträgen vertreten. Der Herausgeber einer englischen Lyrik-Anthologie, Patrick Bridgwater, möchte fünf Gedichte von ihr, die er selbst ins Englische übertragen hat, in seine Sammlung aufnehmen. Mascha Kaléko gratuliert ihm zu seiner Übersetzung und freut sich über diese Veröffentlichung besonders. Die zweisprachige Sammlung ›Penguin Poet Twentieth Century German Verse‹, die 1963 erscheint, ist die erste englische Anthologie, in der Gedichte von ihr enthalten sind. Hermann Kesten nimmt ihr Gedicht ›Der Traum des Tschuangtse‹ in seine Anthologie ›Europa heute – Prosa und Poesie seit 1945‹ auf. Der Dichterin wäre es angenehmer gewesen, wenn er ein anderes, typischeres Gedicht von ihr ausgewählt hätte. Doch immerhin erreicht sie, dass der Kindler Verlag, in dem das Buch erscheinen soll, ihr nicht nur fünfzehn, sondern fünfundzwanzig Mark Honorar zahlt.[50] Mascha Kaléko, die im Privatleben – obwohl sie meist wenig Geld hat – sehr großzügig ist und es vorzieht, zu schenken als beschenkt zu werden, achtet als Autorin sehr auf angemessene Honorare. Als sie vom New Yorker ›Aufbau‹ einmal für den Abdruck eines Gedichtes einen Scheck über fünf Dollar bekommt, empfindet sie das als »Dis-Honorar« und empfiehlt dem Herausgeber Manfred George: »Wenn also Sparmaßnahmen nottun, dann schlage ich vor, lieber tote Dichter zu bringen, die ja meistens keine Honorarforderungen mehr stellen und von denen es allerlei Gutes gibt, und von der Lyrik der Lebenden nur das, was seine 10 Dollar wert ist. – Damit würde auch das lyrische Niveau des Blattes automatisch erhöht.«[51]

Doch diese Veröffentlichungen in Zeitschriften und Anthologien sind nur kleine Erfolge, die sie nicht darüber hinwegtäuschen, dass ihre Kreativität seit dem Umzug nach Israel deutlich nachgelassen hat. Die gravierenden Veränderungen ihrer Lebensverhältnisse und die Isolation intensivieren Mascha Kalékos Gefühle der Fremdheit und des Ausgeschlossenseins, die sie seit ihrer Kindheit kennt. In dieser bedrückenden Lebenssituation verstärkt sich die Schreibblockade, die schon in New York begonnen hatte. In ihrem Alltag, in ihrem Handeln und ihren Gedanken überwiegen nun die schwermütigen und resignativen Stimmungen, und so klingen auch in ihren Gedichten andere Töne an. Das Sprachproblem mit der Außenwelt bringt die Dichterin auch innerlich fast zum Verstummen.

> Reden schafft Lärm
> Schweigen schafft Stille
> Stille ist Fülle. Worte nur Hülle [52]

Seit dem Tod von Ernst Rowohlt 1960 fühlt sie sich von ihrem alten Verlag nicht nur vernachlässigt, sondern boykottiert. Mascha Kaléko ist verärgert, weil die ›Verse für Zeitgenossen‹ nicht mehr lieferbar sind, nachdem die erste Auflage von dreitausend Exemplaren vergriffen ist. Und auch ›Das lyrische Stenogrammheft‹, das über achtzigtausendmal verkauft wurde, wird nicht wieder neu aufgelegt. Der Verlag ist der Meinung, dass »die Sahne abgeschöpft sei«.[53] In einem Brief an Hermann Kesten vermutet sie, dass möglicherweise ihr Beharren auf den Funkhonoraren der Grund dafür ist. Denn der Verlag war nicht damit einverstanden, dass sämtliche Rechte bei der Autorin blieben. »Sie sehen, der ›kämpfende Benjamin‹ von 1956 hat sich kaum gewandelt. (...) Ich glaube auch, dass ein Band Emigrationsverse mindestens so gut gehen kann, wenn man ihn nicht versteckt, wie das mit meinen VERSEN geschehen ist.«[54] 1963 lässt sich Mascha Kaléko von Rowohlt die Rechte an beiden Büchern zurückgeben. Doch die Suche nach einem neuen Verlag für ihre beiden Bestseller ist schwierig. Dem Fackelträger Verlag, der ihr letztes Buch publizierte, möchte sie ihre wichtigsten Bücher nicht anvertrauen. Mascha Kaléko wendet sich an mehrere namhafte deutsche Verlagshäuser, wie S. Fischer, Hanser, Droemer, Ullstein und Kiepenheuer & Witsch. Obwohl ihre Gedichte allen Lektoren gefallen, bedauern sie, die Veröffentlichung ablehnen zu müssen, weil sich nur klassische Gedichte verkaufen oder die Texte nicht ins Verlagsprogramm passen. Die Absagen deprimieren die Dichterin, denn von Lesern wird sie immer wieder nach ihren Büchern gefragt. »Ich bin gar nicht mehr auf dem Buchmarkt vertreten, es ist elend.«[55] In Israel ist sie viel mehr vom literarischen Europa abgeschnitten als in Amerika: »Ich habe (…) wenig Lust, von hier aus etwas zu beginnen. Es ist alles

Mascha Kaléko vor der Akademie der Künste in Berlin, Mai 1964

schwer, wenn man so weit weg ist – NY war viel ›näher‹, wie es scheint.«[56] In Israel kennt man ihren Namen und ihre Bücher kaum, obwohl sie Anfang 1964 eine Lesung in einem Club in Jerusalem hat. Deshalb ist es besonders wichtig für Mascha Kaléko, regelmäßig nach Europa zu reisen. Vor allem im Sommer, wenn es unerträglich heiß ist in Jerusalem, fahren Mascha und Chemjo auf den vertrauten Kontinent. Die Reisen in die Schweiz und nach Deutschland tun Mascha gut. Hier hat sie Kontakt mit ihren Leserinnen und Lesern, kann als Autorin auftreten und erfährt die Zuneigung des Publikums. Fast drei Jahre sind vergangen seit ihrer Lesereise im Herbst 1961, als Mascha Kaléko im Frühjahr 1964 wieder nach Deutschland fährt. Die West-Berliner Akademie der Künste stellt ihr ein Appartement zur Verfügung, »worauf ich mich freue wie ein Schneekönig. Tiergarten im Mai!«[57]

Sie liest vor zahlreichem Publikum im Kleist-Saal der »Urania« heitere frühe Verse und melancholische Exilgedichte. Dabei ist es besonders ärgerlich, dass ihre beiden wichtigsten Bücher vergriffen sind. In der Berliner Presse erscheinen positive Berichte über die Veranstaltung und einige ihrer Gedichte.

Dem Sender Freies Berlin gibt Mascha Kaléko ein Interview, in dem sie bekennt, dass sie eigentlich nie ganz ausgewandert sei. »Man spürt die Dinge, die man nicht mehr hat, stärker wenn man sie nicht mehr hat.« Sie betont, wie gut Amerika zu ihr gewesen sei, doch es war »nie meine Heimat, sondern meine Zuflucht«.[58] Die Redakteurin, Lore Ditzen, ist von der »Intensität und Liebenswürdigkeit« der Dichterin mit den »Augen wie Kirschen« beeindruckt und schildert ihr Auftreten als »leise und lebendig«[59] zugleich. Zum Abschluss des Gespräches liest Mascha Kaléko mit ihrer hohen, jugendlichen Stimme bekannte und neue Gedichte aus dem Band ›Verse für Zeitgenossen‹.

Wohin ich immer reise,
Ich fahr nach Nirgendland.
Die Koffer voll von Sehnsucht,
Die Hände voll von Tand.
So einsam wie der Wüstenwind.
So heimatlos wie Sand:
Wohin ich immer reise,
Ich komm nach Nirgendland.
(...)
Kein Kinderlied, LJ 34

Von Berlin reist Mascha Kaléko nach London zu Steven. Er überrascht seine Mutter am 7. Juni mit einem Geburtstagstisch. Mascha, die täglich etwa fünf bis sechs Zigaretten raucht, freut sich über ein elegantes Feuerzeug, einen Reisewecker und »eine mit brennenden Kerzen besteckte Torte! Ich war gerührt (...) darin bleibe ich wie ein Kind.«[60] Ein paar Tage später liest sie im German Institute in London und fährt anschließend mit dem Schiff nach Oslo, wo sie am PEN-Kongress teilnimmt. Danach treffen sich Chemjo und Mascha in der Schweiz und verbringen einen gemeinsamen Urlaub, zu dem auch Steven für eine Woche anreist.

Mascha, Chemjo und Steven im Juli 1964 in der Schweiz (Flims)

Kaum nach Jerusalem zurückgekehrt, wird Mascha Kaléko krank und leidet monatelang an einer Nervenentzündung. Einer Freundin in Berlin berichtet sie im Frühjahr 1965: »Meine Ärzte sind recht hilflos. Orthopäden, Neurologen, Internisten – immerfort andere Medikamente, immer weniger Hilfe. Ich habe seit September noch nie mehr als 2–3 schmerzfreie Tage per Woche, in den letzten Monaten auf 1 schmerzfreien Tag reduziert. (...) Wir haben hier einen Winter hinter uns, unsäglich, dagegen war New York [ein] Paradies. Nun haben wir seit März Hitze Kälte Regen, 3 Jahreszeiten täglich, das ist Gift für meinen Zustand, noch einen Winter in Jerusalem und mein längstverfasster ›Epitaph für mich selbst‹ wird aktuell.«[61]

Hier liegt M. K., umrauscht von einer Linde.
Ihr »letzter Wunsch«: Daß jeglicher was finde.
– Der Wandrer: Schatten, und der Erdwurm: Futter.
Ihr Lebenslauf: Kind, Weib, Geliebte, Mutter.
Poet dazu. In Mußestunden: Denker.
An Leib gesund. An Seele sichtlich kränker.

Als sie verschied, verhältnismäßig jung,
Glaubte sie fest an Seelenwanderung.
– Das erste Dasein ist die Skizze nur.
Nun kommt die Reinschrift und die Korrektur. –
Sie hatte wenig, aber treue Feinde.
Das gleiche, wörtlich, gilt für ihre Freunde.

– Das letzte Wort behaltend, bis ans Ende,
Schrieb sie die Grabschrift selber. Das spricht Bände.
Epitaph auf die Verfasserin, Tr 137

Seit dem Umzug nach Jerusalem haben sich Mascha Kalékos und Chemjo Vinavers Lebensbedingungen deutlich verschlechtert. Beide sind immer öfter krank, die finanzielle Situation ist schwierig, auch weil regelmäßig teure Medikamente bezahlt werden müssen. Mit den Schwestern kommt es zum Streit und schließlich zum Bruch wegen Geldangelegenheiten. Vermutlich liegen dem seit der Kindheit verdrängte oder unterdrückte Konkurrenzgefühle zugrunde. Mascha fühlt sich als moralische und finanzielle »Rettungsstelle« und hat den Eindruck, Rachel würde sich mit Lea verbünden. Sie vermutet, dass die Schwestern auf ihr gutes, jugendliches Aussehen, ihre glückliche Ehe und beruflichen Erfolge neidisch sind. Mascha selbst fühlt sich nicht privilegiert, sondern leidet immer mehr unter den veränderten Lebensumständen. Steven, der die Eltern im Sommer 1965 nur kurz besucht hat, ist weit weg und meldet sich nach wie vor selten. Die große räumliche Distanz zum Sohn macht den Eltern immer mehr zu schaffen: »Wir leben von seinen Telegrammen und Telefongesprächen.«[62] Der Vater, der den Sohn einmal »seine beste Komposition«[63] nennt, bittet Steven, nie wieder zu telegrafieren, dass sofort ein Brief folgen würde, weil die Eltern das immer wieder glauben und »vor so viel Enttäuschung schon allergisch gegen dieses Versprechen sind«.[64] Wenn endlich Post von Steven kommt, schickt er Bücher und Schallplatten und schreibt lang und ausführlich. Dann tauscht er sich mit seinem Vater über Musik aus und berichtet seiner Mutter begeistert von einem Treffen mit Helene Weigel im Berliner Ensemble, wo so »wunderbar Theater gespielt wird, dass man glücklich« sei.[65] Als Mascha 1965 eine Kur in der Schweiz macht und Steven kurz in Zürich trifft, erzählt sie ihm, dass sie sich Sorgen um Chemjo mache, weil sie seit drei Tagen nichts von ihm gehört habe. Daraufhin schickt Steven seinem Vater einen empörten Brief und erklärt ihm, er sei zu alt, um die schlechten Gewohnheiten seines Sohnes anzunehmen.

Auch in beruflicher Hinsicht mehren sich für Mascha Kaléko die Enttäuschungen. Lesungen werden abgesagt, weil ihre Bücher nicht auf dem deutschen Buchmarkt präsent sind. Außerdem muss sich die Dichterin immer wieder mit Verletzungen ihrer Autorenrechte auseinandersetzen. Das ›Hamburger Abendblatt‹ veröffentlicht ein nur wenig verändertes Gedicht von Mascha Kaléko unter dem Namen eines anderen Autors und erhält daraufhin über zwanzig Briefe von aufmerksamen Lesern, die die Zeitung auf dieses »üble und wenig phantasievolle Plagiat« hinweisen. Ein Berliner Kabarettist verwendet Auszüge aus Kalékos Texten, ohne ihren Namen zu nennen. Ihre Gedichte werden gedruckt, vertont und auf Schallplatten gepresst, ohne ihre Genehmigung. »Es scheint wohl, ich muss mich langsam daran gewöhnen, stillschweigend zuzusehen, wie ich bestohlen werde. (…) wenn man aber so lange so weit vom Schuss war, scheint es schwer, seinem Rechte nachzulaufen, insbesondere, wenn man das bischen [sic] Zeit, Kraft und Geld, das einem zur Verfügung steht, für sein Leben und seine Arbeit benötigt.«[66] Mascha Kalékos Gedichte und Chansons wurden schon in den dreißiger Jahren vertont. Durch ihre einprägsamen Reime und die Vers- und Strophenform bieten sie sich geradezu dafür an, auf der Bühne vorgetragen und gesungen zu werden. Nicht immer ist die Autorin mit der Vertonung und Interpretation einverstanden. Sie achtet genau darauf, dass die Melodie zum Inhalt passt und nicht zu sehr dominiert. Doch viele Produzenten setzen sich über ihre Wünsche und Anregungen hinweg. In solchen Fällen verweigert sie die Erlaubnis. Der Deutschen Grammophon-Gesellschaft begründet die Dichterin ihr Missfallen nach dem Erscheinen einer Schallplatte mit Interpretationen ihrer Gedichte von Hanne Wieder: »Die Musik hat (…) eine graue Monotonie, die das Anhören ermüdend macht. Auch steht sie zu sehr im Vordergrund. Statt zu untermalen, ›übermalt‹ sie oft zu einem Grade, dass Textstellen erstickt werden. Auch koinzidiert sie im musikalischen Akzent zuweilen nicht mit dem Text-Akzent, so dass Frau Wieder den Text ›strecken‹ muss, damit nur ja die Musik auf ihn passe …«[67] Manchmal erfährt Mascha Kaléko nur durch Zufall oder gar nicht von der Vertonung ihrer Gedichte. Bis Ende 1965 gilt in Deutschland das »alte Literatur-Urhebergesetz« aus dem Jahre 1901, in dem in zwei Paragraphen »die sogenannte Vertonungsfreiheit für Gedichte festgelegt war. Danach durfte jeder Komponist jedes beliebige Gedicht nicht nur vertonen, sondern auch mit und – unter gewissen Voraussetzungen – ohne die Musik drucken, verbreiten und aufführen lassen, ohne den Dichter befragen und ihn an den Einnahmen beteiligen zu müssen. Voraussetzung war lediglich, daß es sich um bereits veröffentlichte Texte handelte.«[68] Das bedeutet, dass Gedichte, die vor 1966 erschienen waren, von jedem vertont werden durften. Das neue Urhebergesetz, in dem die Vertonungsfreiheit gestrichen wurde, tritt zum 1. Januar 1966 in Kraft. Nun muss jeder Komponist, der ein Gedicht vertonen will, die Dichterin oder den Dichter um Erlaubnis fragen. Das bringt nun auch Mascha Kaléko hin und wieder Einnahmen, allerdings sind diese kaum der Rede wert. Für die Vertonung eines ihrer Gedichte erhält sie im Jahr 1966 beispielsweise 2,75 DM.

Auch Chemjo Vinaver hat berufliche Schwierigkeiten. Ursprünglich sollte er den »Israel National Chorus« gründen, doch wurde daraus nur der »Jerusalem Choir«. Als er diesen nach jahrelanger Arbeit aufgebaut und erste Erfolge hat, muss er – vermutlich aus finanziellen Gründen – den Chor auflösen. Kurz danach erleidet Chemjo Vinaver einen Herzanfall. Zur Rekonvaleszenz und um der Hitze in Israel zu entgehen, reist Mascha mit ihrem Mann im Juni 1966 nach Berlin, wo sie als Gast der Akademie der Künste in einem Hochhaus in der Nähe der Akademie wohnen. Dort besucht Steven seine Eltern für eine Woche. Im Juli fährt das Ehepaar nach Baden-Baden zu einem Kuraufenthalt. Doch Chemjos Zustand verschlechtert sich, und er wird ins Nymphenburger Krankenhaus in München eingeliefert. Mascha, die den Eindruck hat, die Ärzte hätten ihn schon aufgegeben, mietet ein möbliertes Zimmer und fährt sechs Wochen lang jeden Tag zu Chemjo, um ihn zu betreuen und zu pflegen. Oft nickt sie vor Erschöpfung im Sessel ein. Sie isst wenig, schläft kaum und ist durch die schwere Erkrankung ihres Mannes sehr deprimiert.

> Willst du ihn von mir nehmen
> So nimm mich mit.
> Um ihn will ich mich grämen
> Und leiden wie ich litt.
>
> Mit ihm mag ich mich freuen
> Und heiter sein.
> Du kanntest uns zu zweien,
> Herr, lass mich nicht allein.
> (…)
> – Was immer mag geschehen,
> Ein Fremdling hier ich bin:
> Herr, lass mich mit ihm gehen
> Ins Allwohin.[69]

Der Zustand von Chemjo Vinaver ist so ernst, dass Steven, der gerade in Amerika arbeitet, anreist, um den Vater zu besuchen und Mascha zu unterstützen. Bei diesem Treffen wird das Verhältnis zwischen Mutter und Sohn wieder inniger. Nach Stevens Abreise klagt Mascha in einem Brief: »… leider musste er mich wieder allein lassen. (…) Ich bin so müde, darf aber nicht.«[70] Enttäuscht berichtet sie einer Freundin, dass sie in dieser Zeit alle »Karriere-Chancen« und beruflichen Termine absagen musste. Der lange Krankenhausaufenthalt ihres Mannes, der erst im Oktober entlassen wird, hat Mascha Kaléko erschöpft. Kaum nach Jerusalem zurückgekehrt, erleidet sie einen Nervenzusammenbruch, »unaufhörlich ist es eine Prüfung, den Tag zu bestehen«.[71] Ein Fernsehteam aus Köln, das eine Lesung in ihrer Wohnung aufzeichnen will, kann sie nicht empfangen.

Im Herbst 1965 lernt Mascha Kaléko die Schweizer Literaturagentin Ruth Liepman kennen, die sich sehr engagiert, um einen neuen Verlag für die Autorin zu interessieren. Aufmunternd schreibt sie: »Ich bin von Mascha überzeugt und dass wir doch einen guten Verleger finden werden.«[72] Diesen Zuspruch braucht Mascha Kaléko, seit Jahren bemüht sie sich vergeblich um eine neue Verlagsheimat, in der alle ihre Bücher erscheinen können. Ihrer Agentin schreibt sie resigniert: »Ich lebe nur in der Hoffnung, dass für MK endlich endlich was aufblüht – nach den mageren Jahren. Ich bin zu sehr herunter, und komme nicht mehr aus dem Elend heraus, es sei denn Ihr helft BALD.«[73] Nach mehreren Absagen tritt Ruth Liepman mit dem Walter Verlag in Verhandlung, der Mascha Kalékos wichtigste Bücher neu drucken und eine »Comeback-Werbekampagne« starten will. Zur Veröffentlichung ihres ersten Buches im neuen Verlag reist Mascha Kaléko im Juni 1967 zunächst allein nach Europa. Doch Chemjo Vinaver muss früher als geplant nachkommen. Die politische Lage im Nahen Osten hat sich zugespitzt, es kommt zu bewaffneten Auseinandersetzungen zwischen Israel und seinen arabischen Nachbarstaaten Ägypten, Jordanien und Syrien. Das amerikanische Konsulat fordert die US-Bürger auf, »das bedrohte Jerusalem sofort zu verlassen«. Chemjo Vinaver – ganz Künstler – nimmt in der Panik nicht einmal Wäsche mit und an Papieren nur seine Partituren. In Zürich verfolgen Mascha und Chemjo »mit Sorgen beladen, aber mit wenigem Gepäck«[74] die politische Entwicklung in Israel. »Nun ist auch die ›Wievielte Heimat‹ dahin, wie es scheint, auch, wenn die Wohnung noch steht…«[75] Im sogenannten »Sechstagekrieg« bringt Israel große Gebiete unter seine Kontrolle, vor allem die wichtigen Golan-Höhen und die historische Altstadt von Jerusalem, das nun keine geteilte Stadt mehr ist. »Wir lesen die Presse mit mehr als gemischten Gefühlen und sind in Sorge um viele und vieles«, schreibt Mascha an Freunde. »Wie Jerusalem, das alt-neue, nun aussehen mag?«[76] Vorerst bleiben Mascha und Chemjo in Europa. Sie fahren zur Kur nach Baden bei Zürich und reisen dann nach Lindau am Bodensee. In Zürich korrigiert die Dichterin die Fahnenabzüge für ihr neues Buch.

Am 1. September findet in der Wohnung ihrer Agentin Ruth Liepman die Buchpremiere der ›Verse in Dur und Moll‹ statt. Es ist eine Auswahl ihrer Gedichte aus den beiden vergriffenen Bänden ›Lyrisches Stenogrammheft‹ und ›Verse für Zeitgenossen‹. Ein Exemplar schickt sie Willy Haas, der mit ihr ein Interview bei ihrem ersten Deutschlandbesuch 1956 geführt hatte. Haas bedankt sich sehr herzlich und bekennt: »Ich habe es nur aufgeschlagen und bin schon beträchtlich glücklicher als zuvor.«[77] Doch von der Presse wird das Erscheinen des Buches kaum wahrgenommen. Immerhin erscheint in der Schweizer Zeitung ›Weltwoche‹ eine positive Kritik, in der es heißt: »Ein inhaltsreiches Bändchen, in dem das ganze Leben und Leiden, Lieben und Hoffen einer besonderen Frau in knapper Form zu finden ist. Mascha Kaléko nimmt sich kritisch unter die Lupe (...) Was sie über sich aussagt, lyrisch oder satirisch, sagt sie nebenbei auch über die Zeit aus, die sie geschaffen hat, emigrieren liess und oft zum Weinen brachte.«[77a] Trotzdem ist Mascha Kaléko vom Walter Verlag enttäuscht, der ihrer Meinung nach nicht genug für das Buch wirbt; auf der Verlagsanzeige mit Neuerscheinungen in der ›Zeit‹ fehlt ihr Titel. Der Verlag dagegen hält die von ihr verlangten Werbemaßnahmen für zu teuer und wirft ihr vor, sie überschätze ihren schmalen Lyrik-Band und die Qualität der Gedichte. Daraufhin löst Mascha Kaléko ihren Vertrag mit dem Walter Verlag, in dem ursprünglich alle ihre Bücher erscheinen sollten. In einem Brief an ihre Agentin erklärt sie, die Veröffentlichung in diesem Verlag, der ihr »Comeback«-Publicity versprochen hatte, habe ihr geschadet, und sie habe ein Jahr und ein Buch verloren.[78] Ein Brief der Schriftstellerin Elisabeth Castonier bestätigt diesen Eindruck, bedauernd stellt die Kollegin fest: »... das bezaubernde Büchlein der großen Dichterin Mascha Kaléko scheint unter Ausschluß der Öffentlichkeit erschienen zu sein. Wie entsetzlich schade!«[79] Die Enttäuschung über die verpasste Chance vermag auch Castoniers lobender Brief nicht zu mildern, in dem sie Kaléko einen »weiblichen Heine« nennt und ihr versichert, sie sei hingerissen von ihren Gedichten. Verbittert registriert Mascha Kaléko, dass andere »völlig un-heinische (und nicht sehr begabte) Lyriker« mit dem Heine-Taler ausgezeichnet werden.[80] Nicht nur beruflich, auch gesundheitlich geht es ihr schlecht. Ihrer Agentin berichtet sie nach einem Arztbesuch: »Das meiste was mir fehlt ist ›psychisch‹ (...) natürlich muss ich auch leben als wäre ich über siebzig, nichts unternehmen, keine Altstadt-Explorations etc. und brav kochen fürs solide sein. Bin meist so müde, dass das Leben-Schwänzen nicht schwerfällt – leider. Mein Arzt gab mir ein medizinisches Buch zum Lesen, bevor er mich behandelte ... Ein kluger Mann. Da stand nun alles drin, die Müdigkeit, die Vitalität, – alles, was ich stets für paradox hielt in meinem körperseelischen Betrieb, ist ›symptomatisch‹. Janus, nicht bloss wegen Lyrik-Satirik. Janus auch vom Physiologischen her... Sensibel ›wie ein feiner Apparat‹ und ›keine Kraft, das Aufgenommene zu verarbeiten‹ – darum müde. (...) Hebs auf, in 20 Jahren ist das ›kulturhistorisches Material‹ für MK-Forscher. Gibt's dann auch, gewiss! Aber uns? – kaum.«[81]

Mascha ist sich ihrer disparaten Persönlichkeit bewusst. Freunde schildern sie meist als lebendig und herzlich, lernen aber auch manchmal ihre rechthaberische und melancholische Wesensart kennen. Der offenen, ironischen Seite steht eine depressive und weltabgewandte gegenüber. Beim Schreiben gelingt es ihr, das Heitere und Melancholische scheinbar mühelos zu verbinden, indem sie die widersprüchlichen Aspekte ihres Charakters einbringt und poetisch gestaltet. Doch diese Ambivalenz, die ihre Gedichte originell und lesenswert macht, begleitet sie auch im täglichen Leben; die dafür nötige Sensibilität kann sie nicht abschalten. Mit zunehmendem Alter zeigen sich diese Gegensätze immer deutlicher in den Stimmungen und im Verhalten der Dichterin. Auf der einen Seite bezaubert sie durch ihren Charme, ihre Offenherzigkeit und Direktheit, auf der anderen Seite häufen sich Überreaktionen, wenn sie sich über- oder hintergangen fühlt. Sie reagiert sensibler auf Ab- oder Zurückweisungen, und auch jahrelange Freundschaften können durch kleine Missverständnisse in die Brüche gehen. Menschen, die sie kennenlernt, findet sie entweder wundervoll oder schrecklich. Die schwierigen Lebensumstände verstärken ihre depressiven Anlagen und lassen die Wahrnehmung der Zwischentöne verblassen. »Es ist doch kaum denkbar, dass man unter anderem Himmel und Breitengrad es schwerer mit sich hat? Zuweilen will es mir so scheinen.«[82] Nach ihrer Übersiedlung nach Jerusalem entstehen deutlich weniger Gedichte. Nur manchmal gelingt es Mascha Kaléko, ihre Melancholie in Kreativität zu verwandeln. Die Gedichte der späten Jahre haben fast alle einen pessimistischen Grundton. Dabei wendet sie sich neuen Themen zu: Einsamkeit, Außenseitertum, Flucht ins Private, Vergänglichkeit und Schicksalsergebenheit.

Suche du nichts. Es gibt nichts zu finden,
Nichts zu ergründen. Finde dich ab.
Kommt ihre Zeit, dann blühen die Linden
Über dem frischgeschaufelten Grab.

Kommt seine Zeit, dann schwindet das Dunkel,
Funkelt das wiedergeborene Licht.
Nichts ist zu Ende. Alles geht weiter.
Und du wirst heiter. Oder auch nicht.
(...)
Geh nicht zu Grunde, den Sinn zu ergründen.
Suche du nicht. Dann magst du ihn finden.

Resignation für Anfänger, Tr 118

Mascha Kaléko beschäftigt sich wieder intensiver mit Zen und fernöstlicher Philosophie. 1966 lernt sie Gerta Ital kennen, die als erste europäische Frau Anfang der sechziger Jahre mehrere Monate in einem zen-buddhistischen Kloster in Japan lebte und darüber ein Buch veröffentlichte. Die Korrespondenz mit ihr ist für die Dichterin, die Mitglied des »First Zen Institute of America« in New York ist, die einzige Möglichkeit, sich über die Lektüre und Fragen zum Zen-Buddhismus auszutauschen. Mascha Kaléko versucht, dem zermürbenden Alltag mit Gelassenheit zu begegnen. Zum Schreiben kommt sie kaum noch, nur das Lesen bietet kurze Fluchten aus dem Alltag. »Ich bin oft so energielos, dass ich alles stehen lasse und ins Bett gehe. Bücher sind das einzige, was mir hier bleibt, da ich die Sprache nur gerade für den täglichen Gebrauch beherrsche, also kein Theater, kein Radio, keinen Vortrag zur Verfügung haben kann. Das ist auf die Dauer für mich sehr schwer.«[83] In Amerika, ihrem ersten Exilland, nahm sie am Kulturleben teil und hatte Kontakt zu anderen Emigranten, mit denen sie deutsch sprechen konnte. In Jerusalem verstärkt die Sprachlosigkeit ihre Isolation: »Ich habe große Sehnsucht nach Europa, ich bin hier so weit fort von allem, was meine Sprache und Vergangenheit angeht ...[84] (...) Man muss erst von ihr getrennt leben, um zu erfahren, dass einem Lyriker Sprache Heimat ist.«[85]

Mascha Kaléko und Chemjo Vinaver in Zürich, um 1967/68

Die Beziehung zu ihrem Mann wird noch wichtiger. In dieser ungewöhnlichen Künstlerehe gelingt es beiden, trotz ihrer eigenwilligen Persönlichkeiten ein harmonisches Miteinander zu finden. Jeder geht eigene künstlerische Wege in der Musik und der Poesie, was ihre innere Verbundenheit nicht bedroht. Freunde bestätigen, dass der ungewöhnliche Zusammenhalt in dieser Ehe immer zu spüren sei. Chemjo Vinaver ist ein stiller Mensch, der trotz seiner Zurückhaltung eine unglaubliche Ausstrahlung besitzt. »Man hörte ihr zu, fasziniert. Neben ihr saß meist schweigend Chemjo Vinaver, liebevoll einverstanden mit der Lebhaftigkeit seiner Frau. Ihre scheinbare Dominanz täuschte. Er war es, an dem sie lehnte.«[86] Der Schriftsteller Edwin Maria Landau, mit beiden befreundet, beschreibt, wie Chemjo Vinaver »mit dem kokett aufgesetzten Barett, Mascha mit dem gegen jede Kopfbedeckung sich sträubenden Struwwelkopf an seiner Seite« geht, und erwähnt, dass Chemjo Vinaver »nichts Kämpferisches« hatte, »sondern beschirmend und beschützend«[87] wirkte.

> Man braucht nur eine Insel
> allein im weiten Meer.
> Man braucht nur einen Menschen,
> den aber braucht man sehr.
> *Was man so braucht ..., Tr 157*

Eine Freundin der beiden, die sie schon seit den dreißiger Jahren in Berlin kennt, erinnert sich: »Sie waren einfach eine Einheit, nicht Mann und Frau, nicht Bruder und Schwester – von all dem waren sie auch etwas –, aber das Unsagbare und Einmalige war das tiefe und nie unterbrochene Einverständnis in jedem Blick und jedem Augenblick.«[88]

Mascha Kaléko stellt die beruflichen Interessen ihres Mannes immer über ihre eigenen, auch wenn sie darunter leidet, dass sie sich nicht genug um ihre Karriere kümmern kann. Als Chemjo bei der Arbeit Schwierigkeiten hat, kocht Mascha ihm sein Lieblingsgericht, und er berichtet Steven: »Das ist eine Frau für schlechte Tage, wahrscheinlich haben wir davon so viel. Aber ungerecht ist das, denn in guten Tagen hat sie zwar keine Karpfen gekocht, aber mich eigentlich noch mehr verwöhnt mit ihrer Liebe.«[89] Seine Frau ist sich der Ambivalenz ihrer Beziehung bewusst. An eine Schulfreundin schreibt sie: »Er ist (...) charmant und wahrlich ein genialer Musiker, aber zur Mascha brauchte er auch noch eine haustüchtige nervenlose Hausfrau. Und die Mascha einen braven Mann, der rechnen kann und auch sonst nicht alles seiner Frau auflädt, weil er es nicht ›kann‹.«[89a]

Chemjo und Mascha ergänzen sich und meistern über Jahrzehnte hinweg die Höhen und Tiefen des gemeinsamen Lebens.

Ich und Du wir waren ein Paar
Jeder ein seliger Singular
Liebten einander als Ich und als Du
Jeglicher Morgen ein Rendezvous
Ich und Du wir waren ein Paar
Glaubt man es wohl an die vierzig Jahr
Liebten einander in Wohl und in Wehe
Führten die einzig mögliche Ehe
Waren so selig wie Wolke und Wind
Weil zwei Singulare kein Plural sind.
Ich und Du, Tr 37

»Die Zeit ›heilt‹ nichts.«

– ABSCHIEDE –

Im Dezember 1967 schreibt Mascha Kaléko resigniert an eine Freundin, die beiden letzten Jahre seien so anstrengend und aufreibend gewesen, dass nicht einmal ein großer Schriftsteller sie angemessen beschreiben könne. Die schwere Krankheit ihres Mannes, ihre eigenen, von den Ärzten nicht eindeutig identifizierbaren Beschwerden, berufliche Enttäuschungen und der Krieg an ihrem neuen Wohnort haben die Dichterin sehr belastet. Nun hofft sie, dass das neue Jahr besser wird, und 1968 beginnt auch vielversprechend. Es gelingt Ruth Liepman, den Blanvalet-Verlag nicht nur für Mascha Kalékos neues Buch zu interessieren, sondern für ihr ganzes Werk, das er nach und nach publizieren will. Bei den Vertragsbedingungen muss sie sich zwar mit weniger günstigen Konditionen begnügen, aber sie erhält einen Vorschuss von fünftausend Mark. Die Nebenrechte werden nun – anders als beim Vertrag mit Rowohlt – zwischen Autorin und Verlag geteilt. ›Das himmelgraue Poesie-Album‹ soll im Herbst 1968 erscheinen. Den melancholisch klingenden Titel erklärt die Dichterin so: »Nicht Himmelgraues gibt es und gab es nie allzuviel bei mir (...) Und Moll scheint a la longue nachhaltiger zu wirken als Dur.«[1] Der Band wird neben Gedichten aus ihren beiden vergriffenen Erfolgsbüchern auch neue Verse enthalten, darunter Strophen, bei denen sie fast ganz auf den Reim verzichtet:

> Jage die Ängste fort
> Und die Angst vor den Ängsten.
> Für die paar Jahre
> Wird wohl alles noch reichen.
> (...)
> Sage nicht mein.
> Es ist dir alles geliehen.
> Lebe auf Zeit und sieh,
> Wie wenig du brauchst.
> Richte dich ein.
> Und halte den Koffer bereit.
>
> Es ist wahr, was sie sagen:
> Was kommen muß, kommt.
> Geh dem Leid nicht entgegen.
> Und ist es da,
> Sieh ihm still ins Gesicht.
> Es ist vergänglich wie Glück.
> (...)
> Die Wunde in dir halte wach
> Unter dem Dach im Einstweilen.
> Zerreiß deine Pläne. Sei klug
> Und halte dich an Wunder.
> Sie sind lang schon verzeichnet
> Im großen Plan.
> (...)
> *Rezept, LJ 27f.*

Zum Erscheinen des Buches will Mascha Kaléko wieder nach Deutschland reisen. Ihrer Agentin schreibt sie: »Ich lebe nur noch mit der Hoffnung, dass diese Lesetournee rettet, was zu retten ist. (...) Ich habe Jahre gewartet auf das ›comeback‹ und bin so bitter enttäuscht worden. (...) Du MUSST einfach sofort alles tun, sonst sind wir, wo wir vor Jahren waren, und ich halts einfach nicht aus.« Sie berichtet, dass sie sich »in einem seelischen Erschöpfungszustand« befindet, der zur Folge hat, dass sie »nichts beginnen kann«, sondern abends um sechs Uhr ein Schlafmittel nimmt und »der Welt Gutnacht« sagt. »Und das 6 mal wöchentlich.«[2] Ruth Liepman ist nicht nur ihre Agentin, sondern inzwischen auch zur Freundin von Mascha und ihrem Mann geworden, die sie in ihren Briefen mit »Liebe Schätze« anredet. Als sie Mascha Kaléko 1968 zum Geburtstag gratuliert, wünscht sie ihr »einen ganz gesunden Chemjo, einen zufriedenen, erfolgreichen, Briefe schreibenden Steven, Frieden in Jerusalem und im Land und ein echtes Come-Back (...) mit dem Poesiealbum ...«[3] und fasst damit alles zusammen, was der Dichterin am Herzen liegt.

Neben den gesundheitlichen und finanziellen Problemen, die Mascha und Chemjo ständig begleiten, machen sie sich wieder große Sorgen um den Sohn, der in New York arbeitet und sich monatelang nicht meldet. Die Eltern richten eindringliche Briefe an ihn: »Wir sitzen wieder in Angst um dich: Wie mag es dir gehen, in jeder Beziehung? Gesundheit, Beruf und Finanzen – von Seele nicht zu reden ...«[4] Mascha bittet einen Freund in New York, »zufällig und unauffällig« nach dem Sohn zu schauen. »Steven scheint in einer Depression zu sein, er schreibt nicht, und die wenigen Worte, die wir in unserer Verzweiflung am Telefon aus ihm herausholten, machen uns noch unruhiger. (...) er ist wie eine Mimose und verschliesst sich sowie er merkt, man weiss etwas.«[5] Als sich Steven endlich meldet, berichtet er von Schwierigkeiten und Zeitdruck bei seiner Arbeit als Filmregisseur und von gesundheitlichen Problemen. Mascha, die mit ihm auf Englisch korrespondiert, während Chemjo ihm auf Deutsch schreibt, versucht, Steven per Brief aufzumuntern: »Things have looked so dark for us often – and miracles have happened. (...) Darling, you are not alone.«[6] Der Vater bietet ihm praktische Hilfe an: »Wie soll ein Mensch, und noch so einer wie du, das allein tragen? Dazu sind Eltern da, also bitte verfüge über uns. Auch in Geldsachen, wir wollen alle Opfer für Dich bringen, die wir können und auch die wir nicht können.«[7] Doch Steven Vinaver will allein sein. Vermutlich ist er hin- und hergerissen, er hängt an seinen Eltern, möchte sich aber auch von ihnen emanzipieren.

Im Sommer 1968 leiden Mascha und Chemjo in Jerusalem wieder unter den Chamsinen und der großen Hitze. Sie fahren in die Schweiz und wohnen bei Ruth Liepman in Zürich. Dort erfahren sie durch den Agenten ihres Sohnes, dass Steven bei den Proben zu seinem neuen Theaterstück ›Next‹ mit akuter Bauchspeicheldrüsenentzündung zusammengebrochen ist und in einem Krankenhaus in Pittsfield, Massachusetts liegt. Mascha Kaléko fliegt sofort zu ihm, allein, denn Chemjo geht es gesundheitlich zu schlecht. Am 28. Juli 1968 stirbt der Sohn im Alter von einunddreißig Jahren. An der Beerdigung fünf Tage später nimmt seine Mutter nicht teil, sie kehrt sofort wieder nach Zürich zurück zu ihrem kranken Mann. Die traurige Nachricht will sie ihm selbst überbringen, damit er sie nicht aus amerikanischen Zeitungen erfahren muss. Die Presse in Amerika würdigt den jungen Regisseur in mehreren Nachrufen. Der ›Aufbau‹ schreibt am 2. August 1968: »Mit Steven Vinaver, der in seinem 32. Jahre starb, geht dem New Yorker Theaterleben eine Hoffnung verloren. Für seine Regie des Off Broadway Stückes ›Diversions‹ wurde er 1959 mit einem ›Obie Award‹ ausgezeichnet.«[8] Der Tod des geliebten, einzigen Sohnes ist für die Eltern die größte Katastrophe ihres Lebens, von der sich beide nicht mehr erholen werden. Mascha und Chemjo sind zutiefst erschüttert und in einer »seltsam schizophrene[n] Stimmung«, in der sie »zwischen Tränen (...) das Auge auf die sogenannten Forderungen des Tages richten müssen«.[9] Damit sind sie völlig überfordert. Sie stehen unter Schock. Ruth Liepman unterstützt die beiden, verhandelt mit dem Agenten von Steven Vinaver und bittet Bekannte in New York, sich um seinen künstlerischen Nachlass zu kümmern. Von Maschas Familie kommt keine Unterstützung, das angespannte Verhältnis zu den Schwestern verschärft sich noch. Rachel meldet sich gar nicht, und Lea schickt ein Telegramm ohne ein persönliches Wort, in dem sie nur Adjektive aneinanderreiht – schrecklich, furchtbar, grauenvoll –, was auf Mascha geschmacklos wirkt und sie noch mehr deprimiert.

Im Herbst 1968 erscheint im Blanvalet Verlag ›Das himmelgraue Poesie-Album der Mascha Kaléko‹ mit Illustrationen von Bele Bachem. Doch die Dichterin ist nicht in der Lage, bei einer Buchvorstellung in Zürich selbst zu lesen. Sie schlägt die Schauspielerin Gisela Zoch-Westphal vor, die sie im Jahr zuvor kennengelernt hatte. Die beiden bleiben auch nach der Veranstaltung in Kontakt, aus dem sich später eine Freundschaft entwickelt. Die Lesung in Zürichs bekanntem Literatenkeller »Die Katakombe« ist ein Erfolg. Die Zuhörer sitzen »dicht gedrängt und bis ans Podium«. Gisela Zoch-Westphal trägt Mascha Kalékos Texte mit »viel Humor und Einfühlungsgabe«[10] vor. »Scheinbar teilnahmslos, zart und zerbrechlich, saß sie neben mir wie ein Schatten.«[11] Das begeisterte Publikum applaudiert lange. Mascha Kaléko liest einige Gedichte selbst und freut sich, dass ihre Verse auch in der Schweiz so viel Anklang finden. Im Anschluss an die Lesung kommt die Dichterin im »Lindenhofkeller«, einem Züricher Restaurant, ins Gespräch mit der Buchhändlerin Marthe Kauer. Die beiden verstehen sich so gut, dass sie einen Briefwechsel beginnen. Nach ihrem Aufenthalt in Zürich fährt Mascha Kaléko zu Lesungen nach Ulm und Berlin. Ruth Liepman informiert den Berliner Buchhändler über die Situation der Autorin: »Sie wissen ja aus Frau Kalékos Gedichten, wie stark sie mit diesem genial begabten Jungen verbunden war. Ich weiss, dass nur intensive Arbeit, manchmal ein gutes Gespräch, imstande sind, Frau Kaléko und ihren Mann von ihrem Schmerz abzulenken.«[12] In ihrer alten Heimatstadt liest die Dichterin auf Einladung der Vorsitzenden des »Schutzverbandes deutscher Schriftsteller«, Ingeborg Drewitz. Die Veranstaltung in der Theodor-Heuss-Bücherei in Schöneberg ist sehr gut besucht, doch Mascha Kaléko ist so abwesend, dass sie nicht einmal eine Berliner Freundin, der sie ein Autogramm gibt, erkennt. Die Presse schreibt: »... ihre zierlich gereimten kleinen Frechheiten und die zart-wehmütigen Lebensbeichten sind heute etwas gereifter als ihre früheren Gedichte. Aber ob in Dur oder Moll, sie sind eigenwillig und von bitter-süßer Frische.«[13] Mascha Kaléko ist enttäuscht, dass ihr neuer Verleger zu ihrer Lesung nicht erschienen ist. Das stößt auch bei ihrer Agentin Ruth Liepman auf Unverständnis, und sie berichtet Lothar Blanvalet, dass das Berliner Publikum »getroffen und gerührt« war »von der Stärke, die von den Gedichten und der Persönlichkeit dieser Frau ausgeht (...) und ihr Hotel (...) einem Blumengarten« glich. »Ganz Berlin – und viele Verleger – haben sie begrüßt, nur ihr eigener Verleger war nicht da. Ich habe das Frau Kaléko nur mit Ihrer schweren Krankheit erklären können, (...) Sie haben eine potentielle Bestsellerautorin in der Hand. Es liegt an Ihnen, sie durchzusetzen, nur an Ihnen. (...) Ich weiß, dass das Buch sich relativ gut verkauft, aber es könnte sich viel besser verkaufen.«[14]

Nach Mascha Kalékos Rückkehr nach Zürich kommt es unerwartet zum Bruch mit ihrer Agentin. Mascha und Chemjo verdächtigen Stevens Agenten, Tonbänder und Schallplatten ihres Sohnes an sich genommen zu haben. Ruth Liepman stellt sich auf seine Seite, weil er sich »in der ganzen Zeit grossartig benommen hat«. Als der Streit eskaliert, bittet Ruth Liepman die beiden, ihre Wohnung zu verlassen. Einer Freundin berichtet sie: »Sie tun mir so entsetzlich leid, denn sie sind wohl durch den Schock von Stevens Tod noch ganz ausserhalb von sich selbst, und die Verzweiflung und Wut über das Schicksal hat sich in Aggressivität und Misstrauen umgesetzt. (...) ich konnte einfach diese wahnsinnigen Anschuldigungen (...) nicht akzeptieren, war aber auch nicht imstande, die Vinavers von der vollkommenen Verrücktheit ihrer Gedanken zu überzeugen. So hat sich jenes Misstrauen und jene Aggressivität gegen mich gewandt ...«[15] Offensichtlich sind Chemjo und Mascha in ihrer Verzweiflung und Trauer – »in der tragischsten Epoche unseres Lebens«[16] – nicht in der Lage, zu unterscheiden, wer für und wer gegen sie ist. Ruth Liepman versucht, Mascha davon zu überzeugen, dass ihre Verdächtigungen unbegründet sind, und versichert sie ihrer Freundschaft. Doch das Vertrauensverhältnis zwischen Autorin und Agentin ist irreparabel erschüttert. Damit verliert Mascha Kaléko in dieser schweren Zeit nicht nur ihre sehr engagierte Agentin, die sich für sie und ihre Bücher unermüdlich eingesetzt hatte, sondern auch eine gute Freundin. Gerade in dieser Situation hätte die Dichterin jemanden gebraucht, der sie emotional unterstützt und sich um ihre beruflichen Interessen kümmert. Sie selbst hat dazu keine Kraft. Ihre poetische Produktivität versiegt nun fast völlig. 1969 entsteht nur ein einziges Gedicht, die ›Elegie für Steven‹:

> Kein Wort vermag Unsagbares zu sagen.
> Drum bleibe, was ich trage, ungesagt.
> Und dir zu Liebe will ich nicht mehr klagen.
> Denn du, mein stolzer Sohn, hast nie geklagt.
> (...)
> Daß man doch lernte, sich vor Ihm zu neigen,
> Der grausam nimmt, was er so zögernd gab.
> Solang mein Herz schlägt, ist darin dein Grab.
> Ich setze dir ein Mal aus purem Schweigen.
>
> Kein Wort. Kein Wort, Gefährte meiner Trauer!
> Verwehte Blätter treiben wir dahin.
> Nicht, daß ich weine, Liebster, darf dich wundern,
> Nur daß ich manchmal ohne Träne bin.
>
> *Elegie für Steven, Tr 103*

Nach dem Tod des Sohnes reisen Mascha Kaléko und Chemjo Vinaver mehr als ein Jahr lang ruhelos durch Europa. Sie fahren ins Tessin und nach Frankreich, besuchen im Herbst 1969 Berlin und machen auch wieder am Lago Maggiore in Ascona Station. Mascha bezeichnet sich und ihren Mann als »Entwurzelte«[17], die ohne Pläne reisen, »müde vom Zigeunern«. Doch im November 1969 müssen sie zurück nach Israel: »Morgen fliegen wir nach Jerusalem! Es gibt keine andere Lösung, jetzt! (...) Uns ist bang vor der Ankunft in J. (das wir in so anderer Lebensweise verließen) – alles, alles wird uns an Steven gemahnen – in der Wohnung vor allem, an der er so teilhatte.«[18] Bei der Rückkehr muss das Ehepaar zu allem Unglück auch noch feststellen, dass in ihre Wohnung eingebrochen wurde. Der Erinnerungsschmerz lauert in allen Zimmern. Dazu kommen immer wieder Briefe aus New York, die die Arbeit des Sohnes betreffen. Ein Schauspieler, der mit Steven befreundet war, will sich dafür einsetzen, dass dessen letzte Produktion – bei der er erkrankte – am Broadway aufgeführt wird und Stars aus London engagiert werden. Er fragt die Eltern mehrmals um Erlaubnis und bietet ihnen ein Tonband an, auf dem Steven eigene Lieder singt. Doch Mascha und Chemjo lehnen alles ab, der Schmerz ist noch zu groß. Stevens Kollege, erschrocken über den traurigen, fast lebensmüden Ton im Brief der Eltern, richtet einfühlsame, aber auch offene Worte an sie. Ihr Sohn sei ein lebensbejahender Mensch gewesen, der sich die Fortsetzung seiner Arbeit gewünscht hätte. Die einzige Möglichkeit, die Erinnerung an Steven wach zu halten, sei auf der Bühne, doch mit ihrer Apathie würden die Eltern das verhindern.[19] Mascha und Chemjo sind von diesen Anfragen überfordert und »unfähig zu reagieren«. Immer wieder geraten sie in jene »Wolken von Trauer, die uns noch immer überfallen«.[20] Sie wollen das Erbe ihres Sohnes nicht antreten, weil dann »der Schmerz und die Wunde immer aufgerissen bleiben«.[21] Die Dichterin bezeichnet Stevens Tod als die »amerikanische Tragödie«[22], die sie nie mehr überwinden wird. In einem Brief an eine Bekannte in Berlin heißt es: »... ich schreibe dies im Bett, das ich allzuoft als Zuflucht nehme, man nennt das krank sein. Ich bin es oft und ausführlich. (...) Ich bin seit Stevens Fortgehn mitten entzweigebrochen. Auch, dass er bei dieser tödlichen Krankheit nie wieder hätte gesund werden können, ist nur theoretisch ein ›Trost‹. (...) Mein Mann ist auch meistens krank, aber seelisch fester als ich. Mich wirft so vieles jetzt um – ich kann nicht einmal unser schönes Stereo zum Musikmachen benutzen, Steven hat es eingerichtet als er zuletzt hier war, und die Schnüre hängen noch so provisorisch, wie er es verlangte: ›Don't get any electrician, I'll finish it next time I'm here‹.«[23] Ihrer Freundin Suse Weltsch erklärt Mascha Kaléko später, dass ihr der Zen-Buddhismus und die spirituelle Lektüre ein wenig Halt in ihrem Schmerz gaben und sie »ohne diese Bücher« Stevens Tod überhaupt nicht verkraftet hätte.[23a]

Gabriele Tergit, Schriftstellerin und Generalsekretärin des PEN-Zentrums deutschsprachiger Autoren im Ausland in London, versucht, die Kollegin zu trösten, obwohl sie selbst gerade ihren Lebensgefährten verloren hat: »Sie haben noch Ihren geliebten Mann, genießen Sie jede Stunde. (…) Und natürlich sind wir auch zu tadeln, man darf nicht sein Lebensglück auf zwei Augen stellen.«[24] Doch Mascha Kaléko kann nichts aufheitern: »Habe keine Kraft. Zu nichts (…) Doch Sie, Bewundernswerte, sind ein Dynamo, und ich, an Jahren einiges jünger, bin dahin.«[25] Weder dem Alltagsleben noch beruflichen Verpflichtungen fühlt sie sich gewachsen. Bei einer Veranstaltung im German Embassy Culture Center in Tel Aviv im März 1970 ist Mascha Kaléko – im schwarzen Kostüm – zwar als Ehrengast anwesend, doch ihre Gedichte trägt die Schauspielerin Maria Schell vor. Auch zwei Jahre nach der »amerikanischen Tragödie« ist es Mascha nicht möglich, Briefe oder Kinderzeichnungen des Sohnes anzurühren. In Stevens Sterbemonat, dem Juli, leiden die Eltern regelmäßig unter Depressionen. Seit seinem Tod feiern sie weder ihre eigenen Geburtstage noch andere Fest- oder Feiertage. »Kein Telefonanruf aus NY oder London, oder wo immer SV war. Auch ist es schwer, Bücher aufzumachen und die so geliebten Inschriften wiederzusehen… wusste nie, wieviele Bücher, Platten und wasnicht von ihm kamen, weiß es jetzt.« Auch die Musik kann schmerzliche Erinnerungen wecken, vor allem Stevens Lieblingskantate von Johann Sebastian Bach, in der es heißt: »Ich habe genug, (…) Ich freue mich auf meinen Tod,« (BWV 82), die er in seinem Sterbejahr immer wieder hörte. Mascha und Chemjo können sich in dieser schweren Zeit kaum gegenseitig stützen, weil sie beide enorm leiden. »Statt, dass die gemeinsame Trauer kittet, macht sie es schwerer.«[26]

In den folgenden Jahren versuchen Mascha Kaléko und Chemjo Vinaver ihr normales Leben fortzusetzen, doch der Tod des Sohnes überschattet alles. »Die Zeit ›heilt‹ nichts. Sie narkotisiert nur. Und zuweilen wacht man aus der Narkose auf und merkt den Schmerz hinterm Schleier noch intensiver.«[27] Die Wintermonate verbringen sie in Jerusalem, wo sie immer mehr unter dem Klima leiden. Im Sommer fliehen sie vor der Hitze und den Wüstenwinden nach Europa. Im Herbst 1970 reisen sie in die Schweiz, besuchen Freunde in Zürich und machen anschließend eine Kur in Bad Gastein. Mascha freut sich, dass Chemjo in der guten Luft weniger unter seinem Asthma leidet. Doch ihre Rückreise nach Jerusalem verzögert sich, weil in ihrer Wohnung die Heizung nicht funktioniert. In kalten Räumen würde Chemjos Asthma sofort wiederkommen, und der Einsatz eines elektrischen Ofens führt zu Kurzschlüssen. So warten sie in Zürich auf die Reparatur der Heizung. Dreimal muss Mascha den Flug umbuchen, ehe sie endlich im November nach Hause fliegen können. Inzwischen sind sie wieder krank und fühlen sich wie »wandelnde Apotheken«.[28] Ihre Existenz bezeichnet Mascha mehr als ein Überleben als ein Leben, auch wenn beide versuchen, wieder kreativ zu arbeiten. Im Februar 1971 begleitet Mascha Kaléko ihren Mann zu einem Konzert nach Luxemburg. Der fünfundsiebzigjährige Chemjo Vinaver ist in seinem Element, die Musik lässt ihn seine Krankheit vergessen. Erleichtert berichtet seine Frau einer Freundin: »In Luxemburg war er 50 Jahre jünger, (...) dirigierte drauflos in der Probe wie ein Vulkan, sah herrlich aus, (...) und ass und trank wie ein Heros nach dem Marathon.« Doch im Sommer hat Chemjo Herz-Kreislauf-Probleme und eine Virus-Infektion. Die Welturaufführung seiner Chassidischen Kantate, die er als sein *opus magnum* betrachtet, muss er absagen. Obwohl seine Frau an Darminfektionen leidet und Diät halten muss, gilt ihre größte Sorge ihrem Mann:

(...)
Herr, der du unsre Herzen zwei
Gefügt zu einem Stück,
Ist meines Liebsten Zeit vorbei,
So nimm auch mich zurück.

Im Volkston, Tr 32

Mascha hasst es, krank zu sein, »denn ich habe keine so gute Pflegerin wie mein Liebster«.[29] Sie ist davon überzeugt, dass seine Krankheiten auch seelische Ursachen haben: »Chemjo ist eigentlich nie gesund, seit sein Chor nicht mehr existiert.«[30] Wenn Mascha Kaléko nach Europa reisen will und er sie wegen seines labilen Gesundheitszustandes nicht begleiten kann, sorgt sie dafür, dass er betreut wird. Im Herbst 1971 wohnt er in einem Akademikerhaus in Jerusalem, während die Dichterin – nachdem sie wieder einen Zwischenstop in ihrer »Transit-Station Zürich«[31] gemacht hat – in ihre alte Heimatstadt Berlin fährt. Zwei Jahre zuvor hatte sie dem Berliner Senat vorgeschlagen, ein Besuchsprogramm für Berliner Bürger einzurichten, die in der nationalsozialistischen Zeit verfolgt wurden und emigrieren mussten, nachdem sie erfahren hatte, dass es in München ein solches Programm gibt. Diese Anregung wurde aufgegriffen. So bekommt Mascha Kaléko eine Einladung des Regierenden Bürgermeisters von Berlin zu einem einwöchigen Besuch in der Stadt inklusive Flug-, Bahn-, Hotelkosten und Tagegeld. Allerdings muss die Dichterin länger als geplant bleiben. Wegen Gallenbeschwerden liegt sie zwei Wochen »in einer vorsintflutlichen Klinik«, weil kein anderes Bett frei ist. Sie muss strenge Diät halten und einen Termin mit dem Fernsehen und Lesungen absagen. Bis Ende November ist sie in Berlin und freundet sich mit Ingeborg Drewitz an, die sie am Wochenende im Auto abholt und herumfährt. Die Kollegin sorgt auch dafür, dass Mascha Kaléko Mitglied im PEN-Zentrum der Bundesrepublik Deutschland wird. Nach der erfolgreichen Wahl berichtet sie ihr: »So brav sind die Deutschen doch! daß sie eine so unbrave Person wie Sie anerkennen. Ja, Ihre zarten, schönen, frechen Bücher sind schon nicht auszurotten.«[32] Und an den Arani Verlag, der die deutsche Ausgabe von ›Wer ist wer?‹ herausgibt, schreibt Ingeborg Drewitz über Mascha Kaléko, die im amerikanischen und im internationalen ›Who's Who?‹ schon lange steht: »Sie gehört ja nicht nur als Jüngste zur Literatur der Weimarer Zeit, sondern hat nach dem Krieg wieder in Deutschland veröffentlicht. (…) Ich wäre Ihnen dankbar, wenn Sie diese Berlinerin aus dem Romanischen Café mit aufnehmen könnten!«[33] Als Mascha Kaléko das entsprechende Formular ausfüllt, gibt sie wieder das falsche Geburtsjahr 1912 an. In die Spalte »Ehrungen« schreibt sie: »Leider noch keine!« Die Frage nach ihren Interessen beantwortet sie mit Philosophie und Tiefenpsychologie. Als Arbeitsgebiete nennt sie Lyrik, Hörspiel, Chansons und Kinderverse.

Wenn ich eine Wolke wäre,
Segelt' ich nach Irgendwo
Durch die weiten Himmelsmeere
Von Berlin bis Mexiko.
(...)
Wenn ich eine Wolke wäre, LJ 176

Im selben Jahr, 1971, erscheint bei Blanvalet, ihrem neuen Verlag, ihr erstes Kinderbuch ›Wie's auf dem Mond zugeht‹, das sie ihren »besten Freunden, den Kindern – und ihren Eltern« widmet. Bereits im amerikanischen Exil in den fünfziger Jahren hatte sie begonnen, Kinderverse und Limericks zu schreiben. In diesen »spielerischen Gedichten löste sie sich von den (...) höheren Ansprüchen der ›ernsthaften‹ Lyrik«. Die Arbeit an diesen Texten hat ihr großen Spaß gemacht. Vielleicht »brachten ihr die heiteren Verse (...) Entlastung von Druck und Spannung der realen bedrohten Lebenssituation.«[34] Schon lange hatte sie die Idee, ein Buch zu schreiben, wie sie es sich als junge Mutter immer vergeblich gewünscht hat, in dem »alles zu finden wäre, buntgemischt: Lyrisches für das Gemüt, Humoristisch-Phantasievolles, und auch Heiter-Belehrendes, eine Art getarnter Knigge für die kleinen Rowdies, denen ein zeitgenössisch gestutzter und gemilderter ›Struwwelpeter‹ oft sehr nottut...«[35] Die ›Neue Zürcher Zeitung‹ schreibt über ›Wie's auf dem Mond zugeht‹: »›Ab 6 Jahren‹, empfiehlt der Waschzettel, und da wir Erwachsenen schließlich auch ›ab 6 Jahren‹ sind, haben wir unsere helle Freude an diesen Versen. (...) Natürlich handelt es sich hier nicht um den Astronautenmond, sondern um den etwas einsam gewordenen Mond der Dichter und der Märchen. (...) Eins der Gedicht ist immer noch lustiger als das andere, entzückende Kinderverse.« Sie freut sich über den »schönen literarischen Erfolg« des Buches, das »von vielen Jugendbüchereien und Pädagogen besonders herzlich akzeptiert«[36] wird. Mascha Kalékos Kinderverse sind witzig und originell und lassen sich leichter verlegen und verkaufen als ihre anderen Gedichte. Die Veröffentlichung ihres Kinderbuches täuscht die Dichterin aber nicht darüber hinweg, dass ihre beiden erfolgreichsten und beliebtesten Lyrik-Bände vergriffen sind und es für sie immer schwerer wird, ihre Verse zu publizieren. Der ›Aufbau‹ in New York druckt zwar hin und wieder Gedichte von ihr, doch seit dem Tod des langjährigen Chefredakteurs Manfred George 1965, den Mascha Kaléko noch aus dem Berlin der dreißiger Jahre kannte, ist die Zusammenarbeit mit der Exil-Zeitung schwieriger geworden. Empört stellt die Dichterin fest, dass ihr Gedicht ›Wiedersehen mit Berlin‹ ohne ihr Wissen verändert wurde, und fragt verärgert: »Wem habe ich erlaubt, meinen Text zu ver›bessern‹? Und ehe man eine ganze Strophe auslässt, sollte man ebenfalls beim Autor Rückfrage halten. So ist es Sitte und Brauch. War es auch beim ›Aufbau‹.«[37] Der neue Herausgeber scheint wenig Sensibilität für Gedichte zu haben. Wenig später wird aus einem mehrstrophigen Gedicht nur eine Strophe gedruckt, die noch dazu einen neuen Titel erhält. Verärgert über diese »Amputation« beschwert sich die Dichterin und stellt fest: »Was ich in einem Vierzeiler sagen kann, tu ich allein.«[38] Sie weist darauf hin, dass demnächst ein Band mit Epigrammen von ihr erscheinen wird. Seit Ende der fünfziger Jahre hat Mascha Kaléko immer wieder kurze Sinnsprüche und Aphorismen verfasst, von denen sie einzelne ab und zu in Zeitungen veröffentlichte. Schon Anfang der sechziger Jahre berichtete sie dem Kollegen Hermann Kesten: »Feile noch an meinem Manuskript, Epigramme. (...) hatte mit Vorlesen daraus großen Erfolg. (...) Wie finden Sie meinen Titel hierfür ›Unsinn- und Sinngedichte‹ – der geistert mir seit Jahren im Kopf herum, sodass ich nicht mehr weiss, ob er noch gut ist.«[39]

Der Kontakt zu Kollegen und Freunden ist in Israel für Mascha Kaléko noch wichtiger als in New York. Es ist für sie – neben der Lektüre von Büchern und Zeitungen – die einzige Möglichkeit, den

Anschluss an die deutsche Sprache und Literatur nicht zu verlieren. Nur selten gibt es deutsche Kulturveranstaltungen in Jerusalem. Bei einer Ausstellung der Eremiten-Presse in der Heiligen Stadt spricht sie den Schriftsteller und Grafiker Christoph Meckel an. Aufmerksam verfolgt sie seine Lesung und sagt ihm hinterher »sehr freundlich und solidarisch«, dass sie seine Texte »so schrecklich ernst fände«. Der junge Lyriker kann Mascha Kalékos Einwand nachvollziehen und ist beeindruckt von der »erstaunlichen Aufnahme und Kritik« dieser »bezaubernd schönen Frau«. Er kennt ihre Lyrik, sie erinnert ihn an Kästner, doch für ihn haben ihre Gedichte etwas, was Kästner nicht hat: Sentiment, keine Sentimentalität, sondern eine Leichtigkeit, mit der die Dichterin spielen kann. Christoph Meckel bewundert Kalékos Verse, weil es ihr gelingt, »Gefühle in die Sprache zu bringen, ohne dass die Sprache beschwert wird«. Für ihn ist es eine unvergessliche Begegnung, an die er sich noch Jahrzehnte danach erinnern wird.[40] Wenig später – im Winter 1971 – bekommt Mascha Kaléko in Jerusalem Besuch von den Verlegern der Eremiten-Presse, Dieter Hülsmanns und Friedolin Reske. Den Kontakt zu diesem kleinen, ambitionierten Verlag hatte die Dichterin nur als Leserin gesucht. Nach dem Kauf einer bibliophilen Ausgabe der Eremiten-Presse schickte sie die eingelegte Postkarte mit der Verlagsprospekt-Anforderung zurück. Der Verlag reagierte sofort: »Wir fühlten uns geschmeichelt und waren etwas irritiert: Die Absenderin gehörte zu jenen Menschen, von denen man weiß, daß es sie gibt (wie z. B. Greta Garbo), aber man erwartet nie, mit ihnen in realen Kontakt zu kommen. Sie schweben irgendwo und hinterlassen günstigenfalls greifbare Spuren, wie beispielsweise ›Das lyrische Stenogrammheft‹, das wir als Schüler in der rororo-Taschenbuchausgabe lasen.« Die Verleger sandten der Dichterin nicht nur den Verlagsprospekt, sondern luden sie auch zur Mitarbeit an einer Anthologie ein. Mascha Kaléko, die in einem Interview einmal erwähnte, sie sei »überhaupt keine Vielschreiberin«[41], hatte kaum poetische »Vorräte«. So wurde aus der Zusammenarbeit zunächst nichts, doch Verlag und Autorin korrespondierten miteinander. Im Winter 1971 versuchen die beiden Verleger in Jerusalem die Dichterin ohne Anmeldung persönlich kennenzulernen. Später erinnern sie sich an ihre erste Begegnung. »›Wen suchen Sie denn?‹, fragt uns in deutscher Sprache eine kleine, zierliche Frau: Mascha Kaléko! In einem sehr unzuverlässig erscheinenden Fahrstuhl fuhren wir gemeinsam hinauf in ihre Wohnung. Sie kochte Kaffee ›nach deutscher Art‹, bot Cognac der Marke ›Carmel‹ und vom Balkon den Blick auf den Ölberg (die auf dem Balkon zum Trocknen aufgehängten Dessous bat sie zu übersehen).«[42] Die Besucher fragen die Autorin nach einem Manuskript, und sie erwähnt ihre Sammlung mit Epigrammen, für die sie zwar schon einen Titel, aber noch nicht genug Texte habe. Doch das Interesse der Verleger beflügelt das Entstehen des Buches: »Nun aber, quasi unter dem Damoklesschwert meiner Zusage, fiel mir immerfort etwas Neues dafür ein, und Ende Mai konnte ich der Eremiten-Presse mein fertiges Manuskript ankündigen. Den Vertrag unterschrieb ich im Sommer in Zürich. Die Blätter für die signierte Ausgabe zeichnete ich, krank und elend, oben im Engadin. Und die Korrekturfahnen lese ich (...) im winterlichen Jerusalem. Bei Kerzenlicht. Das klingt ›romantischer‹ als es ist. Und rührt von dem äußerst prosaischen Umstand her, daß ein meteorologisch keineswegs zuständiger Schneesturm die Heilige Stadt überfallen (...) hat.«[43] Als die Verleger Illustrationen vorschlagen, legt Mascha Kaléko Wert darauf, dass ihre Gedichte richtig zur Geltung kommen: »... mein *Text* soll allein auf der Seite (quasi auf eigenen Vers-Füßen) stehen!«[44] Das Buch ›Hat alles seine zwei Schattenseiten – Sinn- und Unsinngedichte‹ erscheint im Herbst 1973.

Wie schön ist es, allein zu sein!
Vorausgesetzt natürlich, man
Hat *Einen*, dem man sagen kann:
»Wie schön ist es, allein zu sein!«
Die vielgerühmte Einsamkeit, LJ 53

Mascha Kaléko ist enttäuscht, dass der neue Gedichtband von der Presse nicht so positiv besprochen wird wie ihre früheren Bücher. Die Dichterin, die wegen »der preußischen Gründlichkeit (...) gute und dumme Kritiken« sammelt, hat ihre eigene Art, mit schlechten Rezensionen umzugehen, wie sie einmal in einem Brief an Ingeborg Drewitz erläutert: »Ich hab mein Bestes getan und wenn es bei manchen nicht ankommt, (...) halt ich mich an die anderen. (...) Es kommt doch wohl darauf an, *was der Künstler gestalten wollte* und *ist ihm das gelungen* oder nicht.«[45] Dabei ist sie durchaus der Meinung, dass jeder Autor »eine kritische Beurteilung (...) ertragen können« muss.[46] Mascha Kalékos Gedichte scheinen nicht in die Literaturlandschaft der sechziger und siebziger Jahre zu passen. Doch die Lyrik hat es allgemein schwer in dieser Zeit. Ende der sechziger Jahre verkündete Hans Magnus Enzensberger, das Gedicht sei überflüssig geworden, und die renommierte Poetikdozentur der Frankfurter Universität wurde zwischen 1968 und 1978 eingestellt.

Berufliche Beziehungen kann Mascha Kaléko nur schriftlich pflegen oder bei ihren Europa-Reisen in der Sommerzeit. Die Verbindung zur deutschen Literaturszene und neue Kontakte sind für die Dichterin lebensnotwendig. Als Hilde Domin, die als Jüdin auch aus dem nationalsozialistischen Deutschland emigrieren musste, die Heine-Medaille der Stadt Düsseldorf bekommt, gratuliert Mascha Kaléko der Kollegin. Diese betont, dass der Preis undotiert und nicht identisch sei mit der früheren Plakette, die ein »Nazimitläufer« gemacht habe: »Ich finde, man kann da nicht ›pingelig‹ sein, mit was und wem laufen denn die neuesten Bundesdeutschen nicht schon wieder ›mit‹. Bei mir zerreisst das Tischtuch beim Denunzianten. Blosse Mitläufer sind Menschlichallzumenschliche, wie eben die meisten. An die Generation derer, die etwa um 1920 herum und früher geboren sind, tritt die grosse ›Prüfung‹ vielleicht ein zweites Mal heran. Werden auch diesmal wir Juden mit dem besonderen Etikett ›Jagdtier‹ herumlaufen? (...) wer verfolgt ist, dem kann nur faktisch, aber moralisch nicht viel passieren. Finden Sie nicht?«[47] Ob Hilde Domin, für die die Rückkehr aus dem Exil nach Deutschland wichtig war, mit diesen Ausführungen auf Mascha Kalékos Ablehnung des Berliner Fontane-Preises anspielt, lässt sich nicht mit Sicherheit sagen. Mascha Kaléko geht auf die Frage nicht ein, sondern lobt Domins fiktives Gespräch mit Heinrich Heine, das diese kurz zuvor veröffentlicht hat, und hofft auf ein Kennenlernen. Der kurze Briefwechsel bricht allerdings ab, als das Ehepaar Kaléko-Vinaver einen geplanten Europa-Aufenthalt verschieben muss. Zu einer Begegnung der beiden Dichterinnen kommt es nicht.

Im Sommer 1972 kann Mascha Kaléko allein nach Europa reisen, da es ihr gelingt, die Versorgung für ihren Mann in Jerusalem zu organisieren. Sie fliegt zunächst nach Zürich, fährt dann ins Engadin und im September nach Rhodos. Die Abwechslung tut ihr gut, sie erholt sich und scheint auch gelassener zu sein. Der Züricher Freundin Marthe Kauer berichtet sie: »… die Reise gelang nur, weil ich so guter innerer Stimmung war und das Halbe auch ganz sein lassen konnte. Aber es war von Anfang bis zum Ende eine herrliche Ferienreise. Allein war ich und blieb ich, trotz mancherlei Bekanntschaften, die ich mir aber sehr vom Leibe hielt.« Doch den Griechenlandaufenthalt muss sie nach anderthalb Wochen abbrechen, weil es in Jerusalem so heiß ist, dass ihr Mann Herzbeschwerden bekommt und nicht allein bleiben kann. Europa hat Mascha Kaléko gutgetan, doch kaum ist sie wieder in Israel, erkrankt sie an einem Virus. Sofort wird sie wieder »vom Alltag (…) eingekreist«. Seit die Altstadt wieder zugänglich ist, wird Jerusalem als Reiseziel immer beliebter. »Auch ist der Touristenrummel so wild, dass es kaum noch Spass macht, aus der Wohnung zu gehen.«[48] Mascha klagt über die Enge in den Straßen und den Verkehrs- und Baulärm, der morgens um halb drei beginnt und bis in die Nacht dauert, sodass man kein Fenster öffnen kann. »Eines meiner ›Ich‹e will seit langem fort, weissnichtwohin.«[49] Dabei ist sie hin- und hergerissen: Einerseits belasten sie die Probleme im Haus, das Klima und die Touristenströme, andererseits gefallen ihr die Landschaft und die Altstadt und sie bekennt, dass sie »doch oft das Gefühl von ›beinahe Zuhause‹« habe.[50] »Wo will ich sein? (…) Überall nur nicht in der Welt. Oder besser, nicht in DER Welt. Dabei war heute ein zauberhafter Nebel und der Gan Aazmaut [Parkanlage in Jerusalem] sah aus wie ein alter japanischer Holzschnitt (…) ich liebe Jerusalem immer mehr – aber das ist privat zwischen der Stadt und mir.«[51] Als es einmal schneit, freut sich Mascha, dass die Wüste wie die »Schweiz ohne Berge«[52] aussieht. »Wir gehören hierher, aber nicht in das HIER wie es zu werden erst BEGINNT.« Mascha Kaléko und Chemjo Vinaver denken über eine Rückkehr nach Europa nach, doch kein Ort scheint das richtige Klima, gute Ärzte und preiswerte Wohnungen zu haben. »Wüsste ich wohin, ich ginge sofort. (...) Berlin war nett zu mir, – aber that's out. Zürich hat Föhn ...«[53] Die Stadt an der Limmat gefällt ihr gut, doch Chemjo verträgt das Klima dort nicht. Einer Schweizer Freundin gesteht sie: »Und dann sind Israelis – wenn auch anstrengender – doch wenigstens lebendig und intelligent und oft mit einem sense of humour begabt, den Helvetien nicht unbedingt zu bieten hat. Wenn auch dafür Sauberkeit und Ordnung – ja die fehlt uns gewaltig hier.«[54] Auch zwölf Jahre nach ihrer Übersiedlung nach Israel haben sich Mascha Kalékos Kommunikationsprobleme nicht wesentlich verringert: »... in der Sprache bin ich (...) noch Tourist«.[55] Chemjo schlägt vor, einen Fernseher anzuschaffen, damit seine Frau schneller Hebräisch lernt, doch Mascha verweigert sich dem neuen Medium: »In den Büchern ist doch noch Wertvolleres zu finden, aber ich sehe den Abend, da auch wir vor dem Kasten hocken. In Berlin nennen sie den Fernseher: DIE GLOTZE. Find ich schön.«[56] Immer mehr Menschen kaufen sich ein Gerät, und Mascha beklagt sich darüber, dass man sogar bei »gescheiten Leuten« nicht mehr am Gespräch teilnehmen kann und »wie aus einer anderen Welt kommt«[57], wenn man nicht ab acht Uhr abends vor dem Fernseher sitze. Wahrscheinlich wäre ihre Reaktion anders gewesen, wenn es in Israel auch ein deutsches TV-Programm gegeben hätte. Denn sie vermisst die deutsche Sprache sehr, obwohl sie die deutsche Presse und auch in Israel erscheinende deutschsprachige Zeitungen liest. Einem Journalisten des Senders Freies Berlin, der sie im Oktober 1973 in Jerusalem interviewt, bekennt sie, dass »der lebendige Kontakt (...) für einen Menschen, der in dieser Sprache lebt und arbeitet, unentbehrlich«[58] sei.

Die Fremde ist ein kaltes Kleid
Mit einem engen Kragen
Ich hab's mit meinem Koffer oft
Im Leben schon getragen.
(...)
Chanson von der Fremde[59]

Nicht nur für Mascha Kaléko, auch für Chemjo Vinaver wird das Leben in Jerusalem immer mühsamer: »Wir haben für nichts mehr Kraft.[60] (...) Das Klimatische bringt einen um: seit November alle paar Stunden eine andere Jahreszeit, dazu die gemeinen Chamsine, Sandsturm-Winde der Wüste. Die Geduld eines Kamels gehört dazu. Wir sind nun mal in gemäßigteren Zonen großgeworden. Mai bis Oktober ist für uns zwei hier unerträglich. Neuerdings auch der Winter ...«[61] Sie leiden nicht nur unter dem wechselhaften Wetter, ihre Wohnsituation hat sich auch verschlechtert. Als sie ihre Wohnung 1962 kauften, hatten sie einen herrlichen Ausblick auf die Altstadt. Inzwischen ist »das Panorama (...) unterbrochen durch das Hotel Jerusalem Towers«, das wie »eine Steinzäsur in den Himmel ragt«.[62] Doch der eingeschränkte Blick ist noch das kleinere Übel. Im Haus gibt es immer wieder Probleme: Der Fahrstuhl ist wochenlang kaputt, der Müll wird nicht abgeholt, die Heizung fällt ständig aus. Getränke, Lebensmittel, Bücherpakete – alles muss Mascha Kaléko sieben Stockwerke hinaufschleppen. Ein Umzug innerhalb Jerusalems kommt auch nicht in Frage, denn »Wohnung tauschen heißt (...) nur die Fehler eintauschen gegen unbekannte Misstände«.[63] Außerdem liegt ihr Wohnhaus in der King George Street zentral, Geschäfte, Post und Ärzte sind zu Fuß erreichbar. Die Belastungen im Alltag nehmen zu, Mascha muss ihren Mann versorgen, den Haushalt erledigen, kochen und putzen, da es schwer ist, eine bezahlbare Hilfe zu bekommen. »Ich werde aufgefressen von der täglichen Last (...) Und müde bin ich (...) Trinke aber doch ab und zu einen unerlaubten Whisky, das rettet meine Seele. Verarzte mich meistens allein jetzt, da nichts half, was die Ärzte rieten. (...) Ich bleibe dabei: alles ist mehr oder minder psychosomatischen Ursprungs, und es wäre abnormal, wenn ich gesund bliebe, bei dem, was seit Jahren auf mir lastet und mich kaum je wieder ganz loslassen mag. Da man von den großen Schmerzen nicht reden mag, klagt man über die kleineren Beschwerden.«[64] Mascha Kaléko hat eine Krankheit nach der anderen, denn »der tägliche Ärger macht der Galle zu schaffen«.[65] Der Arzt rät ihr dringend, Urlaub zu machen, um sie von den täglichen Pflichten und Sorgen zu entlasten. »Die Welt wird einem oft schwer zu ertragen, auch ohne Privatweh. Ich bin oft seelisch k. o. statt o. k.«[66]

Da trifft es die Dichterin besonders, dass eine ihrer beiden Freundinnen, die Arzt-Witwe, die sie in melancholischen Stimmungen aufheitern konnte, an Krebs stirbt. Auch alte Bekannte aus New York sterben, so der langjährige Freund Johannes Urzidil. Seine Frau schreibt ihr, Trost gebe es keinen, auch für Mascha nicht, »weil Sie eine große Dichterin sind also eine Trösterin«.[67] Gertrude Urzidil geht vermutlich davon aus, dass Künstler nur anderen Trost spenden können, während für sie selbst die einzige Möglichkeit der Befreiung in der Kreativität liege. Doch das Dichten kann Mascha Kaléko nur vorübergehend ablenken. Dann gelingt es ihr, sich auf einer anderen, tieferen Ebene mit dem Verlust des Sohnes auseinanderzusetzen.

> Dein früher Tod – er wird mich überdauern
> Und bis man mich betrauert, muss ich trauern
>
> Ich weine nur noch nachts. So gehn die Jahre
> Der Text genügt. Auch ohne Kommentare
> (…)
> Ich lebe, Kind. Was man so leben nennt
> Ich ess mein Brot ich trinke meinen Wein
> Doch niemals wird dies Dasein Leben sein [68]

Die Sommerreise 1973 kann Mascha Kaléko nur allein antreten. Während ihr Mann in einem katholischen Heim untergebracht ist, wo er an seiner Anthologie arbeitet, macht sie im Juli eine Kur in Bad Gastein. Im Herbst 1973 verschlechtert sich Chemjo Vinavers Gesundheitszustand deutlich. Er braucht ständige Betreuung, doch seine Frau, selbst krank und erschöpft, ist dazu nicht in der Lage. »Für mich ist das nicht mehr allzu lebenswerte Leben oft unerträglich schwer. Und das Schlimme wird dadurch noch schlimmer, dass man's für sich behalten muss.«[69] Der schwerkranke Mann kann nicht zu Hause bleiben. Mascha leidet unter Gallenbeschwerden, außerdem funktionieren Fahrstuhl und Heizung nicht, und manchmal gibt es auch kein Wasser. Schweren Herzens entschließt sie sich, Chemjo in ein Pflegeheim nach Tel Aviv zu bringen, das ein Verwandter von ihm leitet. »Ich allein in der Zimmer›flucht‹ der King George, ohne V. ist das eine Zimmer, das er bewohnt, etwas, das einen in die Flucht jagen kann, da es so unbewohnt ist. Und so ungewohnt für mich.«[70] Mascha besucht ihren Mann, so oft es geht, im fünfzig Kilometer entfernten Tel Aviv. Mitte Dezember teilt ihr der Arzt mit, sie solle auf alles gefasst sein, Chemjos Zustand sei sehr ernst. Maschas Situation ist so bedrückend, dass sie nach fast dreißig Jahren wieder beginnt, Tagebuch zu schreiben: »Ich habe zwar meinen Abschied von dem einstigen, meinem Chemjo, bereits nehmen müssen unter Schmerzen und Qual, seit Wochen, seit Monaten, aber doch hatte ich so eine galoppierende Verwirrung nicht erwartet. Ich bin sehr deprimiert.«[71] Nun wünscht sie sich nur noch, dass er nicht leiden muss. Chemjo Vinaver stirbt am 16. Dezember 1973 in Tel Aviv nach einem Herzanfall. »… am Tag zuvor sah er wie ein Engel aus … mit seinen Lieblingspartituren auf der Bettdecke, ich kann es nicht schreiben, ohne dass mir die Tränen kommen. Dass ich das ›überlebe‹ fasse ich nicht, aber das Leben ist immer anders, als wir Menschlein es uns vorher denken.«[72] Vor dieser Situation hatte sie sich immer gefürchtet. »Nun bin ich wirklich ALLEIN, verwaist. Und nun beginnt der gemeine Alltag des Todes. Begräbnis und was da noch ist.« Chemjos Verwandter nimmt ihr die Formalitäten ab. »So sorgt Gott wenigstens dafür, daß die mit großen Schmerzen Beladenen Helfer finden für die trivialeren Trauerpflichten.«[73] Sie versucht sich damit zu trösten, dass der Tod für Chemjo eine Erleichterung war. »Ich muss mir sagen, was ich immer wusste, er war schon zu krank für dieses Dasein und es war eine Erlösung von nicht nur psychischen Leiden. Seit 1966 beim Zusammenbruch in Nymphenburg hat er sich nicht richtig mehr erholt. Da konnte ich ihn ins Leben zurückrufen ...«[74] Als sich ihre Schwester Rachel bei ihr meldet und sie besucht, weist sie sie nicht zurück, obwohl sie jahrelang keinen Kontakt mehr hatten. Mascha war tief enttäuscht von ihr, weil sie sich nach Stevens Tod nicht gemeldet hatte. Im Tagebuch notiert sie: »Mein Herz siegt über meine Vernunft, denn ich weiß, dass Rachel keinen Trost geben kann.«[75] Schon bald merkt Mascha, dass dieser Besuch eher eine Belastung als eine Unterstützung für sie ist, »dabei brauchte ich so sehr eine Schwester«.[76] Als Rachel nach ein paar Tagen wieder abreist, ist sie erleichtert, denn sie will allein sein. Mascha ist davon überzeugt, dass Chemjos Krankheit auch seelische Ursachen hatte und seine Depressionen damit zusammenhingen, dass er seinen Chor aufgeben musste, denn »Dirigieren war sein Atem«.[77] Bis wenige Wochen vor seinem Tod hat Chemjo Vinaver noch an seiner Anthologie chassidischer Musik gearbeitet. Nun hat seine Frau nur noch ein Ziel, sie will sich um sein Werk kümmern und dafür sorgen, dass sowohl seine Anthologie als auch seine Kantate veröffentlicht werden. Eine Woche nach dem Tod ihres Mannes notiert sie im Tagebuch: »Ich muss erreichen, dass die Kantate uraufgeführt wird, (...) Auch wegen der Anthologie, sobald ich die Kraft finde, an das Material zu gehen.« Ihre Trauer und Melancholie vertraut Mascha nur ihrem Tagebuch an: »Immer denke ich nur an den Chemjo von einst, nie an ihn wie er zuletzt war, schwach und elend, und so oft verwirrt. (...) Jedes harte Wort, das ich ihm in unseren Kabbeleien je gab, schmerzt, aber das tut es sicher bei allen, denn man kann ja kaum in 38 Jahren miteinander Tag und Nacht zusammensein, bis auf geringe Unterbrechungen, und immer nur sich umarmen und küssen. Dennoch, es tut weh.«[78] Über die Todesanzeige setzt sie das Gedicht ›Memento‹, das sie bereits in den vierziger Jahren geschrieben hatte. Auf der Danksagung für »die freundschaftliche Teilnahme an meinem Schmerz und die Worte der Verehrung und Liebe für den grossen Künstler und Menschen Chemjo Vinaver« steht ihr Gedicht ›Pihi‹ aus dem Band ›Verse für Zeitgenossen‹:

Vom Vogel Pihi hab ich einst gelesen,
Dem Wundertier im Lande der Chinesen.
Er hat nur einen Fittich: Stets in Paaren
Sieht man am Horizont der Pihi Scharen.
Zu zweien nur kann sich das Tier erheben;
Im Singular bleibt es am Boden kleben.
– Dem Pihi gleich, gekettet an das Nest,
Ist meine Seele, wenn du mich verläßt.

Pihi, VfZ 25

»Meine Trauer reist überallhin mit …«

– DAS LETZTE JAHR –

Nach dem Tod ihres Mannes zieht sich Mascha Kaléko völlig zurück und verlässt ihre Wohnung in Jerusalem kaum noch. Sie bekommt mitfühlende Briefe von Freunden und Bekannten aus Amerika und Europa sowie Einladungen nach Deutschland und in die Schweiz. Doch sie fühlt sich noch nicht in der Lage, zu verreisen. »Ich finde es so gemein von mir, ›überlebt‹ zu haben. Wozu?«[1] Kontakt zur Außenwelt hält sie fast nur noch über Briefe, oft schreibt sie mehrere an einem Tag. In ihnen formuliert sie ihre Verzweiflung und ihren Schmerz und berichtet, dass die Tage und Nächte früher »lange voller Sorgen waren«, ihr jedoch nun genau diese Sorge fehle und sie das Überleben fast satthabe.[2] An Hermann Kesten, der in seinem Beileidsbrief an gemeinsame Zeiten mit der ganzen Familie Kaléko-Vinaver in Provincetown erinnert, schreibt sie: »Ich sende Ihnen wieder ein Gedicht. Kein neues … wer könnte jetzt schreiben (…) Noch fühle ich mich nur in unserer Wohnung geborgen. (…) Es ist mein Schicksal, alles zweimal zu erleben. Das erste Mal, wenn man es in Angst vorausahnt, und dann das zweite Mal, wenn es geschieht.«[3] Und Walter Mehring erklärt sie: „Ich bin noch in dem schizophrenen

Zustand, in dem man nicht zweigeteilt ist wie unsereiner es ja sonst normalerweise schon ist, sondern da ist noch ein Dritter, der sieht den anderen beiden zu: der einen, die sich nicht das Leben nahm, obwohl sie immer glaubte, das sei fällig, if and when … und der Zweiten, die die Erste dabei beobachtet und sich sein [sic] Teil über die Menschen und ihren Urheber denkt. Und dann gibt es noch eine Vierte: die läuft weinend, laut weinend durch SEIN Zimmer, wo noch so viel von ihm haftet.«[4]

Du warst der Faden an dem mein Leben hing
Als unser Steven von mir ging[5]

Gertrude Urzidil schreibt ihr, dass sie die Verantwortung habe, zu überleben. Doch genau das fällt Mascha Kaléko schwer. Sie meidet die Kommunikation mit anderen und kapselt sich ab. Einer Freundin teilt sie mit, dass die »üblichen Witwen« kein Umgang für sie seien. Mascha Kaléko hat viele Bekannte und Bewunderer, aber nur wenige wirkliche Freunde. Ihre Isolation verstärkt sich, da sie in Jerusalem – nach eigener Aussage – viele Leute, aber nur wenige Menschen kenne. »… ich bin zu anspruchsvoll, was das Menschliche betrifft«, gesteht sie Marthe Kauer, »bei mir spricht das Herz ein starkes Wort, ob Mann, ob Frau, ob Jugendlicher. Und was mein Herz fühlt, plaudert mein Auge aus – das war schon so zu meiner Schulzeit, und dass ich mein Herz auf den Augen trage, machte mich den Einen wert, den andern nicht.«[6] Ab und zu wird sie von Bekannten im Auto abgeholt und herumgefahren, doch danach überfällt sie der Alltag wieder unerbittlich, »… es ist alles noch so wund, (…) ich (…) bestehe aus Trauer und Papier.«[7] Sie fühlt sich innerlich zerbrochen, vergräbt sich in sich selbst und ist freiwillig viel allein, wie sie in einem Brief an eine Freundin betont. »Man ist immer allein, aber so lange man zu zweit allein war, spürte man's anders. Ich habe (…) schon ganz jung all das gewusst, und nun erfahre ich, dass ich es richtig ahnte. Es [ist] auch schon in frühen Gedichten bei mir nachzulesen.«[8]

Mein Leben war ein Auf-dem-Seile-Schweben.
Doch war es um zwei Pfähle fest gespannt.
Nun aber ist das starke Seil gerissen:
Und meine Brücke ragt ins Niemandsland.
(...)
Seiltänzerin ohne Netz, Tr 104

Sechs Monate nach Chemjos Tod beginnt sie, »an manchen Tagen aus dem Dunkel«[9] aufzutauchen und sich für das Werk ihres Mannes einzusetzen. Enttäuscht stellt sie fest, dass die ›Jerusalem Post‹, die Chemjo Vinavers Konzerte oft besprochen hat, keinen Nachruf auf ihn druckt. Sie wendet sich an den Schweizer Publizisten François Bondy, der als Redakteur bei der ›Weltwoche‹ arbeitet und ihr bedauernd antwortet, dass er in seiner Zeitung auch keine Würdigung unterbringen konnte. Anfang Januar 1974 bringt der israelische Hörfunk eine Gedenksendung mit Ausschnitten aus Chemjo Vinavers Konzerten und Interviews mit seinen Kollegen und Sängern, die sich an »diesen einzigartigen Idealisten unter den Musikern«[9a] erinnern. Der befreundete Journalist Erich Gottgetreu schreibt in seinem Nachruf im ›Aufbau‹: »Mit Chemjo Vinaver (...) verliert das jüdische Volk einen bedeutenden Dirigenten und Komponisten sowie den letzten großen Sammler der Musik des osteuropäischen Judentums. (...) Von Chassidim wurde er in einer einfachen, ergreifenden Zeremonie auf dem Friedhof im Westen Jerusalems begraben. An seinem Grab stand seine Gattin, die bekannte Dichterin Mascha Kaléko.«[9b] Die Veröffentlichung ihrer eigenen Texte scheint sie kaum zu interessieren. Dabei hatte ihr eine Freundin schon kurz nach Chemjos Tod geschrieben, sie solle sich nun nicht um den Nachlass, sondern nur um ihr eigenes Sagen und Schreiben kümmern.[10] Zu ihrem Geburtstag am 7. Juni erhält Mascha Kaléko zahlreiche Glückwünsche und Einladungen, doch schmerzlich vermisst sie die Gratulationen, die nicht kommen. »Und es ist seltsam, ich ›erwarte‹ quasi noch immer den Telefonanruf Stevens aus London oder New York. (...) Und auch die Geburtstagsblumen (...) von V. ›erwarte‹ ich (...) noch immer.«[11]

Weil heute der siebente Juni war,
Habe ich den ganzen Tag über
Deine gelben Rosen erwartet.
Festlich rüstete es sich in
Meinem einsamen Herzen,
Als gäbe es Freude zu ernten.
Eine Art Vorweihnachten,
Aber das Fest kam nicht.
Ich habe keinen Geburtstag mehr.
(…)
Wie war ich doch reich einst
Und das was man glücklich nennt.
Ich lasse mich nicht mehr ein auf Daten.

Ich lasse mich nicht mehr ein auf Daten, Tr 125

Mascha Kaléko wird eingeladen, bei der Jubiläumsveranstaltung zum zwanzigjährigen Bestehen der Amerika-Gedenkbibliothek in Berlin zu lesen. Sie weiß noch nicht, ob sie fahren kann, da ihr »alles recht unwichtig« sei.[12] Ihrer Mutter, die in einem Pflegeheim in Tel Aviv in der Nähe des Krankenhauses, in dem Chemjo Vinaver starb, untergebracht ist, schreibt sie erst im Juli 1974, dass »… ich meinen letzten Halt im Leben, meinen geliebten Chemjo, schon im letzten Winter verloren habe. (…) ich bin seitdem mehr zu Bett gewesen als in meinem ganzen Leben, und jeden Tag will ich mich aufraffen, Dich zu besuchen, aber ich kann es nicht. Schon, weil ich noch nicht die Kraft habe, Dir in meinem Leid gegenüber zu treten. Und nicht nur Dir.«[13] Kontakte zur Außenwelt fallen Mascha Kaléko noch immer schwer. Gedanken und Einfälle schreibt sie in ein liniertes Notizbuch mit rotkariertem Einband. Es spiegelt ihre Einsamkeit und Trauer: »Überleben heißt warten auf den eigenen Tod«, lautet eine Eintragung, eine andere: »Ich habe es satt, tapfer zu sein.«[14] Zunächst notiert sie nur einzelne Sätze oder Zeilen, später entstehen wieder Strophen und Gedichte.

Ich träume nicht mehr,
Seit du nicht mehr aufwachst am Morgen,
Wenn die Morgenlandsonne glühend schreit
In deinem Balkonzimmer.
(...)
Schon fast dreihundert
Morgenlandsonnen –
Und du wachtest nicht auf.

Ich träume nicht mehr.
Wem sollte ich meine Träume erzählen?
Ich träume nicht mehr, Tr 122

Die Ironie und Leichtigkeit ihrer frühen Verse fehlen. Bei den späten Gedichten ist eine interessante stilistische Entwicklung festzustellen: Jahrzehntelang hatte Mascha Kaléko an der klassischen, strengen Reim- und Strophenform festgehalten. Nun scheint ihr diese Form zu einengend zu sein. Sie löst sich auch von dem in der klassischen deutschen Dichtung bevorzugten fünfhebigen Jambus und reimt seltener. Diese sparsamen Reime wirken umso stärker. Ihre neuen Verse konzentrieren sich auf die Aussage, die der Dichterin wichtiger scheint als das Erfüllen der konventionellen Gesetze. Vielleicht ist ihr nicht bewusst, dass sie sich damit formal der zeitgenössischen Lyrik nähert, auch wenn ihre Sprache klar und verständlich bleibt. Es entstehen Strophen, in denen Mascha Kaléko Bilanz zieht, sich an ihre Kindheit erinnert und auf ihr Leben zurückschaut:

Eine Katze hat neun
Ich brachte es auf fünf

Das erste war keines
Aber das zählt fast doppelt.
Angst, Hunger, Dunkel
Dann kam die Liebe
Und der Tag schien wieder möglich

Leben Nummer zwei
Bootfahrt auf dem Wasser
Der Jugend.

Nummer drei begann, da hörte
Nummer zwei auf.
Sturm rüttelte am Dach
Die Seidendecke zerriß
(…)
Nummer vier begann damit, daß
Aus Zweien Drei wurden
Es war ein Märchen
Wunder schon zum Frühstück
Und Zauber am Abend
(…)
Wir flogen im Schatten der
Schutzengel-Schwingen
Alle drei die Gott liebte.
Dann nahm er uns das Kind
Schon war es ein Mann geworden
(…)
Wieder allein, doch nicht
Wie zuvor, da zwei zu sein genügte …
Das sechste Leben, Tr 133

In wenigen Zeilen fasst Mascha Kaléko hier ihre Biographie zusammen: die Einsamkeit als Kind, ihre erste Ehe, die große Liebe zu Chemjo Vinaver, ihr Leben mit Mann und Sohn, die Zeit mit Chemjo ohne Steven und schließlich die gegenwärtige Phase, in der sie wieder allein ist. Ihr Leben lang hat Mascha Kaléko auf eine kindliche Art an Wunder geglaubt, die sich in schwierigen Situationen für sie auch oft einstellten: »Meine etwas zu rationalistischen Freunde lächeln oft über meine ›Naivität‹. Ich muss mich auf Wunder verlassen, tat es oft mit Erfolg. Ein Wunder war auch, dass ich Vinaver 38 und Steven 30 Jahre haben durfte. Es war schwer mit beiden, (…) aber schön.«[15] Doch nach dem Tod der für sie wichtigsten Menschen ist ihr Glaube an die Vorsehung erschüttert. An Ingeborg Drewitz schreibt sie: »... mir hat man wohl ein bischen [sic] reichlich ›Schicksalsschläge‹ zugemutet. Ich sage mir jeden Morgen, wenn ich aufstehen soll: Ich bin geschlagen – aber nicht besiegt. Das ist meine

Mascha Kaléko und Ingeborg Drewitz, Berlin, September 1974 in der Amerika-Gedenkbibliothek

Frühstückspille, die ich mir selber drehe.«[16] Ihre Stimmung schwankt zwischen Verzweiflung und Zuversicht. Die Aussicht auf einen Besuch in ihrer alten Heimatstadt wirkt anregend auf die Dichterin: »Seltsam, die Berlin-Reise macht sich in mir als Auftrieb zum Schreiben bemerkbar, Gottseidank.«[17] Im Juli 1974 fährt Mascha Kaléko wieder zur Kur ins Engadin, anschließend reist sie nach Zürich. Dort trifft sie nicht nur Gisela Zoch-Westphal, die sie jedes Jahr besucht, sondern auch Marthe Kauer, die befreundete Buchhändlerin. Mit ihr macht sie Autofahrten in die Umgebung und an den Greifensee, den sie besonders mag. Doch auch auf Reisen werden ihr die Lücken schmerzhaft bewusst: »Keine Post zu haben von CV (und SV), daran werde ich mich gewöhnen müssen, habe SO viel gelernt, werde auch dies lernen.«[18]

Mascha Kaléko und Horst Krüger bei der Lesung in der Amerika-Gedenkbibliothek Berlin, September 1974

Ich gehe wieder auf Reisen
Mit meiner leisen
Gefährtin, der Einsamkeit.
(…)
Die Fremde ist Tröstung und Trauer
Und Täuschung wie alles. Von Dauer
Scheint Traum nur und Einsamkeit.
Auf Reisen, Tr 135

Obwohl sie sich in Zürich nicht so isoliert fühlt wie in Jerusalem und die Leute sehr nett zu ihr sind, bekennt sie: »Meine Trauer reist überallhin mit …«[19] Im August muss sie ins Krankenhaus. Freunden in Jerusalem berichtet sie von einem »gerissenen Blinddarm und [einer] Bauchfellentzündung«: »Bin noch voll von Antibiotica und *sehr* rekonvaleszent. (…) Will mit aller *geliehenen* Kraft versuchen die so netten Berliner Einlader nicht im Stich zu lassen. (…) Ich habe rührend gute Freunde und Bekannte fast überall in Old Europe und mein Krankenzimmer war stets voller Blumen. Todkrank das war ich (…) aber nicht verlassen.«[20] Vermutlich stellen die Ärzte bei dieser Operation Magenkrebs fest, über den sie die Kranke jedoch nicht informieren. Züricher Freunde kümmern sich um sie. Mascha Kaléko ist noch sehr schwach, möchte aber trotzdem zu der Lesung nach Berlin fahren. Doch die Ärzte raten ihr dringend davon ab. Enttäuscht schreibt sie einer Freundin, dass sie Berlin sehr gebraucht hätte. Als sich ihr Zustand ein wenig bessert, wagt sie die Reise doch und trifft Mitte September in der Mauer-Stadt ein. Bei der Veranstaltung in der Amerika-Gedenkbibliothek lesen unter dem Titel »Berlin – gestern, heute, morgen« neben Mascha Kaléko auch Ingeborg Drewitz, Robert Wolfgang Schnell und Horst Krüger. Die ›Berliner Morgenpost‹ berichtet, dass Mascha Kaléko – »einst dichtendes Wunderkind im alten Romanischen Café – zarte, leicht melancholische und besinnliche Verse« las.[21]

Der Schriftsteller und Journalist Horst Krüger, der ihren Namen vorher nur flüchtig gehört hatte und ihre Gedichte nicht kennt, ist von ihrer Lesung beeindruckt. »Sie saß neben mir. Sie veränderte sich dabei etwas. Das Mädchenhaft-Kindliche ging jetzt verloren. Sie wurde bewußter, ernster, strenger. Sie ließ sich viel Zeit zwischen den einzelnen Gedichten, machte größere Pausen, scheinbar suchend, scheinbar unschlüssig blätternd. Doch solche Unschlüssigkeit schien mir kunstvoll gewollt. Sie wußte genau, was sie jetzt tat und wollte: vortragen, das feine Gespinst ihrer Verse zum Klingen bringen. (…) Sie trug diese Gedichte in der leisen, hohen Stimmlage einer Dozentin vor, die etwas vermitteln will: Schule des Lebens.«[22]

In den nächsten Tagen streifen Mascha Kaléko und Horst Krüger gemeinsam durch die Stadt. Für den zwölf Jahre jüngeren Kollegen, der seine Kindheit und Jugend in Berlin verbrachte, hat diese Begegnung einen seltsamen Reiz: »Ironie und Spottlust waren (...) mit Melancholie sehr anmutig gemischt.«[23] Jeden Morgen um zehn holt Horst Krüger die Dichterin, die auf ihn »zierlich, graziös, etwas umdunkelt« wirkt, in ihrem Hotel in der Bleibtreustraße ab. Sie fahren zum Potsdamer Platz, wo in den zwanziger Jahren das Leben tobte. »Museum der deutschen Teilung« nennt Horst Krüger dieses Grenzgebiet. Auf der westlichen Seite der Mauer stehen mitten in einer Wüste und Einöde Souvenirläden. Er zeigt ihr die DDR-Grenze an der Glienicker Brücke und das Kleist-Grab in Wannsee. Sie fahren in den Norden Berlins, sehen das Märkische Viertel und Lübars, das »Dorf am Rande der Inselstadt«, wo Kühe weiden. Horst Krüger schildert die »merkwürdige Atmosphäre von Offenheit, Sympathie« und beinahe Freundschaft zwischen ihnen. In Tegel sitzen sie in einem Gartenrestaurant, »da begann sie plötzlich von sich selber zu erzählen. (...) von Jerusalem, wie verlassen sie sich da fühlte, (...) von ihrem Mann, der tot war, (...) vom Tod des Sohnes. Ich spürte plötzlich eine große Einsamkeit in dieser Frau und auch eine gewisse Richtungslosigkeit, wohin es denn nun mit ihrem Leben gehen würde.« Horst Krüger wirbt für die geteilte Stadt und fragt Mascha Kaléko, ob sie nicht doch wieder in ihre alte Heimat zurückkehren wolle: »... hier haben Sie angefangen, hier gehören Sie eigentlich wieder hin.«[24] Obwohl es Mascha Kaléko gesundheitlich nicht gut geht, genießt sie die Ausflüge mit dem jüngeren Kollegen und sagt rückblickend, dass sie mit ihm »die letzten drei guten Tage«[25] verbracht habe. Später lässt ihr Horst Krüger, für den sie »eine zarte, melancholische Berlin-Erinnerung« ist, durch einen Bekannten noch einmal ausrichten, Jerusalem wäre auf Dauer kein Ort für sie, und sie solle doch wieder nach Berlin ziehen.[26] Bei ihrem mehrtägigen Aufenthalt in der Stadt wohnt Mascha Kaléko wie schon zuvor in Charlottenburg und wandert durch die Straßen, die vor der Emigration ihre Heimat waren. In diesen Tagen entsteht ihr Gedicht ›Bleibtreu heißt die Straße‹:

Vor fast vierzig Jahren wohnte ich hier.
… Zupft mich was am Ärmel, wenn ich
So für mich hin den Kurfürstendamm entlang
Schlendere – heißt wohl das Wort.
Und nichts zu suchen, das war mein Sinn.
Und immer wieder das Gezupfe.
Sei doch vernünftig, sage ich zu ihr.
Vierzig Jahre! Ich bin es nicht mehr.
Vierzig Jahre. Wie oft haben meine Zellen
Sich erneuert inzwischen
In der Fremde, im Exil.
New York, Ninety-Sixth Street und Central Park,
Minetta Street in Greenwich Village.
Und Zürich und Hollywood. Und dann noch Jerusalem.
Was willst du von mir, Bleibtreu?
Ja, ich weiß. Nein, ich vergaß nichts.
Hier war mein Glück zu Hause. Und meine Not.
Hier kam mein Kind zur Welt. Und mußte fort.
Hier besuchten mich meine Freunde
Und die Gestapo.
Nachts hörte man die Stadtbahnzüge
Und das Horst-Wessel-Lied aus der Kneipe nebenan.
Was blieb davon?
Die rosa Petunien auf dem Balkon.
Der kleine Schreibwarenladen.
Und eine alte Wunde, unvernarbt.

Bleibtreu heißt die Straße, Tr 136

Von Berlin fliegt Mascha Kaléko kurz nach London, um eine Freundin und Bekannte von Steven bei der BBC zu treffen. Wahrscheinlich hat sich die Dichterin damit zu viel zugemutet; an Ingeborg Drewitz schreibt sie nach ihrer Rückkehr, dass der Aufenthalt »seelisch anstrengend« war und »die Reise-Euphorie (…) der Schwermut gewichen« sei. Im Züricher Hotel »Butterfly« wartet Mascha Kaléko darauf, dass der Lift in ihrem Jerusalemer Wohnhaus repariert wird, weil sie zu schwach ist, sieben Stockwerke zu laufen. »Dieses Zwischen-Himmel-und-Erde-Schweben macht müde. (...) Berlin war wie ein ferner Traum, alles ist ›traumhaft‹, auch London, auch, daß es mich noch gibt, trotz allem.«[27] Die Journalistin Eleonore von Planta, der Mascha Kaléko in dieser Zeit ein Interview für die ›Weltwoche‹ gibt, schildert, welchen Eindruck die Dichterin auf sie macht: »Sie wirkt klein und zerbrechlich, spricht mit einer leisen, atemlosen Intensität, mag nicht über sich reden, sondern weist lieber auf ihre Bücher hin.« Mascha Kaléko berichtet von ihrer Lesung in Berlin, die nicht nur die junge Generation von damals, sondern auch die junge Generation von heute sehr angesprochen habe. »Die jungen Menschen hatten sich in meinen Gedichten wiedergefunden. Offenbar sind die Elementargefühle die gleichen geblieben, wenn sie sich auch anders äußern.« Eleonore von Planta fasst dieses Phänomen, das die Dichterin häufig bei ihren Lesungen erlebt, so zusammen: »Die Leser von 1974 kommen und probieren die Gedichte von 1934 an, und sie passen ihnen wie nach Mass.« In diesem Gespräch erläutert Mascha Kaléko auch ihre Arbeitsweise. Sie glaubt nicht, dass Lyriker regelmäßig in ihrer »Werkstatt« sitzen und arbeiten müssen. »Manchmal kommt ein Gedicht und ist so gut wie ›fertig‹. Manchmal schleppt man Strophen mit sich herum. Einmal ging es fast zehn Jahre, bis die letzte fehlende Strophe endlich da war. Vielleicht kommt zuweilen auch nur eine Zeile, die kann dann die Form des Ganzen bestimmen, kann wie eine Keimzelle schon alles enthalten.« Und resümierend fügt sie hinzu: »Man darf ein Gedicht nicht loslassen, ehe das Gedicht einen loslässt.«[28]

> Gedichte machen ist wie angeln
> Nach einem elektrischen Fisch
> Der funkensprühend auftaucht und entschwindet
>
> Wenn die Wellen über mir zusammenschlagen
> Tauche ich hinab, nach Perlen zu fischen
>
> *Gedichte machen ist wie angeln, LJ 120*

Eine kleine Genugtuung mag es für die Dichterin bedeuten, als der Rowohlt Verlag, der Anfang der sechziger Jahre an ihren Büchern nicht mehr interessiert war, sie um die Rechte »fürs so viel verlangte ›Stenogrammheft‹«[29] bittet. Das Buch verkauft sich so gut, dass ihr der Verlag schon im Winter zum Erscheinen des hunderttausendsten Bandes einhundert rote Rosen schickt. Maschas Stimmung wechselt zwischen Hoffnung und Resignation: »Den Tag überleben – das ist meine nicht erfreuliche ›Aufgabe‹.«[30] In ihrem Züricher Hotel überlegt sie, ob es für sie eine Chance gibt, in ihre alte Heimatstadt zurückzukehren, und hofft auf ein Stipendium des Deutschen Akademischen Austauschdienstes (DAAD), das ihr einen längeren Aufenthalt ermöglichen könnte. An Ingeborg Drewitz, die sich bei den zuständigen Stellen darum kümmert, schreibt sie: »Ich wünschte, die Berlin-Einladung käme schnellstens. Dort wäre ich gewiss auch längst wieder gesund. (…) Mit einer Einladung auf ca. 6 Monate zunächst wäre viel getan, ja vielleicht sogar mein etwas lädiertes Leben ›gerettet‹.«[31] Die Berliner Schriftstellerin will sich auch dafür einsetzen, dass Mascha Kaléko eine Auszeichnung von der Stadt bekommt. Die Dichterin, die dem ihr fünfzehn Jahre zuvor »entgangenen« Fontane-Preis manchmal doch etwas nachtrauert, nähme eine Ehrung der Stadt Berlin gern entgegen, doch »nichts was nach ›Sozialfall‹ schmeckt, das bin ich (zumindest einstweilen) noch nicht.«[32] Doch kurz darauf, Ende November, verschlechtert sich ihr Gesundheitszustand. Entmutigt schreibt sie an Ingeborg Drewitz: »Bin *sehr krank* und kann kaum noch. Unsere Berlin-Pläne sind jetzt utopisch.«[33] Gerhard Schoenberner, dem Leiter des Kulturzentrums der deutschen Botschaft in Tel Aviv, gesteht sie Anfang Dezember: »Dies ist für mich (…) wahrlich ›une saison en enfer‹ gewesen --- hätte sie nur ein baldiges Ende.«[33a] Eine unsensible Ärztin konfrontiert Mascha Kaléko schonungslos mit der Tatsache, dass ihre Krankheit unheilbar und der Magenkrebs so weit fortgeschritten sei, dass es für eine Operation zu spät ist. Züricher Freunde besorgen ihr ein Einzelzimmer in einer Privatklinik und kümmern sich um sie. Sie will nur noch wenige Menschen sehen und sprechen. Ihre letzte Lektüre ist die Biografie von David Bronsen über den österreichischen Schriftsteller Joseph Roth, der wie sie in Galizien geboren wurde und seine ostjüdische Herkunft später ebenfalls verschwieg.[34] Eine Bekannte berichtet von Anrufen der Dichterin, bei denen sie »eine erschütternd winzige Stimme« hat, in der jedoch »noch eine Freude (…) zu hören« ist »bei dem Wort ›Berlin‹«.[35] Gisela Zoch-Westphal, die Mascha Kaléko regelmäßig bei ihren jährlichen Besuchen in der Limmat-Stadt traf, hat in den zwei Monaten, die die Dichterin im Krankenhaus liegt, den intensivsten Kontakt mit ihr. „Warum sie gerade mich zur Gesprächspartnerin in ihrer Todesgewißheit machte, bleibt ihr Geheimnis.«[36] Die Schauspielerin besucht Mascha täglich: »… das einzige, was sie gern erzählte, war von Chemjo und von Steven, aber (…) je näher der Tod kam, desto weniger war von Steven die Rede, da gabs nur noch Chemjo …« Mascha Kalékos einzige Sorge gilt dem musikalischen Werk ihres Mannes. Gisela Zoch-Westphal telefoniert und schreibt Briefe für sie, in denen es um die Sicherung von Chemjo Vinavers Nachlass und die Veröffentlichung des zweiten Teiles seiner Anthologie chassidischer Synagogalmusik geht. Von einem Verlagsangebot der Eremiten-Presse, die ein neues Buch mit ihr machen möchte, erfährt sie nicht mehr, da der Brief Anfang Januar an ihre Jerusalemer Adresse geschickt wird. Vor dem Sterben fürchtet sich Mascha Kaléko nicht, sie hofft auf ein »Danach« und die Möglichkeit, Chemjo und Steven wiederzusehen. »Sie ging ganz bewusst auf den Tod zu und hatte ein sehr genaues Gefühl, wann es zu Ende geht. Sie hat länger gelebt als die Ärzte für möglich hielten, das hatte aber damit zu tun, dass die Zukunft von Chemjos Archiv noch ungewiss war.«[37] Mascha Kaléko wird immer schwächer, wiegt nur noch 43 Kilo und ahnt, dass sie den Februar nicht mehr erleben wird.[38] Trotz großer Schmerzen lehnt sie schmerzstillende Spritzen ab, weil sie einen klaren Kopf behalten will. Sie macht ihr Testament, entwirft die Inschrift, die auf ihrem Grabstein stehen soll, und verbittet sich Reden bei der Trauerfeier. Ärzte und Krankenschwestern sind erstaunt, wie lange der Wille und die Hoffnung Mascha Kaléko am Leben erhalten. Mitte Januar 1975, eine Woche vor ihrem Tod, überträgt die Dichterin Gisela Zoch-Westphal die Verantwortung für ihren literarischen Nachlass. Sie erzählt den Züricher Freunden nicht, dass sie Geschwister in Israel hat, weil sie von ihnen so enttäuscht ist, dass sie mit ihrer Familie nichts mehr zu tun haben will. Der einzige Verwandte, dem sie vertraut, ist Eli Dovev, der Mann von Chemjo Vinavers Nichte. Ihn bittet sie, nach Zürich zu kommen. Während mehrerer Wochen sitzt er immer wieder stundenlang an ihrem Krankenbett, und sie erklärt ihm genau, in welchen Schränken und Schubladen in der Jerusalemer Wohnung der Nachlass ihres Mannes liegt. Eli Dovev vertraut sie das musikwissenschaftliche Archiv ihres Mannes an. Er verspricht der schwerkranken Dichterin, dafür zu sorgen, dass der zweite Band von Chemjo Vinavers ›Anthologie Chassidischer Synagogalmusik‹ veröffentlicht wird. Die Jerusalemer Universität soll das wertvolle Material unentgeltlich erhalten, unter der Voraussetzung, den noch fehlenden Teil zweisprachig in Hebräisch und Englisch zu publizieren. Erst als sie die Gewissheit dieser Veröffentlichung hat, ist Mascha Kaléko bereit, zu gehen. »... da war ihre Aufgabe erfüllt. (...) da ließ sie los und konnte sterben, es war unglaublich ...«[39] Mascha Kaléko stirbt am Dienstag, den 21. Januar 1975 in Zürich im Alter von 67 Jahren. Sie wird zwei Tage später auf dem Israelitischen Friedhof am Friesenberg in Zürich in einem schlichten Holzsarg beigesetzt. Die Zeremonie wird, wie sie es sich gewünscht hatte, nur von rituellen jüdischen Gesängen und Gebeten begleitet.

Die Gestaltung des Grabsteins hat sie selbst bestimmt: Eingerahmt von den hebräischen Buchstaben für »Hier wurde begraben« und einem Segenswunsch aus der hebräischen Bibel »Möge ihre Seele geborgen sein im Bündel der Lebendigen«[40] lautet die Inschrift: »Mascha Kaléko / Dichterin / 1907–1975 / Gattin des / Musikologen / Chemjo Vinaver«.

Ich werde fortgehn im Herbst
Wenn die grauen Trauerwolken
Meiner Jugend mich mahnen.
Keine Fahnen werden flattern
Keine Böller knattern
Krähen werden aus dem Nebel schrein
Schweigen, Schweigen, Schweigen
Hüllt mich ein.
Ich werde gehen wie ich kam
Allein.

Ich werde fortgehn im Herbst, LJ 126

Mascha Kalékos Grab auf dem Israelitischen Friedhof in Zürich

EPILOG

Mascha Kalékos Tod wird in zahlreichen deutschen und Schweizer Zeitungen gemeldet, oft nur in wenigen Zeilen, doch es erscheinen auch längere Nachrufe. Der Berliner Kritiker Friedrich Luft nennt sie in der ›Welt‹ die wahrscheinlich einzige »deutsche Großstadtdichterin«[1] und hebt die Originalität ihrer Poesie in der deutschen Literatur hervor. Die ›Berliner Morgenpost‹, für die die Schriftstellerin, obwohl sie nicht mehr in Berlin lebte, zur Berliner Literaturszene gehörte, schreibt: »Zeitgenossin und Weggefährtin eines Tucholsky oder eines Ringelnatz, war sie, die gebürtige Polin, eine Autorin von berlinischem Zungenschlag. Ihre Gedichte schweben zwischen Witz und Trauer, zwischen geradezu kabarettistischem Schliff und sanft verwebter Elegie. Unter den Berlinern fand die zierliche, bis ins Alter mädchenhaft aussehende Frau auch ihre treuesten Anhänger.«[2] Der Berliner ›Tagesspiegel‹ bringt am 22. Januar 1975 eine Sechs-Zeilen-Meldung auf der Feuilletonseite und einen Tag später einen ausführlichen Nachruf von Ingeborg Drewitz. Die Berliner Schriftstellerin nennt Kalékos Emigrations-Lyrik »mutig, heimwehkrank und beinahe frech« und erklärt: »Dieses Beinahe ist Mascha Kalékos Trick – oder nein, ihre große Kunst; (...) beinahe-glücklich-beinahe-traurig. (...) Ihr Spott trifft die Schwachheiten und Schwächen eines jeden, aber ihr Spott hat Mitleid.« Für Ingeborg Drewitz ist es selbstverständlich, dass Mascha Kaléko gleichrangig neben ihren männlichen Kollegen steht: »Sie erschien mit Tucholsky und Kästner zusammen auf Schallplatten, war ringelnatzig und ein wenig auch morgensternisch rüde und schließlich eine Frau, eine Mädchen-Frau, ein gar nicht häufiger Typ unter den deutschen Autorinnen.«[3] Auch die ›Allgemeine Jüdische Wochenzeitung‹ betont die außergewöhnliche Erscheinung der Dichterin nicht nur in der Literatur: »Sie ist keine ›alte Dame‹ geworden, die besinnlich-heitere, charmante Lyrikerin, das behende Persönchen mit der Stupsnase – so bleibt Mascha Kaléko (…) in unserer Erinnerung.«[4] Edwin Maria Landau lobt im ›Aufbau‹ ihren »seltsam herbe[n] Ton«, der »sich selbst gegenüber immer nüchtern, aber nicht empfindungslos«[5] sei. In der ›Frankfurter Allgemeinen Zeitung‹ nennt Horst Krüger die Dichterin »die leise Stimme Berlins«, erinnert sich an seine Begegnung mit ihr und gesteht, dass er sie »verehrt (…) und ein bißchen bewundert« habe. Trotzdem spricht er ihr den gleichen literarischen Rang wie Ringelnatz, Tucholsky und Kästner ab, obwohl er erkennt, dass sie das »bis dahin noch fehlende weibliche Element« in die Zeitpoesie einbrachte. »Natürlich gehört ein solches Leben: wie es aufbrach, kurze Zeit blühte, sich ducken mußte und dann über Jahrzehnte eigentümlich verrann in lauter freundlichen Verlegenheiten, zu den Spätfolgen des deutschen Faschismus. Es ist ein jüdisches Schicksal zu beklagen. (…) Sie hatte Erfolg, aber nur in Grenzen.« Horst Krüger stellt fest, dass Mascha Kaléko später »zwischen die Zeiten« geriet und »eine Integration« in die aktuelle »Literaturszene«[6] nicht mehr stattfand.

Horst Krüger beklagt in seinem Nachruf, dass ihr Name in keiner Literaturgeschichte erwähnt wird. Das hat sich mehr als dreißig Jahre nach ihrem Tod geändert. Doch noch immer ist die Anerkennung und Einordnung von Mascha Kalékos Lyrik für die Literaturwissenschaft problematisch. Diese Dichterin passt in keine Schublade: Ihre Gedichte sind witzig und melancholisch, altmodisch und gegenwartsbezogen zugleich und werden – weil sie leicht verständlich sind – oft unterschätzt. Gero von Wilpert widmet ihr 1976 in seinem ›Deutschen Dichterlexikon‹ immerhin einige Zeilen und nennt ihre Poesie »Gebrauchs- und Zeitgedichte im Stil Heines«[7], während er auf das Werk von Erich Kästner und Kurt Tucholsky deutlich ausführlicher eingeht. Auch in Walther Killys zehnbändigem ›Literatur-Lexikon‹ aus dem Jahr 1990 wird die Dichterin als Heinrich Heines »legitime Erbin«[8] bezeichnet. Doch in den acht Bänden des ›Literatur-Brockhaus‹ taucht ihr Name erst 1995 – zwanzig Jahre nach ihrem Tod – auf. Das erstaunt, denn Mascha Kaléko war die einzige weibliche Stimme in der Dichtung der Neuen Sachlichkeit und verdient ebenso viel Aufmerksamkeit wie ihre männlichen Kollegen. Selbst Lexika, die sich ausschließlich deutschen Autorinnen widmen, vergessen Mascha Kaléko. Weder wird sie 1978 im Band ›Deutsche Dichterinnen vom 16. Jahrhundert bis zur Gegenwart‹ von Gisela Brinker-Gabler, noch im ›Lexikon deutschsprachiger Schriftstellerinnen 1800–1945‹ derselben Herausgeberin aus dem Jahre 1986 erwähnt. Auch im ›Metzler Autorinnen Lexikon‹ von 1998 taucht ihr Name nicht auf.

Dagegen überrascht es nicht, dass Mascha Kaléko im Schriftstellerlexikon des Bibliographischen Instituts Leipzig aus dem Jahr 1990 nicht verzeichnet ist. Denn in der DDR war die Dichterin kaum bekannt. Ihre Bücher durften dort nicht erscheinen, weil sie im imperialistischen Israel lebte. Es gab zwar Bemühungen, ihre Verse zu veröffentlichen, doch kam es dazu erst nach dem Tod der Autorin. 1979 erschien eine Auswahl ihrer Gedichte unter dem Titel ›Horoskop gefällig? – Verse in Dur und Moll‹, herausgegeben von Hilde Arnold, im Ost-Berliner Eulenspiegel Verlag in Zusammenarbeit mit dem West-Berliner Arani Verlag. Auf die erste Auflage folgte 1979 eine zweite, die auch schnell vergriffen war und nicht nachgedruckt wurde.[9]

Unverständlich ist allerdings, dass sogar die zwanzigbändige Neuausgabe des ›Kindler Literatur Lexikon‹, erschienen zwischen 1988 und 1992, die Dichterin ignoriert. Erst nachdem der bekannte Kritiker Marcel Reich-Ranicki 1998 in einer Gedicht-Interpretation monierte, dass man Mascha Kaléko in diesem Standard-Nachschlagewerk – wie auch Alfred Polgar – »keine einzige Zeile«[10] widmet, wurden die Herausgeber auf die Lyrikerin aufmerksam. 1998 wird sie – wie auch der mit ihr bekannte Kollege Polgar – in den Ergänzungsband aufgenommen. Der Artikel lobt ihre frühe »Lyrik, die einfach, klar, pointiert und am Puls der Zeit ist«, konstatiert in den Emigrations-Gedichten »eine Unsicherheit des Tons« und entdeckt erst in ihren späten Versen »wieder ihren gerühmten, unverwechselbaren Ton«.[11] Eine Einschätzung, die der Dichterin nicht ganz gerecht wird. Zwar entstanden im Exil auch schwächere Verse, doch ihre besten Gedichte aus dieser Zeit reflektieren den Heimatverlust mit dem Witz der frühen Jahre, scharfsinniger Ironie und leiser Schwermut. In ihren späten Versen dagegen fehlt der typische Kaléko-Ton.

Marcel Reich-Ranicki hat in seine ›Frankfurter Anthologie‹ mit ausgewählten Gedicht-Interpretationen mehrere Gedichte von Mascha Kaléko aufgenommen. In seiner Interpretation ihres Gedichtes ›Großstadtliebe‹ nennt er ihre Verse »keß und keck, frech und pfiffig, schnoddrig und sehr schwermütig, witzig und ein klein wenig weise«. Den Vergleich mit Heinrich Heine hält er für »zu hoch gegriffen«, doch stellt auch er die Dichterin in eine Reihe mit Tucholsky, Ringelnatz und Kästner, der – wie Kaléko – »ein lyrischer Reporter seiner Epoche« gewesen sei. Dass Mascha Kaléko in der deutschen Literaturgeschichte kaum erwähnt wird, hat für ihn »mit der Besonderheit ihrer Poesie zu tun: Derartiges wird in Deutschland bisweilen gelobt und nie ganz ernst genommen«. Er stellt fest, dass nicht ihre Themen Liebe, Einsamkeit, Sehnsucht, Hoffnungslosigkeit und Enttäuschung neu sind, sondern der »Ton und Hintergrund dieser Verse«. Für ihn sind ihre Gedichte »Gebrauchslyrik, (...) Dichtung für nüchterne Leute, die es eilig und nicht leicht haben (...) Es ist Poesie für die Zeitung und also für den Alltag«.[12] Das klingt ein wenig abwertend, weil in Deutschland – nicht nur in der Literatur, auch in der Musik – noch immer zwischen unterhaltsamer und ernsthafter Kunst unterschieden wird. Kunstwerke, die beides gekonnt vereinen, werden oft nicht genug anerkannt. Viele Gedichte von Mascha Kaléko haben auf den ersten Blick eine scheinbare Leichtigkeit, hinter der sich tiefere Bedeutungsebenen verbergen. Die Musiker entdeckten diese Dualität schon in den dreißiger Jahren des 20. Jahrhunderts. Seitdem sind Gedichte und Chansons von Mascha Kaléko von vielen Komponisten vertont worden.[13]

Gisela Zoch-Westphal, der Mascha Kaléko ihren literarischen Nachlass anvertraut hat, beginnt schon kurz nach dem Tod der Dichterin in Lesungen, Vorträgen und Radio-Sendungen an deren Leben und Werk zu erinnern. Sie sichtet den umfangreichen Nachlass und gibt in den folgenden Jahren mehrere Bände mit unveröffentlichten Texten heraus. In den Feuilletons der Zeitungen werden diese Bücher aufmerksam besprochen. Der Lyriker Karl Krolow erkennt den individuellen Wert von Kalékos Poesie: »Diese Dichterin wollte zu vielen sprechen, sich vielen in Versen direkt mitteilen, so unkompliziert wie möglich, eine Unkompliziertheit, die gar nichts mit Banalität zu tun hat ...«[14] Der wichtigste Band mit Veröffentlichungen aus dem Nachlass erschien 1977 unter dem Titel ›In meinen Träumen läutet es Sturm‹. Er enthält auch die Gedichte aus Mascha Kalékos letztem Lebensjahr. Karl Krolow rühmt in seiner Rezension die »unverkennbare lyrische Handschrift« der Dichterin, die unsentimental und direkt ist, aber auch – vor allem in späteren Jahren – bittere Töne kennt.[15] Mit der Feststellung »Lyrik kauft keiner« beginnt der Kinderbuchautor und Illustrator Janosch seine Rezension und nennt sofort zwei Ausnahmen: Goethe und Mascha Kaléko. Das PEN-Zentrum hatte festgestellt, dass der meistverkaufte Lyrikband eine Reclam-Ausgabe von Goethe mit 128 000 Exemplaren sei, gefolgt von Mascha Kalékos ›Lyrischem Stenogrammheft‹ mit hunderttausend Exemplaren. Das Fazit von Janosch lautet: »Gebrauchspoesie kann man brauchen.«[16] Das wissen auch Kalékos Leserinnen und Leser. Das ›Lyrische Stenogrammheft‹ erschien 2011 in der 35. Auflage mit über einer Viertelmillion Exemplaren; die ›Verse für Zeitgenossen‹ erreichten 2011 die 27. Auflage. Dabei war der Rowohlt Verlag nach dem Tod der Dichterin, als Gisela Zoch-Westphal eine Neuauflage der ›Verse für Zeitgenossen‹ vorschlug, nicht interessiert. Die Eremiten-Presse druckte die Ausgabe und verkaufte später die Taschenbuchrechte an Rowohlt, wo der Gedichtband seitdem in einer Lizenzausgabe erscheint. Auch der Band ›In meinen Träumen läutet es Sturm‹ – 1977 im Deutschen Taschenbuch Verlag publiziert – hat im Januar 2011 die 30. Auflage mit über 200 000 Exemplaren erreicht. Diese drei Bücher bilden das Zentrum des poetischen Werkes von Mascha Kaléko. Seit ihrem Tod wurden Gedichte von ihr in über fünfhundert Anthologien, Zeitschriften und Kalender aufgenommen und ins Englische, Niederländische, Französische und Italienische übersetzt. Auch an ungewöhnlichen Orten finden Kaléko-Verse ihren Platz: Im Sommer 2005 stand das Gedicht ›Die Zeit steht still‹ im Rahmen des Projekts ›Lyrik unterwegs‹ auf Schildern in Bussen, Bahnen und Haltestellen der Stuttgarter Verkehrsbetriebe. Das in den letzten Jahren am häufigsten nachgedruckte Gedicht ist ›Memento‹.[17] Diese Verse, die nicht zu den typischen heiter-melancholischen der Dichterin gehören, bringen elementare Erfahrungen der Menschen auf den Punkt: Liebe, Verlust und Tod.

Zum zehnten Todestag der Dichterin, 1985, drehten Peter Bermbach und Horst Krüger ein Film-Porträt für das Zweite Deutsche Fernsehen, in dem Mascha Kalékos Leben an den Originalschauplätzen – Berlin, New York, Jerusalem und Zürich – nachgezeichnet wurde. 1987, zum 80. Geburtstag der Autorin, veröffentlichte Gisela Zoch-Westphal ihr Buch ›Aus den sechs Leben der Mascha Kaléko – Biographische Skizzen, ein Tagebuch und Briefe mit Fotografien und Dokumenten‹ und gab damit erstmals einen Überblick über Leben und Werk der Schriftstellerin. Zwei größere literaturwissenschaftliche Untersuchungen haben sich bisher mit ihrem Werk beschäftigt: 1982 publizierte Irene Astrid Wellershoff ihre Dissertation ›Vertreibung aus dem »kleinen Glück« – Das lyrische Werk von Mascha Kaléko‹. Und 2003 erschien die ausführliche Studie von Andreas Nolte ›»Mir ist zuweilen so als ob das Herz in mir zerbrach« – Leben und Werk Mascha Kalékos im Spiegel ihrer sprichwörtlichen Dichtung‹.

In Berlin kann man Mascha Kalékos Spuren folgen: Zu ihrem 15. Todestag im Januar 1990 wurde an ihrem Wohnhaus in der Bleibtreustraße in Charlottenburg eine Gedenktafel enthüllt.

Ein Teehändler, der sein Geschäft ganz in der Nähe – am Kurfürstendamm – hatte, verkauft noch immer eine Schwarztee-Mischung mit Bourbon-Vanille-Schoten und Karamel-Aroma, die er »Mascha Kaléko« nennt und deren Geschmack er mit »würzig voll« beschreibt.[18] In Berlin-Kladow gibt es seit 1995 einen Mascha-Kaléko-Weg und im Bezirk Marzahn seit 2006 einen Mascha-Kaléko-Park. In Zürich kann man nicht nur das Grab der Dichterin besuchen, im Ortsteil Oerlikon wurde auch eine Straße nach ihr benannt. Und in

New York wurde zum 100. Geburtstag von Mascha Kaléko am 9. Juni 2007 eine Gedenktafel in der Minetta Street enthüllt, wo die Dichterin siebzehn Jahre lang mit Mann und Sohn lebte. Die Spuren dieser Künstlerfamilie sind über drei Kontinente verteilt: Chemjo Vinavers musikwissenschaftliche Studien werden im Archiv der Jerusalemer Universität aufbewahrt, die den zweiten Teil seiner Anthologie chassidischer Musik 1986 veröffentlichte; ein Teil der Steven Vinaver Collection befindet sich im Leo-Baeck-Institut in New York, und den literarischen Nachlass von Mascha Kaléko hat Gisela Zoch-Westphal in den achtziger Jahren dem Deutschen Literatur-Archiv in Marbach am Neckar übergeben. Er umfasst nicht nur über tausend Briefe der Dichterin, sondern auch Manuskripte und Entwürfe ihrer Texte sowie Fotos, Tonträger, Bücher und Presseartikel.

Berlin-Charlottenburg, Bleibtreustraße 10/11, das Haus, in dem Mascha Kaléko von 1936 bis 1938 gemeldet war

Mascha Kaléko hat über 650 Gedichte und Epigramme geschrieben, fünfundzwanzig Prosatexte, zahlreiche Artikel und Werbetexte sowie einige Entwürfe für Kurzgeschichten, dramatische Szenen und Hörspiele. Sie gehört zu den wenigen emigrierten Autoren, die nach dem Zweiten Weltkrieg zumindest teilweise an ihre früheren Erfolge anknüpfen konnten. In den fünfziger Jahren wurden ihre Bücher wieder gedruckt und verkauften sich gut. Danach begann das Interesse nachzulassen, und in den sechziger bis zum Anfang der siebziger Jahre war es für die Dichterin schwer, ihre Gedichte zu publizieren. Gisela Zoch-Westphal sorgte dafür, dass Mascha Kalékos Werk nicht in Vergessenheit geriet und ihre wichtigsten Bücher lieferbar sind. Seit dem Tod der Dichterin hat sich die Rezeption ihrer Werke positiv entwickelt. Die Literaturwissenschaft beginnt, das Werk der Dichterin ernster zu nehmen, auch wenn ihre Bedeutung in der deutschen Literaturgeschichte noch immer nicht angemessen gewürdigt wird. Die Literaturkritik wird ihr kaum gerecht, weil sie in Kalékos Gedichten meist nur das Unterhaltsame entdeckt und nicht den Tiefsinn. Auch Marcel Reich-Ranicki ist der Meinung, dass »die satirischen Talente von der Kritik lange unterschätzt« wurden, und betont: »Ich halte sehr viel von Mascha Kaléko …«[19] In seinen 2005 erschienenen ›Kanon der deutschen Literatur‹ nahm der Kritiker acht Gedichte der Lyrikerin auf. Auch im 21. Jahrhundert wird man Mascha Kalékos Gedichte lesen, drucken und rezitieren. Eindrucksvoll spiegeln sie ein individuelles Schicksal vor dem Hintergrund gesellschaftspolitischer und zeitgeschichtlicher Umbrüche. Aber auch die kleinen Momente des Alltags und der Emotionen hat Mascha Kaléko in wenigen Zeilen auf den Punkt gebracht und auf fast alle Fragen eine poetische Antwort gefunden.

Mein schönstes Gedicht?
Ich schrieb es nicht.
Aus tiefsten Tiefen stieg es.
Ich schwieg es.

Mein schönstes Gedicht?, Tr 138

ANHANG

ANMERKUNGEN

PROLOG

1 Nachlass, DLA Marbach
2 Nachlass, DLA Marbach: Mascha Kaléko an Ruth Liepman, 1.12.1967
3 Akademie der Künste Berlin, Ingeborg Drewitz Archiv: Mascha Kaléko an Ingeborg Drewitz, 5.11.1974

KINDHEIT (1907–1918)

»Ich bin als Emigrantenkind geboren …«

CHRZANÓW, FRANKFURT AM MAIN UND MARBURG

1 Nachlass, DLA Marbach: Auf einmal ist das Kind wieder da (31.10.1959)
2 Nachlass, DLA Marbach: Chaja Engel an Mascha Kaléko, 3.8.1962
3 Vergl. Karina Tippelskirch: Mimikry als Erfolgsrezept. Mascha Kalékos Exil im Exil. In: Ästhetiken des Exils, hrsg. von Helga Schreckenberger, Amsterdam/New York 2003, S. 162
4 Mascha Kaléko im Interview mit Alfred Joachim Fischer, Jerusalem, 9.10.1973
5 Nachlass, DLA Marbach: Rosa Engel an Mascha Kaléko, 3.8.1962
6 Auskunft von Barbara Schopplick am 28.4.2006 über ein Telefongespräch mit Lea Pels am 15.8.1987
7 Nachlass, DLA Marbach: Frühes Erinnern: rote Geranien
8 Vergl. Karina Tippelskirch: Mimikry als Erfolgsrezept. Mascha Kalékos Exil im Exil. In: Ästhetiken des Exils, hrsg. von Helga Schreckenberger, Amsterdam/New York 2003, S. 163
9 Nachlass, DLA Marbach: Mascha Kaléko an Chemjo Vinaver, 29.2.1956
10 Vergl. Gisela Zoch-Westphal: Aus den sechs Leben der Mascha Kaléko. Berlin 1987, S. 23
11 Zum Thema ›Kalender‹, in: Lyrisches Stenogrammheft, S. 140

BERLIN (1918–1938)

»Wir wuchsen auf in einer schweren Zeit ...«
JUGENDJAHRE

1 Vergl. Irene Astrid Wellershoff: Vertreibung aus dem kleinen Glück. Das lyrische Werk von Mascha Kaléko. Dissertation, Aachen 1982, S. 238 f.
2 Nachlass, DLA Marbach: Mascha Kaléko an Dr. Siegfried Moses, 2. 2. 1972
3 Nachlass, DLA Marbach: Mascha Kaléko an Bertha Badt-Strauss, 17. 6. 1961
4 Interview mit Alfred Joachim Fischer, Jerusalem, 9. 10. 1973
5 Nachlass, DLA Marbach: Mascha Kaléko an Inge Lew, o. D., vermutl. April/Mai 1961
6 Auskunft von Barbara Schopplick am 28. 4. 2006 über ein Telefongespräch mit Lea Pels vom 15. 8. 1987
7 Nachlass, DLA Marbach: Mascha Kaléko an Suse Weltsch, 19. 10. 1960
8 Nachlass, DLA Marbach: Das Biest hieß Florentine
9 Erster Ferientag, in: Lyrisches Stenogrammheft, S. 82
10 Die Schreibweisen variieren: Chayim, Chaim oder Haim
11 Nachlass, DLA Marbach: Einer Schule zum hundertsten Geburtstag (vermutl. 1935)
12 Auskunft von Barbara Schopplick am 28. 4. 2006 über ein Telefongespräch mit Lea Pels vom 15. 8. 1987
13 Nachlass, DLA Marbach; rotkariertes, liniertes Heft

»Die paar leuchtenden Jahre«
ANFÄNGE

1 Mascha Kaléko: Lyrisches Stenogrammheft, S. 127 f.
2 Nachlass, DLA Marbach
3 Nachlass, DLA Marbach: Heiratsurkunde v. 31. 7. 1928
4 Nachlass, DLA Marbach
5 Nachlass, DLA Marbach: Mascha Kaléko an das Entschädigungsamt Berlin, 1. 11. 1958
6 Günther Birkenfeld, zit. n.: Literarischer Führer durch Berlin. Von Fred Oberhauser und Nicole Henneberg, Frankfurt/M. 1998
7 Rudolf Lenk: Ein neues Buch von Mascha Kaléko, Israel Nachrichten, Tel Aviv 1977, zit. n.: Irene Astrid Wellershoff: Vertreibung aus dem ›kleinen Glück‹. Das lyrische Werk von Mascha Kaléko. Aachen 1982, S. 240
8 Mascha Kaléko: Hat alles seine zwei Schattenseiten. Berlin 1983, Arani, S. 13
9 Mascha Kaléko: Hat alles seine zwei Schattenseiten, S. 14 ff.
10 Mascha Kaléko: Hat alles seine zwei Schattenseiten S. 16 und 19 f.
11 Ein Abschied, in: Lyrisches Stenogrammheft, S. 101
12 Mascha Kaléko: Hat alles seine zwei Schattenseiten. Berlin 1983, Arani, S. 27
13 Nachlass, DLA Marbach: Heinrich Thode an den Simplicissimus, Mai 1931
14 Mascha Kaléko: Hat alles seine zwei Schattenseiten, S. 24
15 Mascha Kaléko: Hat alles seine zwei Schattenseiten, S. 25
16 Nachlass, DLA Marbach: Presse-Mappe
17 Mascha Kaléko: Hat alles seine zwei Schattenseiten, S. 22

18 Mascha Kaléko: Hat alles seine zwei Schattenseiten, S. 23

19 Nachlass, DLA Marbach: Ernst Oldenburg Verlag Leipzig an Mascha Kaléko, 18.2.1932

20 Nachlass, DLA Marbach: Verlag Ullstein, Romanabteilung, an Mascha Kaléko, 5.1.1932

21 Nachlass, DLA Marbach: Mascha Kaléko an Saul Kaléko, 1.9.1932

22 Kleiner Abstecher nach Marokko, in: Mascha Kaléko: Lyrisches Stenogrammheft, S. 164

23 Kleiner Abstecher nach Marokko, in: Mascha Kaléko: Lyrisches Stenogrammheft, S. 165

24 Nachlass, DLA Marbach: Mascha Kaléko an Steven Vinaver, 28.7.1966

»Ich bin verflucht (oder gesegnet), Freud und Leid tausendfach tiefer zu empfinden«

ERFOLGREICHE DICHTERIN UND VERBOTENE AUTORIN

1 Heinz Ohff in: Der Tagesspiegel vom 2.3.1992

1a In: Das blaue Heft, Jg. 12 (1932/33), 15.5.1933, Ausg. 20

2 Nachlass, DLA Marbach: Edith Lorant, Köln, an Mascha Kaléko, 10.5.1933

3 vergl. Andreas Nolte: Mir ist zuweilen so, als ob das Herz in mir zerbrach. Leben und Werk Mascha Kalékos im Spiegel ihrer sprichwörtlichen Dichtung. Bern 2003, S. 82 f.

4 Ricarda Huch an den Präsidenten der Akademie der Künste, 9.4.1933, zit. n.: ›In jenen Tagen‹ – Schriftsteller zwischen Reichstagsbrand und Bücherverbrennung. Leipzig und Weimar 1983

5 Jürgen Serke: Die verbrannten Dichter. Frankfurt/M. 1983, S. 144 f.

6 Nachlass, DLA Marbach: Mascha Kaléko an Walter Mehring, 16.8.1973

7 Interview mit Alfred Joachim Fischer, Jerusalem, 9.10.1973

8 Nachlass, DLA Marbach: Presse-Mappe

9 Nachlass, DLA Marbach: Rundschreiben des Rowohlt Verlages Berlin vom 5.12.1933

10 Nachlass, DLA Marbach

11 Nachlass, DLA Marbach: Mascha Kaléko an Ingeborg Drewitz, 8.5.1973

12 Nachlass, DLA Marbach: Deutsche Grammophon an Mascha Kaléko, 2.5.1934

13 Nachlass, DLA Marbach: Gruß aus München, 1935

14 Hermann Sinsheimer in: Jüdische Rundschau vom 14.12.1934

15 Nachlass, DLA Marbach: Kreuzzeitung Berlin, 21.12.1934

16 Hermann Hesse: Neue Deutsche Bücher. Literaturberichte für Bonniers Litterära Magasin 1935–1936. Hrsg. von Bernhard Zeller, Marbach am Neckar, Schiller Nationalmuseum 1965, S. 75 f.

17 ebda.

18 Nachlass, DLA Marbach: Der Präsident der Reichsschrifttumskammer an den Rowohlt Verlag, 9.1.1937

19 Nachlass, DLA Marbach: Presse-Mappe

20 Nachlass, DLA Marbach: Do Peters an Mascha Kaléko, 21.1.1937

21 Nachlass, DLA Marbach: Ello Pfennig an Mascha Kaléko, 12.6.1937

22 Nachlass, DLA Marbach: Ernst Rowohlt an Gottfried Bermann-Fischer, 5.5.1937

23 Nachlass, DLA Marbach: Mascha Kaléko an Gottfried Bermann-Fischer, 21.5.1937
24 Nachlass, DLA Marbach: Gottfried Bermann-Fischer an Mascha Kaléko, 8.6.1937
25 Zit. n. Paul Mayer: Ernst Rowohlt in Selbstzeugnissen und Bilddokumenten. Reinbek bei Hamburg 1967, S. 132
26 Jüdisches Museum Berlin: Central Verein Zeitung, 9.4.1936
27 »Erez-Israel, das Land der Juden – Kleiner Rundgang durch die Berliner Palästina-Ausstellung«. In: Israelitisches Familienblatt für Groß-Berlin v. 15.2.1934, S. 14
28 Nachlass, DLA Marbach
29 Nachlass, DLA Marbach: Mascha Kaléko an Suse Weltsch, 14.3.1957
30 Nachlass, DLA Marbach: Suse Weltsch an Chemjo Vinaver, o. D., vermutl. 1956
31 Tagebuch, 1.2.1938, in: Gisela Zoch-Westphal: Aus den sechs Leben der Mascha Kaléko. Berlin 1987, S. 69
32 Nachlass, DLA Marbach
33 Nachlass, DLA Marbach. Mascha Kaléko hat – außer dem Aufgebot, der Postkarte aus Paris, der Verzichtserklärung auf den Sohn, der Scheidungsurkunde und zwei Fotos – keine anderen Zeugnisse ihrer ersten Ehe aufbewahrt. Offensichtlich war dieses Kapitel ihres Lebens für sie endgültig abgeschlossen. Dr. Saul Kaléko emigrierte im September 1938 nach Palästina, wo er seinen Namen hebräisieren ließ und sich fortan Barkali nannte. Sein Buch ›Hebräisch für jedermann‹ wurde wiederholt neu aufgelegt und erschien im August 2005 im Verlag Pelican Publishing in einer neuen Ausgabe.
34 Tagebuch, 1.1.1938, in: Gisela Zoch-Westphal: Aus den sechs Leben der Mascha Kaléko, S. 66
35 Tagebuch, 1.2. und 28.2.1938, in: Gisela Zoch-Westphal: Aus den sechs Leben der Mascha Kaléko, S. 67 ff.
36 Tagebuch, Mai 1938, in: Gisela Zoch-Westphal: Aus den sechs Leben der Mascha Kaléko, S. 72
37 Tagebuch, Mai 1938, in: Gisela Zoch-Westphal: Aus den sechs Leben der Mascha Kaléko, S. 73
38 Tagebuch, 27.1.1939, in: Gisela Zoch-Westphal: Aus den sechs Leben der Mascha Kaléko, S. 98
39 siebenarmiger Leuchter der Juden
40 »Seder« (hebräisch: »Ordnung«) bezeichnet die religiöse Feier mit Festmahl an den beiden ersten Pessach-Abenden (zur Erinnerung an den Auszug der Juden aus Ägypten).
41 Nachlass, DLA Marbach: Eidesstattliche Erklärung v. 28.12.1951 an das Entschädigungsamt Berlin

NEW YORK (1938–1959)

»Ich bin auf Wanderschaft seit vielen Jahren«

DIE ERSTEN EXIL-JAHRE

1 Erstdruck in: Autobiographien und Bibliographien, hrsg. von Gabriele Tergit (1959)
2 Tagebuch vom 27.1.1939, in: Gisela Zoch-Westphal: Aus den sechs Leben der Mascha Kaléko, S. 98–101

3 Nachlass, DLA Marbach: Von der Unübersetzbarkeit lyrischer Dichtung
4 Tagebuch, September 1939, in: Gisela Zoch-Westphal: Aus den sechs Leben der Mascha Kaléko, S. 104–105
5 Tagebuch, ohne Datum, in: Gisela Zoch-Westphal: Aus den sechs Leben der Mascha Kaléko, S. 104
6 K.H. (d.i. Kurt Hellmer): Vinaver-Chor-Konzert. In: Aufbau, Nr. 20 v. 1.11.1939, S. 16
7 Monacensia. Literaturarchiv und Bibliothek München: Mascha Kaléko an Hermann Kesten, 20.1.1946
8 Nachlass, DLA Marbach
9 Tagebuch, September 1939, in: Gisela Zoch-Westphal: Aus den sechs Leben der Mascha Kaléko, S. 106
10 Nachlass, DLA Marbach
11 Tagebuch, 1940, in: Gisela Zoch-Westphal: Aus den sechs Leben der Mascha Kaléko, S. 114
12 Nachlass, DLA Marbach: Die erste Geschichte vom kleinen Steven
13 Tagebuch, 16.1.1940, in: Gisela Zoch-Westphal: Aus den sechs Leben der Mascha Kaléko, S. 109
14 Tagebuch, Februar 1940, in: Gisela Zoch-Westphal: Aus den sechs Leben der Mascha Kaléko, S. 113
15 Nachlass, DLA Marbach: Mascha Kaléko an Martin Buber, 23.10.1957
16 Jüdische Rundschau, Nr. 6 v. 21.1.1938, S. 4
17 Tagebuch, Anfang Oktober 1940, in: Gisela Zoch-Westphal: Aus den sechs Leben der Mascha Kaléko, S. 115
18 Mascha Kaléko: Der Gott der kleinen Webefehler. Düsseldorf 1977
19 Tagebuch, Anfang Oktober 1940, in: Gisela Zoch-Westphal: Aus den sechs Leben der Mascha Kaléko, S. 117f.
20 Tagebuch vom 20.6.1941, in: Gisela Zoch-Westphal: Aus den sechs Leben der Mascha Kaléko, S. 118–121
21 Tagebuch, Anfang Oktober 1940, in: Gisela Zoch-Westphal: Aus den sechs Leben der Mascha Kaléko, S. 116
22 Tagebuch, Mitte August 1941, in: Gisela Zoch-Westphal: Aus den sechs Leben der Mascha Kaléko, S. 122
23 Tagebuch, 1940, in: Gisela Zoch-Westphal: Aus den sechs Leben der Mascha Kaléko, S. 114
24 Tagebuch, Anfang Oktober 1940, in: Gisela Zoch-Westphal: Aus den sechs Leben der Mascha Kaléko, S. 115
25 Tagebuch, Mitte August 1941, in: Gisela Zoch-Westphal: Aus den sechs Leben der Mascha Kaléko, S. 123
26 Nachlass, DLA Marbach
27 Tagebuch, September 1939, in: Gisela Zoch-Westphal: Aus den sechs Leben der Mascha Kaléko, S. 107
28 Tagebuch, Mitte August 1941, in: Gisela Zoch-Westphal: Aus den sechs Leben der Mascha Kaléko, S. 122
29 Tagebuch vom 20.6.1941, in: Gisela Zoch-Westphal: Aus den sechs Leben der Mascha Kaléko, S. 118

30 Tagebuch vom 16.1.1940, in: Gisela Zoch-Westphal: Aus den sechs Leben der Mascha Kaléko, S. 110
31 Hundertzwanzig Minuten »Minute – Man«, in: Aufbau, Nr. 26 v. 26.6.1942, S. 7
32 Schofar: zeremonielles Schafshorn des alten Israel, ertönte als Warnruf im Kampf
33 Eine ausführliche Interpretation dieses Gedichtes enthält der Aufsatz von Birgit Lermen über Mascha Kaléko ›Zur Heimat erkor ich mir die Liebe‹ in: Deutsche Dichterinnen jüdischer Herkunft. Aachen 1990.
34 Zit. n.: Mascha Kaléko: Verse für Zeitgenossen. Cambridge, Mass. 1945, S. 22
35 1985 wurde das Gedicht ›Höre, Teutschland‹ in die repräsentative Anthologie ›Lyrik des Exils‹, hrsg. von Wolfgang Emmerich und Susanne Heil, aufgenommen. Allerdings ist es nicht das einzige Gedicht, das zu Lebzeiten der Dichterin in englischer Sprache erschien, wie Beate Schmeichel-Falkenberg annimmt. 1963 ist Mascha Kaléko mit fünf Gedichten in der englischen Anthologie ›Penguin Poet Twentieth Century German Verse‹, herausgegeben von Patrick Bridgwater, vertreten.
36 Tagebuch vom 21.1.1944, in: Gisela Zoch-Westphal: Aus den sechs Leben der Mascha Kaléko, S. 128
37 Tagebuch vom 7.1.1944, in: Gisela Zoch-Westphal: Aus den sechs Leben der Mascha Kaléko, S. 128
38 Tagebuch vom 22.1.1944, in: Gisela Zoch-Westphal: Aus den sechs Leben der Mascha Kaléko, S. 129

»Zur Heimat erkor ich mir die Liebe«

DIE NACHKRIEGSZEIT

1 Nachlass, DLA Marbach: Mascha Kaléko an Gerta Ital, 1.12.1966
2 Vergl. Andreas Nolte: Mir ist zuweilen so als ob das Herz in mir zerbrach. Leben und Werk Mascha Kalékos im Spiegel ihrer sprichwörtlichen Dichtung. Bern 2003, S. 111
3 Thomas Mann an Mascha Kaléko, 24.12.1945 (Poststempel) zit. n.: Gisela Zoch-Westphal: Aus den sechs Leben der Mascha Kaléko, Berlin 1987, S. 141
4 Hermann Kesten: Die Verse der Mascha Kaléko. In: Aufbau, 25.1.1946
5 Nachlass, DLA Marbach: Steven Vinaver an Mascha Kaléko, 7.6.1947
6 Nachlass, DLA Marbach
7 Monacensia. Literaturarchiv und Bibliothek München: Mascha Kaléko an Hermann Kesten, 27.10.1947
8 DLA Marbach: Mascha Kaléko an Kurt Pinthus, 26.5.1955 (Poststempel)
9 Nachlass, DLA Marbach: Mascha Kaléko an Joachim Maass, 20.1.1946
10 Nachlass, DLA Marbach: Joachim Maass an Mascha Kaléko, 23.1.1946
11 Albert Einstein an Mascha Kaléko, 17.12.1949 zit. n.: Gisela Zoch-Westphal: Aus den sechs Leben der Mascha Kaléko, Berlin 1987, S. 147
12 Nachlass, DLA Marbach: Albert Einstein an Mascha Kaléko, 4.3.1950
13 Albert Einstein an Mascha Kaléko, 30.4.1952 zit. n.: Gisela Zoch-Westphal: Aus den sechs Leben der Mascha Kaléko, Berlin 1987, S. 149
13a Die Zeit steht still, in: Die paar leuchtenden Jahre, S. 36
14 Nachlass, DLA Marbach
15 Nachlass, DLA Marbach: Alfred Polgar an Mascha Kaléko, 12.6.1945
16 Nachlass, DLA Marbach: Alfred Polgar an Mascha Kaléko, 3.12.1945

17 Akademie der Künste Berlin, Julius-Bab-Archiv: Mascha Kaléko an Julius Bab, 8.5.1942
18 Nachlass, DLA Marbach und Leo-Baeck-Institut im Jüdischen Museum Berlin: Mascha Kaléko an Johannes Urzidil, 28.5.1952
19 Nachlass, DLA Marbach: Johannes Urzidil an Mascha Kaléko, 28.1.1955
20 Nachlass, DLA Marbach und Leo-Baeck-Institut im Jüdischen Museum Berlin: Mascha Kaléko an Johannes Urzidil, 10.2.1955
21 Nachlass, DLA Marbach: Johannes Urzidil an Mascha Kaléko, 14.7.1955
22 Leo-Baeck-Institut im Jüdischen Museum Berlin: Mascha Kaléko an Johannes Urzidil, 15.5.1950
23 Nachlass, DLA Marbach: Johannes Urzidil an Mascha Kaléko, 4.4.1958
24 Nachlass, DLA Marbach: Ernst Rowohlt an Mascha Kaléko, 27.7.1946
25 Nachlass, DLA Marbach: Peter Zingler an Mascha Kaléko, 20.12.1946
26 Nachlass, DLA Marbach: Mascha Kaléko an Manfred George, 8.2.1956
27 Nachlass, DLA Marbach: Heinrich Maria Ledig-Rowohlt an Mascha Kaléko, 8.4.1952
28 Nachlass, DLA Marbach: Noch einmal »Die Nürnberger Prozesse« (vermutl. 1958)
29 Nachlass, DLA Marbach: Mascha Kaléko an Manfred George, 8.2.1956
30 Nachlass, DLA Marbach
31 Da der Briefwechsel und die Unterlagen sowohl im Nachlass im DLA als auch im Archiv des Entschädigungsamtes in Berlin lückenhaft sind, ist eine genaue Rekonstruktion der Vorgänge, Bescheide und monatlichen Zahlungen nicht mehr möglich. Fest steht, dass Mascha Kaléko ab Oktober 1959 eine monatliche Rente in Höhe von 382,– DM für den Schaden in beruflichem Fortkommen bekam und 99,– DM für den Schaden an Körper und Gesundheit.
32 Nachlass, DLA Marbach: Entschädigungsamt Berlin an Mascha Kaléko, 8.2.1967
33 Nachlass, DLA Marbach: Mascha Kaléko an die Bundesstelle für Verwaltungsangelegenheiten in Köln, 1.11.1958
34 Den größten Teil der Familien-Korrespondenz muss die Dichterin vernichtet haben, denn im Nachlass sind nur wenige Briefe der Geschwister und der Mutter erhalten. Wahrscheinlich wollte Mascha Kaléko nicht, dass über ihre Familie viel bekannt wird.
35 Nachlass, DLA Marbach: Die »Rauschgift-Party«
36 Nachlass, DLA Marbach: Mascha Kaléko an Hilde Pferdmenges, 1.6.1955
37 Monacensia. Literaturarchiv und Bibliothek München: Mascha Kaléko an Hermann Kesten, 11.7.1955
38 Nachlass, DLA Marbach: Mascha Kaléko an Heinrich Maria Ledig-Rowohlt, 25.9.1953
39 Nachlass, DLA Marbach: Mascha Kaléko an Heinrich Maria Ledig-Rowohlt, 5.5.1955
40 Nachlass, DLA Marbach: Heinrich Maria Ledig-Rowohlt an Mascha Kaléko, 5.7.1955
41 Nachlass, DLA Marbach: Dr. Felix Guggenheim an Mascha Kaléko, 11.10.1955
42 Nachlass, DLA Marbach: Mascha Kaléko an Heinrich Maria Ledig-Rowohlt, 8.9.1955
43 Nachlass, DLA Marbach: Hermann Kesten an Mascha Kaléko, 11.8.1955
44 Nachlass, DLA Marbach: Mascha Kaléko an Dr. Felix Guggenheim, 23.12.1955

»Vergessen ist ein schweres Wort«

DIE ERSTE DEUTSCHLANDREISE

1 Nachlass, DLA Marbach: Mascha Kaléko an Chemjo Vinaver, 10. 1. 1956
2 Nachlass, DLA Marbach: Mascha Kaléko an Suse Weltsch, vermutl. zw. 9. und 15. 11. 1956
3 Von Chemjo Vinaver sind bis auf zwei Ausnahmen keine Briefe erhalten. Mascha Kaléko muss sie vernichtet haben. Das hatte vermutlich zwei Gründe: Die Briefe waren zu privat, und sie wollte vermeiden, dass ein falscher Eindruck entsteht, da Chemjo zwar gut Deutsch sprach, aber Schriftdeutsch nicht fehlerfrei beherrschte.
4 Nachlass, DLA Marbach: Mascha Kaléko an Chemjo Vinaver, 8. 1. 1956
5 Nachlass, DLA Marbach: Mascha Kaléko an Chemjo Vinaver, 10. 1. 1956
6 Nachlass, DLA Marbach: Mascha Kaléko an Chemjo Vinaver, 11. 1. 1956
7 Nachlass, DLA Marbach: Mascha Kaléko an Chemjo Vinaver, 12. 1. 1956
8 Nachlass, DLA Marbach: Mascha Kaléko an Chemjo Vinaver, 10. 1. 1956
9 Nachlass, DLA Marbach: Mascha Kaléko an Chemjo Vinaver, 12. 1. 1956
10 Nachlass, DLA Marbach
11 Nachlass, DLA Marbach: Mascha Kaléko an Chemjo Vinaver, 10. 1. 1956
12 Nachlass, DLA Marbach: Mascha Kaléko an Hermann Kesten, 16. 1. 1956
13 Josef Müller-Marein: Die Dichterin und der Gelehrte. In: Die Zeit, 16. 2. 1956, S. 4
14 Nachlass, DLA Marbach: Mascha Kaléko an Manfred George, 8. 2. 1956
15 Nachlass, DLA Marbach: Mascha Kaléko an Chemjo Vinaver, 15. 1. 1956
16 Nachlass, DLA Marbach: Mascha Kaléko an Chemjo Vinaver, 21. 1. 1956
17 Nachlass, DLA Marbach: Mascha Kaléko an Chemjo Vinaver, 11. 1. 1956
18 Nachlass, DLA Marbach: Mascha Kaléko an Manfred George, 8. 2. 1956
19 Nachlass, DLA Marbach: Mascha Kaléko an Chemjo Vinaver, 11. 1. 1956
20 Nachlass, DLA Marbach: Mascha Kaléko an Chemjo Vinaver, 21. 1. 1956
21 Nachlass, DLA Marbach: Mascha Kaléko an Chemjo Vinaver, 16. 1. 1956
22 Nachlass, DLA Marbach: Mascha Kaléko an Chemjo Vinaver, 19. 1. 1956
23 Nachlass, DLA Marbach: Mascha Kaléko an Chemjo Vinaver, 21. 1. 1956
24 Nachlass, DLA Marbach; es sind zwei verschiedene Fassungen erhalten.
25 Nachlass, DLA Marbach: Mascha Kaléko an Chemjo Vinaver, 30. 1. 1956
26 Nachlass, DLA Marbach: Mascha Kaléko an Chemjo Vinaver, 11. 1. 1956
27 Nachlass, DLA Marbach: Mascha Kaléko an Chemjo Vinaver, 27. 1. 1956
28 Nachlass, DLA Marbach: Mascha Kaléko an Chemjo Vinaver, 21. 1. 1956
29 Nachlass, DLA Marbach: Mascha Kaléko an Manfred George, 8. 2. 1956
30 Nachlass, DLA Marbach: Mascha Kaléko an Chemjo Vinaver, 27. 1. 1956
31 Nachlass, DLA Marbach: Hermann Kesten an Mascha Kaléko, 3. 2. 1956
32 Monacensia. Literaturarchiv und Bibliothek München: Mascha Kaléko an Hermann Kesten, 6. 2. 1956
33 Nachlass, DLA Marbach: Mascha Kaléko an Chemjo Vinaver, 10. 2. 1956
34 Nachlass, DLA Marbach: Mascha Kaléko an Chemjo Vinaver, 15. 2. 1956
35 Nachlass, DLA Marbach: Mascha Kaléko an Chemjo Vinaver, 24. 2. 1956
36 Nachlass, DLA Marbach: Mascha Kaléko an Manfred George, 12. 4. 1956
37 Nachlass, DLA Marbach: Mascha Kaléko an Chemjo Vinaver, 20. 2. 1956
38 Nachlass, DLA Marbach: Mascha Kaléko an Chemjo Vinaver, 24. 2. 1956

38a Im Nachlass ist ein Entwurf für ein »Funkspiel in Vers und Prosa« erhalten, der nach vierzehn Seiten abbricht.
39 Nachlass, DLA Marbach: Bele Bachem an Mascha Kaléko, o. D.
39a Erich Lissner: Mascha bei uns – Besuch einer Unvergessenen in Frankfurt. In: Frankfurter Rundschau, 3. 3. 1956
40 Nachlass, DLA Marbach: Mascha Kaléko an Chemjo Vinaver, 4. 3. 1956
41 Nachlass, DLA Marbach: Mascha Kaléko an Chemjo Vinaver, 6. 3. 1956
42 Nachlass, DLA Marbach: Mascha Kaléko an Chemjo Vinaver, 21. 1. 1956
43 Nachlass, DLA Marbach: Mascha Kaléko an Chemjo Vinaver, 29. 2. 1956

»Hier war mein Glück zu Hause. Und meine Not.«

WIEDERSEHEN MIT BERLIN

1 Nachlass, DLA Marbach: Mascha Kaléko an Chemjo Vinaver, 8. 3. 1956
2 Nachlass, DLA Marbach: Mascha Kaléko an Chemjo Vinaver, 11. 3. 1956
3 Nachlass, DLA Marbach: Mascha Kaléko an Suse Weltsch, vermutl. 13. 3. 1956
4 Nachlass, DLA Marbach: Mascha Kaléko an Chemjo Vinaver, 8. und 9. 3. 1956
5 Nachlass, DLA Marbach: Noch einmal »Die Nürnberger Prozesse« (vermutl. 1958)
6 Nachlass, DLA Marbach: Mascha Kaléko an Chemjo Vinaver, Postkarte, 3. 4. 1956
7 Nachlass, DLA Marbach: Mascha Kaléko an Chemjo Vinaver, 5. 4. 1956
8 Nachlass, DLA Marbach: Mascha Kaléko an Chemjo Vinaver, 27. 3. 1956
9 Nachlass, DLA Marbach: Mascha Kaléko an Chemjo Vinaver, 9. 3. 1956
10 Nachlass, DLA Marbach: Mascha Kaléko an Chemjo Vinaver, 11. 3. 1956
11 Nachlass, DLA Marbach: Mascha Kaléko an Chemjo Vinaver, 9. 3. 1956
12 Nachlass, DLA Marbach: Mascha Kaléko an Chemjo Vinaver, 14. 3. 1956
13 Telefongespräch mit Thilo Koch, 27. 6. 2006
14 DLA Marbach: Mascha Kaléko an Kurt Pinthus, 19. 3. 1956
15 Nachlass, DLA Marbach: Mascha Kaléko an Chemjo Vinaver, 17. 3. 1956
16 Nachlass, DLA Marbach: Mascha Kaléko an Peter Zingler, 19. 3. 1956
17 Nachlass, DLA Marbach: Mascha Kaléko an Chemjo Vinaver, 17. 3. 1956
18 Nachlass, DLA Marbach: Lea Pels an Chemjo und Steven Vinaver, PS von Mascha Kaléko, 19. 3. 1956
19 Nachlass, DLA Marbach: Mascha Kaléko an Chemjo Vinaver, 31. 3. 1956
20 Nachlass, DLA Marbach: Mascha Kaléko an Chemjo Vinaver, 23., 24. und 25. 3. 1956
21 Nachlass, DLA Marbach: Mascha Kaléko an Chemjo Vinaver, 7. 4. 1956
22 Nachlass, DLA Marbach: Mascha Kaléko an Chemjo Vinaver, 1. 4. 1956
23 Nachlass, DLA Marbach: Mascha Kaléko an Chemjo Vinaver, 5. 4. 1956
24 Die paar leuchtenden Jahre. Der Kasseler Vortrag, in: Mascha Kaléko: Hat alles seine zwei Schattenseiten, Berlin 1983, S. 11 ff.
25 Nachlass, DLA Marbach: Mascha Kaléko an Chemjo Vinaver, 12. 4. 1956
26 Hessische Nachrichten, Kassel, 13. 4. 1956
27 Nachlass, DLA Marbach: Mascha Kaléko an Dr. Felix Guggenheim, 19. 4. 1956
28 Nachlass, DLA Marbach: Mascha Kaléko an Chemjo Vinaver, 25. 5. 1956
29 Nachlass, DLA Marbach: Mascha Kaléko an Manfred George, 8. 2. 1956
30 Nachlass, DLA Marbach: Mascha Kaléko an Chemjo Vinaver, 25. 5. 1956
31 Nachlass, DLA Marbach: Mascha Kaléko an Chemjo Vinaver, 31. 5. 1956

32 Nachlass, DLA Marbach: Mascha Kaléko an Chemjo Vinaver, 18.5.1956
33 Nachlass, DLA Marbach: Mascha Kaléko an Chemjo Vinaver, 17.4.1956
34 Nachlass, DLA Marbach: Mascha Kaléko an Manfred George, 12.4.1956
35 Nachlass, DLA Marbach: Mascha Kaléko an Chemjo Vinaver, 25.3.1956
36 DLA Marbach: Mascha Kaléko an Gottfried Benn, 4.5.1956
37 Gottfried Benn an Mascha Kaléko, 16.5.1956 zit. n.: Gisela Zoch-Westphal: Aus den sechs Leben der Mascha Kaléko, Berlin 1987, S. 166
38 DLA Marbach: Mascha Kaléko an Ilse Benn, 18.7.1956
39 Nachlass, DLA Marbach: Mascha Kaléko an Heinrich Maria Ledig-Rowohlt, 24.5.1956
40 Nachlass, DLA Marbach: Heinrich Maria Ledig-Rowohlt an Mascha Kaléko, 24.5.1956
41 Nachlass, DLA Marbach: Mascha Kaléko an Ernst Rowohlt, 22.4.1956
42 Nachlass, DLA Marbach: Mascha Kaléko an Heinrich Maria Ledig-Rowohlt, 24.5.1956
43 Nachlass, DLA Marbach: Mascha Kaléko an Manfred George, 12.4.1956
44 Nachlass, DLA Marbach: Mascha Kaléko an Chemjo Vinaver, 27.3.1956
45 Nachlass, DLA Marbach: Mascha Kaléko an Peter Zingler, 19.3.1956
46 Nachlass, DLA Marbach: Mascha Kaléko an Chemjo Vinaver, 9.5.1956
47 Nachlass, DLA Marbach: Mascha Kaléko an Chemjo Vinaver, 19.4.1956
48 Nachlass, DLA Marbach: Mascha Kaléko an Chemjo Vinaver, 13.5.1956
49 Nachlass, DLA Marbach: Mascha Kaléko an Heinrich Maria Ledig-Rowohlt, 24.5.1956
50 Nachlass, DLA Marbach: Mascha Kaléko an Chemjo Vinaver, 19.4.1956
51 Nachlass, DLA Marbach: Mascha Kaléko an Chemjo Vinaver, 1.5.1956
52 Nachlass, DLA Marbach: Mascha Kaléko an Chemjo Vinaver, 4.6.1956 (Postkarte)
53 Nachlass, DLA Marbach: Mascha Kaléko an Suse Weltsch, vermutl. zw. 9. und 15.11.1956
54 Nachlass, DLA Marbach: Mascha Kaléko an Chemjo Vinaver, 9.10.1956
55 Nachlass, DLA Marbach: Mascha Kaléko an Chemjo Vinaver, 24.9.1956
56 Der Tagesspiegel, Berlin, 18.7.1956

»... meine Zeit muss wieder kommen ...«

ERFOLGE UND ENTTÄUSCHUNGEN

1 Mascha Kaléko, »Novemberbrief aus Ascona«, in: Heute ist morgen schon gestern
2 Nachlass, DLA Marbach: Mascha Kaléko an Chemjo Vinaver, 9.10.1956
3 Nachlass, DLA Marbach: Mascha Kaléko an Chemjo Vinaver, 11.10.1956
4 Nachlass, DLA Marbach: Mascha Kaléko an Chemjo Vinaver, 22.10.1956
5 Nachlass, DLA Marbach: Mascha Kaléko an Chemjo Vinaver, 19.10.1956
6 Mascha Kaléko, »Novemberbrief aus Ascona«, in: Heute ist morgen schon gestern
7 Nachlass, DLA Marbach: Mascha Kaléko an Chemjo Vinaver, 16.10.1956
8 Nachlass, DLA Marbach: Mascha Kaléko an Chemjo Vinaver, 25.10.1956
9 Nachlass, DLA Marbach: Mascha Kaléko an Peter Zingler, 22.10.1956
10 Nachlass, DLA Marbach: Mascha Kaléko an Chemjo Vinaver, 18.11.1956
11 Nachlass, DLA Marbach: Ancilla, Nr. 1, Januar 1968, Interview mit Maria Rast
12 Nachlass, DLA Marbach: Mascha Kaléko an Chemjo Vinaver, 20.11.1956
13 Nachlass, DLA Marbach: Mascha Kaléko an Suse Weltsch, 14.3.1957

14 Nachlass, DLA Marbach: Wolfgang Weyrauch an Mascha Kaléko, 4. 4. 1957
15 Nachlass, DLA Marbach: Mascha Kaléko an Wolfgang Weyrauch, 18. 4. 1957
16 Nachlass, DLA Marbach: Mascha Kaléko an Heinrich Maria Ledig-Rowohlt, 26. 4. 1957
17 s. Seite 93
18 s. Seite 130 ff.
19 Zit. n. Gisela Zoch-Westphal: Aus den sechs Leben der Mascha Kaléko, S. 175
20 Kurt Pinthus, in: Die Zeit vom 15. 8. 1958
21 Nachlass, DLA Marbach
21a Nachlass, DLA Marbach: Mascha Kaléko an Ossip Kalenter, 26. 5. 1963
22 Nachlass, DLA Marbach: Jacob Picard an Mascha Kaléko, 23. 4. 1958
23 Nachlass, DLA Marbach: Jacob Picard an Mascha Kaléko, 10. 4. 1959
24 Maria Sack in: Der Tagesspiegel, Frauenleben, 21. 9. 1958
25 Nachlass, DLA Marbach: Manfred George an Mascha Kaléko, 28. 10. 1958
26 Nachlass, DLA Marbach: Manfred George an Mascha Kaléko, 20. 11. 1958
27 Nachlass, DLA Marbach: Mascha Kaléko an Manfred George, 1. 11. 1958
28 Karla Höcker: Neue Verse von Mascha Kaléko. In: Der Tag, 15. 6. 1958
29 Hedwig Rohde in: Die Welt, 23. 10. 1958
30 Der Telegraf, 25. 10. 1958
31 Volksblatt, 25. 10. 1958
32 Berliner Allgemeine, 7. 11. 1958
33 Kurier, 25. 10. 1958
34 Nachlass, DLA Marbach: Aus meinem Lyrischen »Credo«
35 Nachlass, DLA Marbach: Ladislaus Somogyi (SFB) an Mascha Kaléko, 27. 10. 1958
36 Nachlass, DLA Marbach: Noch einmal »Die Nürnberger Prozesse« (vermutl. 1958)
37 Nachlass, DLA Marbach: Gesprächsprotokoll von Mascha Kaléko, 24. 5. 1959
38 Nachlass, DLA Marbach: Briefentwurf, Mascha Kaléko an Dr. von Buttlar, 30. 5. 1959
39 Nachlass, DLA Marbach: Gesprächsprotokoll von Mascha Kaléko, 24. 5. 1959
40 Zit. n.: Christine Fischer-Defoy: »… und die Vergangenheit sitzt immer mit am Tisch« Dokumente zur Geschichte der Akademie der Künste (West) 1945/1954–1993. Berlin 1997, S. 230
41 Akademie der Künste, Berlin: Historisches Archiv, Herbert von Buttlar an Mascha Kaléko, 24. 3. 1959
42 Nachlass, DLA Marbach: Akademie der Künste an Mascha Kaléko, 27. 8. 1959
43 Berliner Stimme, 4. 4. 1959
44 Nachlass, DLA Marbach: Nahum Goldmann an Mascha Kaléko, 4. 3. 1960
45 Bei der Vorbereitung einer Dokumentation über die Geschichte der Akademie der Künste wurde im Document Center Berlin der Aufnahme- bzw. Befreiungsantrag von Hans Egon Holthusen für die Reichsschrifttumskammer gefunden, der belegt, dass er von 1933 bis 1943 der SS-Standarte »Julius Scheck« angehörte. (Vergl. Christine Fischer-Defoy: »… und die Vergangenheit sitzt immer mit am Tisch«. Dokumente zur Geschichte der Akademie der Künste (West) 1945/1954 – 1993. Berlin 1997)
46 Nachlass, DLA Marbach: Mascha Kaléko an Friedrich Lambart, 31. 3. 1963
47 Nachlass, DLA Marbach: Mascha Kaléko an Ingeborg Drewitz, 8. 8. 1971
48 Gisela Zoch-Westphal in: Aus den sechs Leben der Mascha Kaléko, Berlin 1987, S. 182

49 Nachlass, DLA Marbach: Egon Lehrburger-Larsen an Mascha Kaléko, 15.5.1959
50 Nachlass, DLA Marbach: Martin Heidegger an Mascha Kaléko, 27.2.1959
51 Nachlass, DLA Marbach: Martin Heidegger an Mascha Kaléko, o. D.
52 Nachlass, DLA Marbach: Martin Heidegger an Mascha Kaléko, o. D.
53 Nachlass, DLA Marbach: Chemjo Vinaver an Mascha Kaléko, o. D.
54 Nachlass, DLA Marbach: Mascha Kaléko an Manfred Ertel, 15.5.1962
55 Nachlass, DLA Marbach: Mascha Kaléko an Chemjo Vinaver, 20.11.1956
56 Nachlass, DLA Marbach: Mascha Kaléko an Egon Lehrburger-Larsen, 21.6.1959
57 Nachlass, DLA Marbach: Mascha Kaléko an Michael Dress, 1.5.1960
57a Nachlass, DLA Marbach: Steven Vinaver an Mascha Kaléko, o. D. (vermutl. April 1960)
57b Akademie der Künste Berlin: Mascha Kaléko an Herbert Ihering, 11.5.1960
58 Nachlass, DLA Marbach: Steven Vinaver an Mascha und Chemjo, o. D. (vermutl. Anfang 1960)
59 Nachlass, DLA Marbach: Mascha Kaléko an Leonore Straus, 20.6.1960

JERUSALEM (1959–1975)

»Ich habe große Sehnsucht nach Europa.«

KEINE HEIMAT IN DER FREMDE

1 Mascha Kaléko an Barbara Schopplick, 3.1.1963
1a Nachlass, DLA Marbach: Ma-Sha (vermutl. 1955)
2 Nachlass, DLA Marbach: Profanes aus dem »Heiligen Lande« (1961)
3 Nachlass, DLA Marbach: Mascha Kaléko an Inge Lew, o. D. (vermutl. April/Mai 1961)
4 Mascha Kaléko an Barbara Schopplick, 24.2.1960
5 Nachlass, DLA Marbach: Profanes aus dem »Heiligen Lande« (1961), Entwurf
6 Mascha Kaléko an Barbara Schopplick, 23.12.1959
7 Nachlass, DLA Marbach: Mascha Kaléko an Anneliese Ott, o. D. (vermutl. Anfang Januar 1962)
8 Mascha Kaléko an Barbara Schopplick, 23.12.1959
9 Nachlass, DLA Marbach: Mascha Kaléko an Alice Goldmann, 27.4.1961
10 Mascha Kaléko an Barbara Schopplick, 24.2.1960
11 Nachlass, DLA Marbach: Mascha Kaléko an Alice Goldmann, 27.4.1961
12 Nachlass, DLA Marbach: Mascha Kaléko an Anneliese Ott, o. D. (vermutl. Anfang Januar 1962)
13 Nachlass, DLA Marbach: Mascha Kaléko an Alice Goldmann, 22.12.1962
14 Mascha Kaléko an Barbara Schopplick, 16.5.1961
15 Interview mit Alfred Joachim Fischer, Jerusalem, 9.10.1973
16 Deutsches Exilarchiv 1933–1945, Frankfurt am Main: Mascha Kaléko an Sonja und Eric Gottgetreu, 8.8.1961
17 Mascha Kaléko an Sonja und Eric Gottgetreu, 15.8.1961 (Brief im Besitz von Dr. Florian Bassani, Lugano)
18 Mascha Kaléko an den Sender Freies Berlin, 5.10.1961
19 Der Tagesspiegel vom 21.10.1961

20 Berliner Morgenpost, 20. 10. 1961
21 Nachlass, DLA Marbach: Mascha Kaléko an Dr. Otto Henning, Urania, 15. 5. 1962
22 Nachlass, DLA Marbach: Mascha Kaléko an Gustav Schmidt-Küster, 10. 11. 1961
23 Mascha Kaléko an Ruth Liepman, 21. 5. 1967
24 Akzente Nr. 1/1961
25 Mascha Kaléko an Barbara Schopplick, 9. 1. 1962
26 Nachlass, DLA Marbach
27 Nachlass, DLA Marbach: Mascha Kaléko an Anneliese Ott, 12. 6. 1962
28 Nachlass, DLA Marbach: Mascha Kaléko an Manfred Ertel, 27. 3. 1962
29 Nachlass, DLA Marbach: Mascha Kaléko an Dr. Paul und Lilo Mayer, 3. 3. 1964
30 Nachlass, DLA Marbach: Mascha Kaléko an Manfred Ertel, o. D. (vermutl. August 1962)
31 Gisela Zoch-Westphal: Aus den sechs Leben der Mascha Kaléko, S. 204 f.
32 Mascha Kaléko an Barbara Schopplick, 27. 6. 1959
33 Mascha Kaléko an Barbara Schopplick, 3. 1. 1963
34 Nachlass, DLA Marbach: Mascha Kaléko an Kurt Pinthus, 10. 10. 1960
35 Nachlass, DLA Marbach: Mascha Kaléko an Susanne Dress, 25. 5. 1961
36 Nach Auskunft von mehreren Zeitzeugen
37 Nachlass, DLA Marbach: Mascha Kaléko an Lucy Ulrych Mirel, 4. 3. 1963
38 Nachlass, DLA Marbach: Mascha Kaléko an Steven Vinaver, 28. 7. 1966
39 Nachlass, DLA Marbach: Besuch im Altersheim (1960)
40 Mascha Kaléko an Barbara Schopplick, 23. 12. 1959
41 Nachlass, DLA Marbach: Mascha Kaléko an Gusti und Leo Führer, 4. 12. 1963
42 Nachlass, DLA Marbach: Mascha Kaléko an Suse Weltsch, 19. 10. 1960
43 Nachlass, DLA Marbach: Mascha Kaléko an Manfred George, 12. 7. 1960
44 Nachlass, DLA Marbach: Das Biest hieß Florentine, Entwurf
45 Nachlass, DLA Marbach: Mascha Kaléko an Thea Goldmann, 12. 11. 1962
46 Nachlass, DLA Marbach: Mascha Kaléko an Manfred Ertel, 15. 5. 1962
47 Nachlass, DLA Marbach: Mascha Kaléko an Manfred Ertel, 16. 4. 1963
48 Nachlass, DLA Marbach: Mascha Kaléko an Robert Weltsch, 18. 4. 1961
49 Nachlass, DLA Marbach: Mascha Kaléko an Alfred Kupferberg, 15. 11. 1961
50 Nachlass, DLA Marbach: Kindler Verlag an Mascha Kaléko, 1962
51 Nachlass, DLA Marbach: Mascha Kaléko an Manfred George, 11. 2. 1957
52 Nachlass, DLA Marbach
53 Mascha Kaléko an Barbara Schopplick, 9. 5. 1963
54 Nachlass, DLA Marbach: Mascha Kaléko an Hermann Kesten, 10. 12. 1963
55 Mascha Kaléko an Barbara Schopplick, 9. 5. 1963
56 Nachlass, DLA Marbach: Mascha Kaléko an Manfred Ertel, 11. 7. 1963
57 Nachlass, DLA Marbach: Mascha Kaléko an Dr. Maria Sommer, 29. 4. 1964
58 Sender Freies Berlin, Interview mit Lore Ditzen, Berlin, 30. 5. 1964
59 Telefongespräch mit Lore Ditzen, 2. 12. 2006
60 Mascha Kaléko an Barbara Schopplick, 8. 6. 1964
61 Mascha Kaléko an Barbara Schopplick, 26. 4. 1965
62 Nachlass, DLA Marbach: Mascha Kaléko an Sybille Rosenbaum, 23. 11. 1966 (Datum des Poststempels)
63 Nachlass, DLA Marbach: Chemjo Vinaver an Ines Leuwen, 8. 2. 1964

64 Nachlass, DLA Marbach: Chemjo Vinaver an Steven Vinaver, 27. 2. 1966
65 Nachlass, DLA Marbach: Steven Vinaver an Mascha Kaléko, Februar 1964
66 Nachlass, DLA Marbach: Mascha Kaléko an Dr. Karl Friedrich Fromm, 16. 12. 1958
67 Nachlass, DLA Marbach: Mascha Kaléko an die Deutsche Grammophon, 14. 4. 1963
68 DLA Marbach: Dr. Wilhelm Nordemann an Ruth Liepman, 26. 10. 67
69 Nachlass, DLA Marbach: Am Krankenbett (Oktober 1954)
70 Nachlass, DLA Marbach: Mascha Kaléko an Ruth Liepman, 19. 9. 1966
71 Nachlass, DLA Marbach: Mascha Kaléko an Gerta Ital, 17. 11. 67
72 Nachlass, DLA Marbach: Ruth Liepman an Mascha Kaléko, 25. 2. 1966
73 Nachlass, DLA Marbach: Mascha Kaléko an Ruth Liepman, 26. 10. 1966
74 Nachlass, DLA Marbach: Mascha Kaléko an Ernst-Ludwig Fischer, 9. 6. 1967
75 Nachlass, DLA Marbach: Mascha Kaléko an Ernst-Ludwig Fischer, 20. 6. 1967
76 Deutsches Exilarchiv 1933–1945, Frankfurt am Main: Mascha Kaléko (Postkarte) an Sonja und Eric Gottgetreu, 28. 6. 67
77 Nachlass, DLA Marbach: Willy Haas an Mascha Kaléko, 13. 10. 1967
77a In: Weltwoche vom 24. 11. 1967
78 Nachlass, DLA Marbach: Mascha Kaléko an Ruth Liepman, 1. 12. 1967
79 Nachlass, DLA Marbach: Mascha Kaléko an Ruth Liepman, 19. 11. 1967
80 Nachlass, DLA Marbach: Mascha Kaléko an Ruth Liepman, 31. 1. 1967
81 Nachlass, DLA Marbach: Mascha Kaléko an Ruth Liepman, 1. 12. 1967
82 Nachlass, DLA Marbach: Mascha Kaléko an Manfred Ertel, 28. 12. 1965
83 Nachlass, DLA Marbach: Mascha Kaléko an Manfred Ertel, 16. 4. 1963
84 Nachlass, DLA Marbach: Mascha Kaléko an Dr. Erich Lissner, 5. 1. 1964
85 Nachlass, DLA Marbach: Mascha Kaléko an Dr. Ruth Ziervogel-Tamm, 16. 6. 1966
86 Gisela Zoch-Westphal: Aus den sechs Leben der Mascha Kaléko, S. 193
87 Gisela Zoch-Westphal: Zur Heimat erkor ich mir die Liebe. Leben und Werk der Dichterin Mascha Kaléko, Sendemanuskript SWF 1975
88 Nachlass, DLA Marbach: Suse Weltsch an Gisela Zoch-Westphal, 4. 8. 1979
89 Nachlass, DLA Marbach: Chemjo Vinaver an Steven Vinaver, 4. 1. 1967
89a Nachlass, DLA Marbach: Mascha Kaléko an Ruth Ferry, 13. 8. 1971

»Die Zeit ›heilt‹ nichts.«

ABSCHIEDE

1 Nachlass, DLA Marbach: Mascha Kaléko an den Blanvalet Verlag, 3. 5. 1968
2 Nachlass, DLA Marbach: Mascha Kaléko an Ruth Liepman, 19. 11. 1967
3 Nachlass, DLA Marbach: Ruth Liepman an Mascha Kaléko, 5. 7. 1968
4 Nachlass, DLA Marbach: Chemjo Vinaver an Steven Vinaver, 19. 11. 1967
5 Nachlass, DLA Marbach: Mascha Kaléko an Walter Kauders, 20. 5. 1968
6 Nachlass, DLA Marbach: Mascha Kaléko an Steven Vinaver, 26. 4. 1968
7 Nachlass, DLA Marbach: Chemjo Vinaver an Steven Vinaver, 21. 5. 1968
8 Nachlass, DLA Marbach: Aufbau, 2. 8. 1968
9 Nachlass, DLA Marbach: Mascha Kaléko an Max Gruenewald, 29. 8. 1968
10 Marthe Kauer: Die Katakombe. Zürichs Literatenkeller 1940–1973. Zürich 1991, S. 145 f.

11 Gisela Zoch-Westphal: Begegnung mit Mascha Kaléko, in: Die Begegnung, Nr. 16 (1980/81)
12 Nachlass, DLA Marbach: Ruth Liepman an Elwert & Meurer, 16. 8. 1968
13 Berliner Morgenpost, 15. 10. 1968
14 Nachlass, DLA Marbach: Ruth Liepman an Lothar Blanvalet, 24. 10. 1968
15 Nachlass, DLA Marbach: Ruth Liepman an Madeleine Beguin, 7. 11 .1968
16 Nachlass, DLA Marbach: Mascha Kaléko an Ruth Liepman, 3. 2. 1973
17 Nachlass, DLA Marbach: Mascha Kaléko an Walter Kauders, 8. 3. 1970
18 Mascha Kaléko an Barbara Schopplick, 18. 11. 1969
19 Nachlass, DLA Marbach: Michael Menzies an Mascha Kaléko und Chemjo Vinaver, 28. 10. 1969
20 Nachlass, DLA Marbach: Mascha Kaléko an Dr. Fred Grubel, 14. 4. 1969
21 Nachlass, DLA Marbach: Mascha Kaléko an Gerta Ital, 12. 4. 1970
22 Nachlass, DLA Marbach: Mascha Kaléko an Christoph Niemöller, 18. 1. 1969
23 Nachlass, DLA Marbach: Mascha Kaléko an Dr. Maria Sommer, 5. 2. 1970
23a Nachlass, DLA Marbach: Suse Weltsch an Gisela Zoch-Westphal, 10. 3. 1980
24 Nachlass, DLA Marbach: Gabriele Tergit an Mascha Kaléko, 26. 3. 1970
25 Nachlass, DLA Marbach: Mascha Kaléko an Gabriele Tergit, 30. 3. 1970
26 Nachlass, DLA Marbach: Mascha Kaléko an Ruth Ferry, 19. 6. 1971
27 Nachlass, DLA Marbach: Mascha Kaléko an Ruth Ferry, 30. 1. 1971
28 Deutsches Exilarchiv 1933–1945, Frankfurt am Main: Mascha Kaléko an Sonja und Eric Gottgetreu, 17. 11. 1970
29 Nachlass, DLA Marbach: Mascha Kaléko an Ruth Ferry, 6. 7. 1971
30 Nachlass, DLA Marbach: Mascha Kaléko an Suse Weltsch, 7. 7. 1971
31 Akademie der Künste Berlin, Ingeborg Drewitz Archiv: Mascha Kaléko an Ingeborg Drewitz, 23. 11. 1971
32 Nachlass, DLA Marbach: Ingeborg Drewitz an Mascha Kaléko, 4. 3. 1973
33 Nachlass, DLA Marbach: Ingeborg Drewitz an den Arani Verlag, 25. 8. 1971
34 Gisela Zoch-Westphal in: Die paar leuchtenden Jahre, München 2003, S. 161
35 Nachlass, DLA Marbach: Mascha Kaléko an Dr. Felix Guggenheim, 16.3.1961
35a In: Neue Zürcher Zeitung vom 29. 12. 1971
36 Nachlass, DLA Marbach: Mascha Kaléko an Inge Aicher-Scholl, 15. 6. 1973
37 Nachlass, DLA Marbach: Mascha Kaléko an Ludwig Wronkow, 19. 2. 1970
38 Nachlass, DLA Marbach: Mascha Kaléko an Ludwig Wronkow, 27. 3. 1973
39 Nachlass, DLA Marbach: Mascha Kaléko an Hermann Kesten, 10. 12. 1963
40 Telefongespräch mit Christoph Meckel, 27. 10. 2006
41 Interview mit Alfred Joachim Fischer, Jerusalem, 9. 10. 1973
42 Dieter Hülsmanns/Friedolin Reske: Begegnung mit Mascha Kaléko, in: Die Begegnung, 9 (1973/74), S. 43 f.
43 Mascha Kaléko: Begegnung mit der Eremitenpresse, in: Die Begegnung, 9 (1973/74), S. 42
44 Mascha Kaléko an die Eremiten-Presse, 5. 9. 1972
45 Akademie der Künste Berlin, Ingeborg Drewitz Archiv: Mascha Kaléko an Ingeborg Drewitz, 5. 11. 1974
46 Nachlass, DLA Marbach: Mascha Kaléko an Dr. Alfred Frankenstein, 27. 5. 1974
47 Nachlass, DLA Marbach: Hilde Domin an Mascha Kaléko, 27. 12. 1972

48 Nachlass, DLA Marbach: Mascha Kaléko an Marthe Kauer, 12. 10. 1972
49 Nachlass, DLA Marbach: Mascha Kaléko an Gerta Ital, 21. 3. 1970
50 Nachlass, DLA Marbach: Mascha Kaléko an Walter Kauders, 25. 8. 1973
51 Nachlass, DLA Marbach: Mascha Kaléko an Judith Bergmann, o. D. (vermutl. 1972)
52 Akademie der Künste Berlin, Ingeborg Drewitz-Archiv: Mascha Kaléko an Ingeborg Drewitz, 26. 12. 1971
53 Nachlass, DLA Marbach: Mascha Kaléko an Ruth Ferry, o. D. (vermutl. Anfang Dezember 1971)
54 Nachlass, DLA Marbach: Mascha Kaléko an Judith Bergmann, 13. 8. 1971
55 Mascha Kaléko an Barbara Schopplick, 17. 4. 1974
56 Nachlass, DLA Marbach: Mascha Kaléko an Judith Bergmann, 1. 1. 1972
57 Nachlass, DLA Marbach: Mascha Kaléko an Lilo Mayer, 12. 3. 1972
58 Interview mit Alfred Joachim Fischer, Jerusalem, 9. 10. 1973
59 Nachlass, DLA Marbach
60 Nachlass, DLA Marbach: Mascha Kaléko an Willy und Herta Horovitz, 1. 1. 1973
61 Nachlass, DLA Marbach: Mascha Kaléko an Ingeborg Drewitz, 4. 4. 1973
62 Nachlass, DLA Marbach: Mascha Kaléko an Dr. Christoph Niemöller, 25. 5. 1972
63 Nachlass, DLA Marbach: Mascha Kaléko an Marthe Kauer, 12. 10. 1972
64 Nachlass, DLA Marbach: Mascha Kaléko an Judith Bergmann, o. D. (vermutl. Februar / März 1972)
65 Nachlass, DLA Marbach: Mascha Kaléko an Ruth Ferry, o. D. (vermutl. Anfang Dezember 1971)
66 Nachlass, DLA Marbach: Mascha Kaléko an Ingeborg Drewitz, 8. 6. 1972
67 Nachlass, DLA Marbach: Gertrude Urzidil an Mascha Kaléko, 7. 12. 1970
68 Nachlass, DLA Marbach: Dein früher Tod
69 Nachlass, DLA Marbach: Mascha Kaléko an Suse Weltsch, 17. 11. 1973
70 Nachlass, DLA Marbach: Mascha Kaléko an Dr. Christoph Niemöller, 8. 12. 1973
71 Nachlass, DLA Marbach: Tagebuch, 15. 12. 1973
72 Nachlass, DLA Marbach: Mascha Kaléko an Dr. Max Höchli und Frau, 24. 5. 1974
73 Nachlass, DLA Marbach: Tagebuch, 16. 12. 1973
74 Nachlass, DLA Marbach: Tagebuch, 25. 12. 1973
75 Nachlass, DLA Marbach: Tagebuch, 22. 12. 1973
76 Nachlass, DLA Marbach: Mascha Kaléko an Gusti Führer, 18. 2. 1974
77 Nachlass, DLA Marbach: Mascha Kaléko an Robert Weltsch, Briefentwurf vom 20. 1. 1974
78 Nachlass, DLA Marbach: Tagebuch, 24. 12. und 25. 12. 1973

»Meine Trauer reist überallhin mit ...«

DAS LETZTE JAHR

1 Akademie der Künste Berlin, Ingeborg Drewitz-Archiv: Mascha Kaléko an Ingeborg Drewitz, 7. 3. 1974
2 Nachlass, DLA Marbach: Mascha Kaléko an Dr. Maria Sommer, 16. 5. 1974
3 Monacensia. Literaturarchiv und Bibliothek München: Mascha Kaléko an Hermann Kesten, 18. 2. 1974

4 Nachlass, DLA Marbach: Mascha Kaléko an Walter Mehring, 29. 1. 1974
5 Nachlass, DLA Marbach
6 Nachlass, DLA Marbach: Mascha Kaléko an Marthe Kauer, 23. 4. 1974
7 Nachlass, DLA Marbach: Mascha Kaléko an Gusti Führer, 18. 2. 1974
8 Nachlass, DLA Marbach: Mascha Kaléko an Dr. Maria Sommer, 16. 5. 1974
9 Nachlass, DLA Marbach: Mascha Kaléko an Anneliese Ott, 16. 5. 1974
9a Mascha Kaléko an Barbara Schopplick, 9. 1. 1974
9b Eric(h) Gottgetreu: Zum Tode von Chemjo Vinaver, in: Aufbau, 11. 1. 1974
10 Nachlass, DLA Marbach: Sybille Rosenbaum an Mascha Kaléko, 8. 1. 1974
11 Nachlass, DLA Marbach: Mascha Kaléko an Lilo Mayer, 7. 6. 1974
12 Nachlass, DLA Marbach: Mascha Kaléko an Karl Marx, 9. 6. 1974
13 Nachlass, DLA Marbach: Mascha Kaléko an Rosa Engel, 4. 7. 1974
14 Nachlass, DLA Marbach
15 Nachlass, DLA Marbach: Mascha Kaléko an Gerta Ital, 16. 5. 1974
16 Akademie der Künste Berlin, Ingeborg Drewitz-Archiv: Mascha Kaléko an Ingeborg Drewitz, 5. 6. 74
17 Akademie der Künste Berlin, Ingeborg Drewitz-Archiv: Mascha Kaléko an Ingeborg Drewitz, vermutl. 17. 6. 1974
18 Mascha Kaléko an Barbara Schopplick, 16. 7. 1974
19 Akademie der Künste Berlin, Ingeborg Drewitz-Archiv: Mascha Kaléko an Ingeborg Drewitz, 10. 8. 1974
20 Mascha Kaléko an Sonja und Eric Gottgetreu, 11. 9. 1974 (Brief im Besitz von Dr. Florian Bassani, Lugano)
21 Berliner Morgenpost, 18. 9. 1974
22 Horst Krüger in: »Zur Heimat erkor ich mir die Liebe«, Fernsehfilm, ZDF 1985
23 Horst Krüger: Meine Tage mit Mascha Kaléko, in: Der Gott der kleinen Webefehler. Berlin 1981, S. 95 ff.
24 Horst Krüger in: ›Zur Heimat erkor ich mir die Liebe‹, Fernsehfilm, ZDF 1985
25 Gisela Zoch-Westphal: Aus den sechs Leben der Mascha Kaléko, Berlin 1987, S. 199
26 Akademie der Künste Berlin, Ingeborg Drewitz-Archiv: Mascha Kaléko an Ingeborg Drewitz, 30. 11. 1974
27 Akademie der Künste Berlin, Ingeborg Drewitz-Archiv: Mascha Kaléko an Ingeborg Drewitz, 9. 10. 1974
28 Nachlass, DLA Marbach: Die Weltwoche, 4. 12. 1974, Nr. 49
29 Akademie der Künste Berlin, Ingeborg Drewitz-Archiv: Mascha Kaléko an Ingeborg Drewitz, 17. 4. 1974
30 Mascha Kaléko an Barbara Schopplick, 16. 11. 1974
31 Akademie der Künste Berlin, Ingeborg Drewitz-Archiv: Mascha Kaléko an Ingeborg Drewitz, 30. 11. 1974
32 Akademie der Künste Berlin, Ingeborg Drewitz-Archiv: Mascha Kaléko an Ingeborg Drewitz, 11. 12. 1974
33 Akademie der Künste Berlin, Ingeborg Drewitz-Archiv: Mascha Kaléko an Ingeborg Drewitz, 26. 12. 1974
33a Mascha Kaléko an Mira und Gerhard Schoenberger, 4. 12. 1974
34 Vergl. Gisela Zoch-Westphal: Zur Heimat erkor ich mir die Liebe. Leben und Werk der Dichterin Mascha Kaléko. Sendemanuskript, SWF 1975, S. 5

35 Akademie der Künste Berlin, Ingeborg Drewitz-Archiv: Ruth Mayer an Ingeborg Drewitz, 17. 12. 1975
36 Gisela Zoch-Westphal: Begegnung mit M. K., in: Die Begegnung, Nr. 16 (1980/81)
37 Gespräch mit Gisela Zoch-Westphal, Zürich, 14. 12. 2005
38 Gespräch mit Eli Dovev, Berlin, 19. 4. 2006
39 Gespräch mit Gisela Zoch-Westphal, Zürich, 14. 12. 2005
40 Frei nach der Übersetzung von Buber-Rosenzweig, Hinweis von Ruben Frankenstein, Freiburg i. Br., 16. 10. 2006

EPILOG

1 Friedrich Luft in: Die Welt, 23. 1. 1975
2 Berliner Morgenpost, 22. 1. 1975
3 Ingeborg Drewitz in: Der Tagesspiegel vom 23. 1. 1975
4 E. G. Lowenthal in: Allgemeine Jüdische Wochenzeitung, 31. 1. 1975
5 Edwin Maria Landau in: Aufbau, Nr. 5/1975
6 Horst Krüger in: Frankfurter Allgemeine Zeitung, 23. 1. 1975
7 Gero von Wilpert: Deutsches Dichterlexikon, Stuttgart 1976
8 Walther Killy: Literatur-Lexikon, Bd. 6, Gütersloh/München 1990
9 Telefongespräch mit Gisela Zoch-Westphal, 14. 10. 2006
10 Marcel Reich-Ranicki in: Frankfurter Allgemeine Zeitung, 7. 3. 1998
11 Kindlers Neues Literatur Lexikon, Ergänzungsband (Bd. 21), München 1998
12 Marcel Reich-Ranicki in: Frankfurter Allgemeine Zeitung, 7. 3. 1998
13 u. a. Herbert Baumann, Rainer Bielfeldt, Jochen Breuer, Joachim Faber, Fritz Maldener, Edmund Nick und Alice Samter
14 Karl Krolow in: Frankfurter Allgemeine Zeitung, 3. 9. 1980
15 Karl Krolow in: Frankfurter Allgemeine Zeitung, 29. 9. 1977
16 Janosch in: Die Welt, 28. 8. 1977
17 Telefongespräch mit Gisela Zoch-Westphal, 28. 4. 2006
18 Die Tee-Sorte »Mascha Kaléko« ist über www.kingsteagarden.de zu beziehen.
19 Marcel Reich-Ranicki in: Frankfurter Allgemeine Sonntagszeitung, 23. 10. 2005

ZEITTAFEL

1907	7. Juni: Geburt von Golda Malka Aufen, genannt Mascha, in Chrzanów in West-Galizien als älteste Tochter von Rozalia (genannt Rosa) Chaja Reisel Aufen (1883–1975), österreichische Staatsbürgerin, ohne Beruf, ledig, und Fischel Engel (1884–1956), Kaufmann, russischer Staatsbürger aus Szydlow, Kreis Buck, in Polen. Mascha trägt den Nachnamen der Mutter, da die Eltern nach jüdischem Gesetz geheiratet haben, nicht aber standesamtlich, und die Tochter deshalb als unehelich geboren gilt.
1909	Geburt der Schwester Lea (1909–1992)
1914	Auswanderung der Familie nach Deutschland, wo der Vater als russischer Staatsangehöriger interniert wird.
1914–1916	Mascha besucht die Volksschule in Frankfurt am Main.
1916–1918	Die Mutter zieht mit den Töchtern nach Marburg/Lahn. Es ist nicht genau bekannt, wann der Vater aus der Internierung entlassen wird.
1918	Nach dem Ende des Ersten Weltkrieges übersiedelt die Familie nach Berlin und wohnt in der Grenadierstraße 17 in Berlin-Mitte.
1918–1923	Mascha besucht die Mädchenschule der Jüdischen Gemeinde in Berlin-Mitte; Schulabschluss im Oktober 1923 mit der Mittleren Reife.
1920	Geburt der Schwester Rachel (1920–2002)
1922	28. April: Standesamtliche Trauung der Eltern, aus der 15-jährigen Mascha Aufen wird Mascha Engel.
1924	Geburt des Bruders Gerhard (später Chayim, Chaim oder Haim) Mascha beginnt eine Bürolehre im »Arbeiterfürsorgeamt der jüdischen Organisationen Deutschlands«, Auguststraße 17 in Berlin-Mitte. Als Gasthörerin belegt sie Abendkurse in Philosophie und Psychologie an der Lessing-Hochschule und der Friedrich-Wilhelm-Universität.

1928	31. Juli: Hochzeit mit dem Journalisten und Philologen Saul Aron Kaléko (1897–1971)
1929	Erste Gedicht-Veröffentlichung im ›Querschnitt‹, es folgen weitere Publikationen in der ›Vossischen Zeitung‹, dem ›Berliner Tageblatt‹, der ›Welt am Montag‹, dem ›Simplicissimus‹ u. a.
1932	Mascha Kaléko ist Mitglied im Schutzverband Deutscher Schriftsteller (SDS). Sie wohnt mit ihrem Mann Hohenzollernkorso 68 (heute: Manfred-von-Richthofen-Straße) in Berlin-Neutempelhof, im folgenden Jahr (1933) lautet ihre Adresse Meierottostraße 7.
1933	Januar: Im Rowohlt Verlag Berlin erscheint Mascha Kalékos erstes Buch ›*Das lyrische Stenogrammheft*‹.
1933–1935	Mascha Kaléko besucht – mit Unterbrechungen – Werbefachkurse an der privaten Kunst- und Kunstgewerbeschule Reimann in Berlin.
1934	Dezember: Der Band ›*Kleines Lesebuch für Große*‹ erscheint im Rowohlt Verlag. Aufgabe der Tätigkeit als Sekretärin bei der Jüdischen Gemeinde.
1935	Frühjahr/Sommer: Reisen nach Tel Aviv, Prag, Korinth, Venedig 8. August: Ausschluss aus der Reichsschrifttumskammer und Schreibverbot. Das Ehepaar Kaléko wohnt in der Lietzenburger Straße 32. Mascha lernt den Komponisten und Dirigenten Chemjo Vinaver (1895–1973) kennen.
1936	Oktober: Mascha und Saul Kaléko beziehen eine Wohnung in der Bleibtreustraße 10/11 in Berlin-Charlottenburg. 28. Dezember: Geburt des Sohnes Evjatar Alexander (später Steven), Chemjo Vinaver ist der Vater.
1937	9. Januar: Mitteilung der Reichsschrifttumskammer an den Rowohlt Verlag, dass Mascha Kalékos ›Lyrisches Stenogrammheft‹ zum ›schädlichen und unerwünschten Schrifttum‹ gehört. 4. Oktober: Die Ehe von Mascha und Saul Kaléko wird vor einem Rabbinatskollegium religiös gesetzlich geschieden.
1938	22. Januar: Scheidung der Ehe von Mascha und Saul Kaléko vor den staatlichen Stellen 28. Januar: Hochzeit von Mascha Kaléko und Chemjo Vinaver März/April: Mascha besucht ihre Eltern und die beiden jüngsten Geschwister in Palästina, wo die Familie seit 1935 lebt. April: Mascha Kaléko und Chemjo Vinaver ziehen mit dem Sohn in eine Wohnung in der Björnsonstraße 20 in Berlin-Steglitz.

	28. Juni: standesamtliche Trauung von Mascha Kaléko und Chemjo Vinaver September: Die Familie Kaléko-Vinaver emigriert über Hamburg und Paris in die USA. 23. Oktober: Ankunft in New York, erste Wohnung 378/385 Central Park West (bis 1940).
1939–1940	Mascha Kaléko macht Übersetzungen, verfasst Werbetexte und managt den neugegründeten Chor ihres Mannes. Ab 1939 erscheinen Gedichte von ihr in der deutschsprachigen Emigranten-Zeitung ›Aufbau‹.
1940	Ende Juli: Umzug der Familie nach Hollywood/ Kalifornien, Winona Boulevard 1749
1941	Februar: Die Familie kehrt nach New York zurück. Wohnungen: 245 East, 11th Street und ab August 253, 16th Street, Chelsea Hall
1942	Mascha Kaléko und Chemjo Vinaver ziehen mit dem Sohn in ein Dachgeschoss, 1 Minetta Street in Greenwich Village (bis 1959).
1944	20. November: Erteilung der amerikanischen Staatsbürgerschaft
1945	Im Schoenhof Verlag, Cambridge/Massachusetts, erscheint Mascha Kalékos drittes Buch *›Verse für Zeitgenossen‹*.
1947–1948	Mascha Kaléko arbeitet als Personal-Manager für den Vinaver-Chor.
1949	Heinrich Maria Ledig-Rowohlt (1908-1992) besucht Mascha Kaléko in New York und schlägt ihr Neuausgaben ihrer Bücher vor, doch sie kann sich noch nicht vorstellen, wieder in Deutschland zu veröffentlichen.
1952	Mascha Kaléko und Chemjo Vinaver reisen nach Israel, Paris und London.
1955	31. Dezember: Mascha Kaléko bricht allein zu ihrer ersten Deutschlandreise nach dem Zweiten Weltkrieg auf.
1956	8. Januar bis 7. März: Aufenthalt in Hamburg Februar: Im Rowohlt Verlag erscheint die Neuausgabe des *›Lyrischen Stenogrammheftes‹*. Mascha Kaléko fährt nach Frankfurt am Main, Stuttgart, München und im April nach Kassel. März bis Oktober: Aufenthalt in Berlin, wo Mascha Kaléko ihre tot geglaubte Schwester Lea wiederfindet. Oktober/November: Urlaub in Ascona, Rom und Mailand

30. Oktober: Tod des Vaters in Tel Aviv
Dezember: Rückkehr nach New York

1958 März: Bei Rowohlt erscheint eine erweiterte Neuauflage der *›Verse für Zeitgenossen‹*.
Nach einer Kur in Bad Reichenhall und Aufenthalten in Salzburg und Wien reist Mascha Kaléko mit ihrem Mann im September nach Berlin, wo sie bis zum 31. Mai 1959 bleibt.

1959 März: Mascha Kaléko wird für den Fontane-Preis der Akademie der Künste Berlin nominiert. Sie zieht ihre Kandidatur zurück, weil Hans Egon Holthusen, Direktor der Sektion für Dichtung und Jury-Mitglied, von 1933 bis 1943 in der SS war.
Aufnahme in das PEN-Zentrum deutschsprachiger Autoren im Ausland
Sommer: Aufenthalt in Rom, Spoleto, Nizza, Bad Soden und Berlin, wo sie im September ihren Sohn trifft, der bis zum Herbst 1960 in der Stadt bleibt.
10. Oktober: Mascha Kaléko und Chemjo Vinaver übersiedeln nach Jerusalem, sie wohnen zunächst im Eden-Hotel, später Wingate Square, Block 27, House »Y«, bzw. 21, Balfour Street, Talbiyeh-Jerusalem.

1960 Juni: Umzug nach 7, Gaza Road, Rehavia-Jerusalem (bis August 1962).

1961 Ende Oktober: *›Der Papagei, die Mamagei und andere komische Tiere‹* erscheint im Fackelträger-Verlag.
31. Juli bis 30. Oktober: Erste Europareise seit der Übersiedlung nach Israel, Stationen u. a.: Hamburg, Berlin, Hannover, Frankfurt am Main, Zürich, London, Edinburgh

1962 September: Das Ehepaar Kaléko-Vinaver bezieht eine Eigentumswohnung 33, King George Street bzw. Avenue in Jerusalem.

1963 Mascha Kaléko lässt sich vom Rowohlt Verlag die Rechte für das ›Lyrische Stenogrammheft‹ und die ›Verse für Zeitgenossen‹ zurückgeben.

1964 Frühjahr/Sommer: Mascha Kaléko hat Lesungen in Hamburg, München und Berlin und ist Gast der Akademie der Künste Berlin, anschließend besucht sie ihren Sohn in London und fliegt dann nach Zürich.

1965 Mitte August bis Mitte Oktober: Reise nach Europa; im Herbst lernt Mascha Kaléko in Baden bei Zürich die Literatur-Agentin Ruth Liepman (1909–2001) kennen.

1966	Juni bis Oktober: Mascha Kaléko reist mit ihrem Mann nach Berlin, Baden-Baden, München; schwere Erkrankung von Chemjo Vinaver.
1967	Mai bis Oktober: Aufenthalt in Zürich September: Im Walter Verlag erscheinen die ›*Verse in Dur und Moll*‹.
1968	Juni: Mascha Kaléko reist mit Chemjo Vinaver nach Zürich und lernt dort am 19.6. Gisela Zoch-Westphal kennen. 28. Juli: Tod des Sohnes Steven in Pittsfield, Massachusetts 25. August: Bei Blanvalet erscheint ›*Das himmelgraue Poesiealbum der Mascha Kaléko*‹. November/Dezember: Mascha Kaléko fliegt mit ihrem Mann in die USA.
1969	Nach dem Tod von Steven Vinaver reisen Mascha Kaléko und Chemjo Vinaver ruhelos durch Europa und halten sich u. a. in Zürich, Berlin, Ascona und Frankreich auf. Am 19. November kehren sie nach Jerusalem zurück. Von August 1970 bis Mitte Mai 1971 sind sie wieder in Europa.
1971	Oktober/November: Aufenthalt in Zürich und Berlin Herbst: Bei Blanvalet erscheint ›*Wie's auf dem Mond zugeht*‹, Verse für Kinder und ihre Eltern. Dezember: Besuch der Verleger der Eremiten-Presse, Dieter Hülsmanns (1940–1981) und Friedolin Reske, in Jerusalem
1972	August/September: Reise in die Schweiz und nach Griechenland
1973	In der Eremiten-Presse erscheint ›*Hat alles seine zwei Schattenseiten*‹. Aufnahme in das PEN-Zentrum der Bundesrepublik Deutschland 16. Dezember: Tod von Chemjo Vinaver
1974	Juli: Letzte Europareise, Operation in Zürich 16. September: Letzte Lesung in der Amerika-Gedenkbibliothek in Berlin
1975	21. Januar: Mascha Kaléko stirbt in Zürich an Magenkrebs. 23. Januar: Beisetzung auf dem Israelitischen Friedhof Friesenberg in Zürich

LITERATURVERZEICHNIS

Abkürzungen:
LJ – Die paar leuchtenden Jahre
LSt – Lyrisches Stenogrammheft
Tr – In meinen Träumen läutet es Sturm
VfZ – Verse für Zeitgenossen

1. BÜCHER VON MASCHA KALÉKO

Sämtliche Werke und Briefe in vier Bänden. Herausgegeben und kommentiert von Jutta Rosenkranz. Redaktion und Transkription des Briefbestandes: Eva-Maria Prokop, Übersetzung der fremdsprachigen Briefe und Textstellen: Britta Mümmler, Efrat Gal-Ed. München 2012, Deutscher Taschenbuch Verlag

Das lyrische Stenogrammheft. Verse vom Alltag. Berlin 1933, Rowohlt; Neuauflage 1956 (zusammen mit ›Kleines Lesebuch für Große‹); rororo TB, Reinbek bei Hamburg 1974; Hardcover-Ausgabe mit Zeichnungen von Werner Klemke, Reinbek bei Hamburg 1978, Rowohlt

Kleines Lesebuch für Große. Gereimtes und Ungereimtes. Berlin 1934, Rowohlt (seit 1956 zusammen mit ›Das lyrische Stenogrammheft‹)

Verse für Zeitgenossen. Cambridge, Mass., 1945, Schoenhof Verlag, USA; erweiterte Neuauflage Reinbek bei Hamburg 1958, Rowohlt; Neuauflage Düsseldorf 1978, Eremiten-Presse; 1980 Reinbek bei Hamburg, Rowohlt; Hardcover-Ausgabe u.d. Titel ›Der Stern auf dem wir leben‹, Reinbek bei Hamburg 1984, Rowohlt

Der Papagei, die Mamagei und andere komische Tiere. Ein Versbuch für verspielte Kinder sämtlicher Jahrgänge. Illustriert von Günther Simon. Hannover 1961, Fackelträger Verlag; Neuauflage mit Zeichnungen von Lilo Fromm, Düsseldorf 1979, Eremiten-Presse; Berlin 1982, arani Verlag; München 1986, Deutscher Taschenbuch Verlag; Neuauflage mit Illustrationen von Verena Ballhaus, Köln 2009, Boie Verlag

Verse in Dur und Moll. Mit Illustrationen von Bele Bachem. Olten und Freiburg 1967, Walter Verlag

Das himmelgraue Poesiealbum der Mascha Kaléko. Illustriert von Bele Bachem. Berlin 1968, Blanvalet; Neuausgabe Berlin 1979, arani Verlag. Erweiterte Neuauflage (mit den Sinn- und Unsinngedichten aus ›Hat alles seine zwei Schattenseiten‹) mit Federzeichnungen von Horst Wolniak. München 1986, Deutscher Taschenbuch Verlag

Wie's auf dem Mond zugeht. Verse für Kinder und ihre Eltern. Mit Bildern von Herbert

Lentz. Berlin 1971, Blanvalet. Neuauflage mit Zeichnungen von Rolf Köhler. Sigmaringen 1982, Thorbecke; Neuauflage mit Illustrationen von Verena Ballhaus, Köln 2010, Boie Verlag

Hat alles seine zwei Schattenseiten. Sinn- und Unsinngedichte. Düsseldorf 1973, Eremiten-Presse. Neuausgabe mit dem Kasseler Vortrag ›Die paar leuchtenden Jahre‹ und Federzeichnungen von Horst Wolniak. Berlin 1983, arani

Feine Pflänzchen. Rosen, Tulpen, Nelken & Nahrhaftere Gewächse. Mit Zeichnungen von Helga Gebert. Düsseldorf 1976, Eremiten-Presse; Nachdruck in: ›Ich bin von annodazumal‹, Berlin 1984, arani

Der Gott der kleinen Webefehler. Spaziergänge durch New Yorks Lower Eastside und Greenwich Village. Eingeleitet von Gisela Zoch-Westphal. Mit Graphiken von Gertrude Degenhardt. Düsseldorf 1977, Eremiten-Presse; Neuauflage mit dem Beitrag ›Meine Tage mit Mascha Kaléko‹ von Horst Krüger und Federzeichnungen von Horst Wolniak. Berlin 1981, arani; Nachdruck München 1985, Deutscher Taschenbuch Verlag

In meinen Träumen läutet es Sturm. Gedichte und Epigramme aus dem Nachlaß. Herausgegeben und eingeleitet von Gisela Zoch-Westphal. München 1977, Deutscher Taschenbuch Verlag; Neuauflage 2007

Horoskop gefällig? Verse in Dur und Moll. Herausgegeben von Hilde Arnold. Mit Illustrationen von Peter Nagengast. Berlin (DDR) 1977, Eulenspiegel Verlag; Neuauflage Berlin 1979, arani

Heute ist Morgen schon gestern. Gedichte aus dem Nachlaß. Herausgegeben und eingeleitet von Gisela Zoch-Westphal. Mit Federzeichnungen von Horst Wolniak. Berlin 1980, arani; Neuauflage München 1983, Deutscher Taschenbuch Verlag

Tag und Nacht Notizen. Gesammelt von Mascha Kaléko. Herausgegeben von Gisela Zoch-Westphal. Düsseldorf 1981, Eremiten-Presse

Ich bin von anno dazumal. Chansons, Lieder, Gedichte (enthält ›Feine Pflänzchen‹). Herausgegeben von Gisela Zoch-Westphal. Mit Federzeichnungen von Horst Wolniak und Notenbeispielen von Joachim Faber. Berlin 1984, arani; Neuauflage München 1987, Deutscher Taschenbuch Verlag

Die paar leuchtenden Jahre. Herausgegeben, eingeleitet und mit der Biographie ›Aus den sechs Leben der Mascha Kaléko‹ von Gisela Zoch-Westphal. Mit dem Essay von Horst Krüger ›Meine Tage mit Mascha Kaléko‹. Enthält: Das himmelgraue Poesiealbum; Sinn- und Unsinngedichte; Der Gott der kleinen Webefehler; Heute ist morgen schon gestern; Novemberbrief aus Ascona; Der Papagei, die Mamagei und andere komische Tiere; Wie's auf dem Mond zugeht; Ich bin von anno dazumal; Feine Pflänzchen. München 2003, Deutscher Taschenbuch Verlag

Mein Lied geht weiter. Hundert Gedichte. Herausgegeben und eingeleitet von Gisela Zoch-Westphal. München 2007, Deutscher Taschenbuch Verlag

Bewölkt, mit leichten Niederschlägen. Gesammelte Gedichte. Frankfurt am Main 2020, Büchergilde Gutenberg

II. Bücher, Aufsätze und Artikel über Mascha Kaléko (Auswahl)

Bachér, Ingrid: Zu wissen, was zählt. (Zu Mascha Kalékos Gedicht ›Gewisse Nächte‹) In: Frankfurter Allgemeine Zeitung, 10. 5. 2008

Bauschinger, Sigrid: Mascha Kaléko. In: Deutschsprachige Exilliteratur seit 1933, Hg. John M. Spalek und Joseph Strelka, Bd. 2, Teil 1, New York/Bern 1989

Beyer, Susanne: Bänkelsängerin der Moderne. In: Der Spiegel, Nr. 20/2007

Bogucka-Krenz, Katarzyna: Gdzie jestes, Mascho?/Mascha, wo bist Du? In: Dichterinnen aus dem Dunkel/Poetki z ciemnosci. WIR. Literaturedition Nr. 2, Berlin 1995

Demski, Eva: Eine alte Geschichte. (Zu Mascha Kalékos Gedicht ›Das Ende vom Lied‹) In: Frankfurter Allgemeine Zeitung, 9. 6. 2007

Drewitz, Ingeborg: Beinahe traurig, beinahe frech. Zum Tode Mascha Kalékos. In: Der Tagesspiegel, 23. 1. 1975 und in: Neue Deutsche Hefte 1/1975 und in: Ingeborg Drewitz: Die zerstörte Kontinuität. Exilliteratur und Literatur des Widerstands. Wien 1981

Drewitz, Ingeborg: Die Kaléko postum. In: Der Tagesspiegel, 21. 12. 1980

Eschenbach, Gunilla: Liebeserklärung im Café. Zu einem unbekannten Gedicht von Mascha Kaléko. In: Frankfurter Allgemeine Zeitung, 22. 11. 2007

Frankenstein, Alfred: Mascha Kaléko. In: Emuna. Horizonte zur Diskussion über Israel und das Judentum. Supplementheft 1/1975, Frankfurt am Main

Frankenstein, Alfred: Mascha Kaléko. In: Literatur und Kritik, 13, 1978

Frenkel, Ulrike: Weisheit und Anmut. Zum hundertsten Geburtstag der Lyrikerin Mascha Kaléko. In: Stuttgarter Zeitung 5. 6. 2007

Fruchtman, Ruth: Mascha Kaléko. In: Britta Jürgs (Hg.): Leider hab ich's Fliegen ganz verlernt. Porträts von Künstlerinnen und Schriftstellerinnen der Neuen Sachlichkeit. Berlin 2000

Häsler, Alfred (u. d. Pseudonym Jeremias): Dichterin der ›lustig hüpfenden Träne‹ – Zu Besuch bei Mascha Kaléko. In: Die Tat (Zürich) vom 7. 3. 1969

Hahn, Barbara: Bäume klagen, Steine weinen. (Zu Mascha Kalékos Gedicht ›Kaddisch‹) In: Frankfurter Allgemeine Zeitung, 8. 4. 2006

Heid, Ludger: Kaléko, Mascha – Lyrikerin. In: Jutta Dick/Martina Sassenberg (Hg.): Jüdische Frauen im 19. und 20. Jahrhundert. Lexikon zu Leben und Werk. Reinbek bei Hamburg 1993

Heidenreich, Elke: Bitteres Fazit. (Zu Mascha Kalékos Gedicht »Resignation für Anfänger«) In: Frankfurter Allgemeine Zeitung, 9. 4. 2005

Heidenreich, Elke: Die Musik kann sagen, was wir verschweigen. (Zu Mascha Kalékos Gedicht »Die dritte Sinfonie«) In: Frankfurter Allgemeine Zeitung, 8. 6. 2007

Heim, Ilse: Mascha Kaléko, Dichterin zeitloser Gedichte. In: Annabelle, Nr. 440/441 vom 22. 11. 1967

Hesse, Hermann: Neue deutsche Bücher – Literaturberichte für Bonniers Litterära Magasin 1935–1936 Hrsg. von Bernhard Zeller. Marbach a. N. 1965

Hessing, Jakob: Ironische Melancholie. (Zu Mascha Kalékos Gedicht ›Dem Heiligen - Franziskus vom Rowohlt Verlag anno dazumal‹) In: Frankfurter Allgemeine Zeitung, 14. 3. 2009

Heuer, Renate (Red.): Lexikon deutsch-jüdischer Autoren, Bd. 13, München 2005

Heusen, Sarah van der: Mascha Kaléko und der Fontane-Preis. Ein Fallbeispiel. In: Berliner Hefte zur Geschichte des literarischen Lebens, Nr. 8, Berlin 2008

Höcker, Karla: Neue Verse von Mascha Kaléko. In: Der Tag, 15. 6. 1958

Hülsmanns, Dieter/Friedolin Reske: Begegnung mit Mascha Kaléko. In: Die Begegnung, Nr. 9 (1973/74)

Illi, Manuel: Mascha Kaléko: Verse für Zeitgenossen (1945). In: Bannasch, Bettina (Hg.): Handbuch der deutschsprachigen Exilliteratur – Von Heinrich Heine bis Herta Müller. Berlin, New York 2013.

Kesten, Hermann: Die Verse der Mascha Kaléko. In: Aufbau, 25. Januar 1946

Klüger, Ruth: Heimweh nach dem Kurfürstendamm. Eine Dichterin kommt nach Hause: Erstmals erscheinen die gesammelten Werke von Mascha Kaléko mit vielen unbekannten Briefen. In: Literarische Welt, 6.10.2012

Klüger, Ruth: Mein Schlüssel hat das Haus verloren. Die verfolgten Dichterinnen Rose Ausländer, Mascha Kaléko und Hilde Domin. In: Dies.: Gemalte Fensterscheiben. Über Lyrik. Göttingen 2007

Koneffke, Jan: »Aber warum sind Sie so ernst?« Die Weigerung, zu vergessen, vergass man Mascha Kalèko nicht – Zu einer Ausgabe sämtlicher Werke und Briefe. In: Neue Zürcher Zeitung, 16.3.2013

Krüger, Horst: Meine Tage mit Mascha Kaléko. In: Der Gott der kleinen Webefehler. Berlin 1981

Krüger, Horst: Die leise Stimme Berlins. Zum Tode Mascha Kalékos. In: Frankfurter Allgemeine Zeitung, 23. 1. 1975

Krüger, Horst: Erinnerungen an Mascha Kaléko. In: Neue Rundschau 86, 1975, S. 743–746

Krüger, Horst: Berliner Augenblick. (Zu Mascha Kalékos Gedicht ›Kleine Havelansichtskarte‹) In: Frankfurter Allgemeine Zeitung, 4. 1. 1975, und in: Frankfurter Anthologie. Hrsg. von Marcel Reich-Ranicki, Frankfurt am Main 1976

Landau, Edwin Maria: Mascha Kaléko gestorben. In: Aufbau, Nr. 5 vom 31. Januar 1975

Lermen, Birgit: Deutsche Dichterinnen jüdischer Herkunft. Hilde Domin, Mascha Kaléko. Aachen 1990

Lowenthal, E. G.: Ein weiblicher Ringelnatz. Zum Tode von Mascha Kaléko. In: Allgemeine Jüdische Wochenzeitung, 31. 1. 1975

Luft, Friedrich: Zum Tode von Mascha Kaléko. In: Die Welt, 23. 1. 1975

Mickiewicz, Iwona im Gespräch mit Sybille Rosenbaum: Es ist ja schon so lange her. In: Dichterinnen aus dem Dunkel/Poetki z ciemnosci. WIR. Literaturedition Nr. 2, Berlin 1995

Müller-Marein, Joseph: Die Dichterin und der Gelehrte. In: Die Zeit Nr. 7 vom 16. 2. 1956

Nolte, Andreas: Mir ist zuweilen so, als ob das Herz in mir zerbrach. Leben und Werk Mascha Kalékos im Spiegel ihrer sprichwörtlichen Dichtung. Bern 2003

Nolte, Andreas: Was geschehen soll, wird geschehen. Exilbewältigung durch Sprichwörter und Redensarten im Werk der Dichterin Mascha Kaléko. In: Proverbium. Yearbook of International Proverb Scholarship, 17/2000

Nolte, Andreas (Hg.): Ich stimme für Minetta Street. Festschrift für Mascha Kaléko zum 100. Geburtstag. Vermont 2007

Ostner, Ilona: Mascha Kaléko: Gedichte. In: Querlektüren. Weltliteratur zwischen den Disziplinen. Hrsg. von Wilfried Barner. Göttingen 1997

Pinkerneil, Beate: Reisen nach Nirgendland. (Zu Mascha Kalékos Gedicht ›Im Exil‹) In:

Frankfurter Anthologie, Nr. 9. Hrsg. von Marcel Reich-Ranicki. Frankfurt am Main 1984

Pinthus, Kurt: Die zweitbesten Namen – Dichterin der Großstadt – Sentiment und Zynismus. In: Die Zeit, 15. 8. 1958

Planta, Eleonore von: Erinnerungen an heute. Über die Lyrikerin Mascha Kaléko. In: Die Weltwoche, Nr. 49 vom 4. Dezember 1974

Puschak, Christiana: Bekannt, verkannt und beinahe vergessen – Leben und Werk Mascha Kalékos. In: Zwischenwelt. Zeitschrift für Kultur des Exils und des Widerstandes, Wien, Nr. 3/Dezember 2005

Rast, Maria: Interview mit Mascha Kaléko. In: Ancilla, Nr. 1, Januar 1968

Reich-Ranicki, Marcel: Kleine Liebe in der großen Stadt. (Zu Mascha Kalékos Gedicht ›Großstadtliebe‹) In: Frankfurter Allgemeine Zeitung, 7. 3. 1998

Reich-Ranicki, Marcel: Zur Heimat erkor sie sich die Liebe. In: Frankfurter Allgemeine Zeitung, 8. 6. 2007

Rheinsberg, Anna: Mascha Kaléko. In: Wie bunt entfaltet sich mein Anderssein. Lyrikerinnen der zwanziger Jahre. Gedichte und Porträts. Mannheim 1993

Riha, Karl: Alltagslyrik. Zu Mascha Kaléko. In: Am Erker. Zeitschrift für Literatur, Wien, Nr. 24/ 1992

Rohde, Hedwig: Mascha Kaléko und die alten Götter. In: Die Welt, 23. 10. 1958

Rosenkranz, Jutta: Ich habe manchmal Heimweh, /Ich weiß nur nicht, wonach. In: Das Magazin, Berlin, Nr. 6/2007

Rosenkranz, Jutta: Verse für Zeitgenossen – Zum 100. Geburtstag der Dichterin Mascha Kaléko. In: Jüdische Allgemeine, Berlin, Nr. 23/2007

Rosenkranz, Jutta: »Verse für Zeitgenossen« Mascha Kaléko (1907–1975). In: Treibhaus Nr. 13/2017 Die Lyrik der fünfziger Jahre. edition text + kritik, München 2017

Rosenkranz, Jutta: Gedichte machen ist wie Angeln – Gesichter & Geschichten: Mascha Kaléko. In: Bücher Magazin, Essen, Juni/Juli Nr. 4/2007

Sack, Maria: Zeitgenossin aus Berlin – Mascha Kaléko auf Besuch zu Hause. In: Der Tagesspiegel, 21. 9. 1958

Schellenberg, Svenja: »Auf einen Cafétisch gekritzelt« – junge Frauen in der literarischen Szene. Mascha Kaléko und Gabriele Tergit. In: Petra Bock/Katja Koblitz (Hg.): Neue Frauen zwischen den Zeiten. Berlin 1995

Schiavoni, Giulio: Sulle tracce di una berlino Scomparsa. La lirica di Masha Kaléko, una voce dallo ›Scheunenviertel‹ berlinese. In: Stella errante. Percorsi dell'ebruismo fra Est e Ovest. Bologna 2000, S. 203–213 (enthält Teilübersetzungen der Gedichte ›Wiedersehen mit Berlin‹, ›Bleibtreu heißt die Straße‹ und ›Höre Teutschland‹ ins Italienische)

Schmeichel-Falkenberg, Beate: ›Hoere, Teutschland‹. Mascha Kalékos Verse aus dem Exil. In: Jörg Thunecke (Hg.): Deutschsprachige Exillyrik von 1933 bis zur Nachkriegszeit. Amsterdam 1998

Schmitter, Elke: Kind dieses Kontinents. In: Der Spiegel, Nr. 52/2012

Schmitter, Elke: Wunder, zu spät. Mascha Kaléko. In: Leidenschaften. 99 Autorinnen der Weltliteratur. München 2009

Schostack, Renate: Momentaufnahme eines aufgeräumten Gemüts. (Zu Mascha Kalékos Gedicht ›Sozusagen grundlos vergnügt‹) In: Frankfurter Allgemeine Zeitung, 20. 8. 2005

Schrader, Hans-Jürgen: »… einst ein schönes Vaterland.« Mascha Kalékos Poesie von Exil zu Exil. In: Paula Giersch, Florian Krobb, Franziska Schößler (Hg.): Galizien im Diskurs – Inklusion, Exklusion, Repräsentation. Frankfurt am Main 2012

Schrader, Hans-Jürgen: »Der Prinz von Theben und Madame Vulkan ohne ihren Hofstaat« Rollenpositionen der Exil-Erfahrung und Exilpoesie der Else Lasker-Schüler und der Mascha Kalèko. In: Marx, Leonie und Koopmann, Helmut (Hg.): Exilsituation und inszeniertes Leben. Münster 2013

Schulz-Ojala, Jan: Keine andre Zeit als diese. Berlin, New York, Jerusalem, Berlin: Zum 100. Geburtstag der Dichterin Mascha Kaléko. In: Der Tagespiegel, 7. 6. 2007

Sinsheimer, Hermann: Mascha Kaléko. In: Jüdische Rundschau, 14. 12. 1934

Strigl, Daniela: Die Bürde der Verständlichkeit. Leichtfüßig, nicht leichtgewichtig: Eine Werkausgabe würdigt die Dichterin Mascha Kalèko. In: Der Falter, 10.10.2012

Tippelskirch, Karina von: Mimikry als Erfolgsrezept: Mascha Kalékos Exil im Exil. In: Helga Schreckenberger (Hg.): Ästhetiken des Exils. Amsterdam/New York 2003

Treichel, Hans-Ulrich: Ein bisschen hoffnungslos. (Zu Mascha Kalékos Gedicht ›Das berühmte Gefühl‹) In: Frankfurter Allgemeine Zeitung, 17. 7. 2010

Wallach, Kerry: Mascha Kaléko Advertises the New Jewish Woman. In: Andrea Hammel/Godela Weiss-Sussex (Hg.): Not an Essence but a Positioning, German-Jewish Women Writers 1900–1938. München 2009

Wellershoff, Astrid Irene: Vertreibung aus dem ›Kleinen Glück‹. Das lyrische Werk der Mascha Kaléko. Dissertation. Aachen 1982

Wenzel, Kirsten: Mascha Kaléko – Sehr begabt und mokant wie keine Zweite. In: Voss. Berliner Zeitschrift, Nr.3, Winter 2003/2004

Ziegler, Edda: Die paar leuchtenden Jahre. Mascha Kaléko. In: Verboten, verfemt, vertrieben. Schriftstellerinnen im Widerstand gegen den Nationalsozialismus. München 2010

Zoch-Westphal, Gisela: Leise Berliner Stimme. Abschied von Mascha Kaléko. In: Neue Zürcher Zeitung, 4. 2. 1975

Zoch-Westphal, Gisela: Begegnung mit Mascha Kaléko. In: Die Begegnung, Nr. 16 (1980/81)

Zoch-Westphal, Gisela: Aus den sechs Leben der Mascha Kaléko. Biographische Skizzen, ein Tagebuch und Briefe. Berlin 1987

Zoch-Westphal, Gisela: Was wahrhaftig ist, wird nicht vergessen: Zum 100. Geburtstag der Dichterin Mascha Kaléko. In: Die Welt, 2. 6. 2007

III. FERNSEH- UND HÖRFUNKSENDUNGEN (AUSWAHL)

Mascha Kaléko: ›Abschied – Ein Solo für Frauenstimme‹. Funk-Suite in Vers und Prosa, Sender Freies Berlin 1956. Eine erweiterte Fassung, die 1958 u.d. Titel ›Wenn einer fortgeht – Ein Solo für Zwei‹ entstand, produzierte der SWF 1986 (Dramaturgie: Hans Burkhard Schlichting, Regie: Walter Netzsch)

»Interview mit der Schriftstellerin Mascha Kaléko« (Sigrid Schenkenberger; Sender Freies Berlin 1956)

»Interview mit Mascha Kaléko« (RIAS 1958)

»Rund um's Romanische Café«. Mascha Kaléko liest alte und neue Verse und erzählt vom Berlin von Damals (Interview: Lore Ditzen; Sender Freies Berlin 1964)

»Gespräch mit der Lyrikerin Mascha Kaléko« (Lilo Thelen, DRS 1971)

»Ein Gespräch mit Mascha Kaléko« (Alfred Joachim Fischer; Sender Freies Berlin 1974)

ÜBER MASCHA KALÉKO (AUSWAHL)

Augustin, Michael: Wie vieles seh ich, das ich nicht mehr seh! Mascha Kaléko im O-Ton. Radio-Feature, Radio Bremen 2007/2010

Bermbach, Peter/Horst Krüger: Zur Heimat erkor ich mir die Liebe. Fernseh-Porträt. ZDF 1985

Bräunlich, Hans: Allein mit meinem Spiegelbild. Eine Lange Nacht der Mascha Kaléko. Deutschlandradio 2007

Jacob, Astrid: Heute ist Morgen schon Gestern. Kurzfilm. Expo-Film, München 1982

Knetsch, Gabriele: Mascha Kaléko – Lyrische Stenogramme. Radio-Feature. Bayerischer Rundfunk 2011

Lange, Lydia: In meinen Träumen läutet es Sturm. Mascha Kaléko zum 25. Todestag. Radio-Feature. Norddeutscher Rundfunk 2000

Rheinsberg, Anna: Mascha Kaléko. Hessischer Rundfunk 1989

Rosenkranz, Jutta: Auf den Spuren von Mascha Kaléko in Berlin. DeutschlandRadio Berlin 1997

Rosenkranz, Jutta: Wohin ich immer reise, ich fahr nach Nirgendland. Die jüdische Dichterin Mascha Kaléko (1907–1975). Radio-Feature. Südwestfunk 1998

Rosenkranz, Jutta: Schön war die Fremde, doch Ersatz – Mein Heimweh hieß Savignyplatz. Auf den Spuren von Mascha Kaléko und dem Berlin der zwanziger Jahre. Radio-Essay. Bayerischer Rundfunk 1998

Rosenkranz, Jutta: Zur Heimat erkor ich mir die Liebe – zum 100. Geburtstag von Mascha Kaléko. Radio-Feature. NDR 2007

Rosenkranz, Jutta: Hier war mein Glück zu Hause. Und meine Not. – Mascha Kaléko und Berlin. Radio-Feature. RBB 2007

Zoch-Westphal, Gisela: ›Zur Heimat erkor ich mir die Liebe‹. Leben und Werk der Dichterin Mascha Kaléko. Radio-Feature, Südwestfunk 1975

Zoch-Westphal, Gisela: ›In meinen Träumen läutet es Sturm‹. Porträt der Lyrikerin Mascha Kaléko. Bayerischer Rundfunk 1981

IV. TONTRÄGER

Mascha Kaléko spricht Mascha Kaléko. Gedichte aus ›Das Lyrische Stenogrammheft‹ und ›Verse für Zeitgenossen‹. Decca 1960 (LP)

›Jugendliebe a. D.‹. Hanne Wieder singt Chansons von Mascha Kaléko. Deutsche Grammophon Gesellschaft 1963 (LP)

›Aus den sechs Leben der Mascha Kaléko‹. Auswahl, Rezitation: Gisela Zoch-Westphal und Gert Westphal. Musik: Peter Zwetkoff. mm Literatur zum Anhören 1987 (LP, MC, CD)

Lyrikerinnen im Exil – Mascha Kaléko: ›Mascha?‹ Textzusammenstellung und Vortrag: Gisela Zoch-Westphal. Litraton 1994 (CD)

›Mascha‹. Songs nach Gedichten von Mascha Kaléko. Gesang: Julia Kock, Musik: Rainer Bielfeldt. Megaphon 1999 (CD)

›Hat alles seine zwei Schattenseiten‹. Musikalische Collage m. Texten v. Mascha Kaléko. Wort: Barbara Schnitzler, Musik: Albrecht Riermeier. Ed. Berliner Musenkinder 2003 (CD)

›Weil du nicht da bist …‹. Elke Heidenreich liest Alltagspoesie von Mascha Kaléko. Musik: Germaine Tailleferre. 2004 (CD)

Mascha Kaléko spricht Mascha Kaléko ›Interview mit mir selbst‹. Durch Leben und Werk führen Gisela Zoch-Westphal und Gerd Wameling. Deutsche Grammophon 2007

›Sozusagen grundlos vergnügt‹. Lieder und Lyrik von Mascha Kaléko. Musik: Herbert Baumann, Rez./Gesang: Alix Dudel, Gitarre: Sebastian Albert. NDR/Duo-Phon-Records 2011 (CD)

Mascha Kaléko. Texte von Mascha Kaléko. Musik von Dota Kehr. Kleingeldprinzessin Records 2020 (CD)

›in der fernsten der Fernen‹. Gedichte von Mascha Kaléko. Musik von Dota Kehr. Kleingeldprinzessin Records 2023 (CD)

V. ERGÄNZENDE LITERATUR

Arndt, Gudrun: Spaziergänge durch das literarische New York. Zürich/Hamburg 1997

Bauschinger, Sigrid: Else Lasker-Schüler. Biographie. Göttingen 2004

Berger, Friedemann/Hauschild, Vera/Links, Roland: ›In jenen Tagen‹ – Schriftsteller zwischen Reichstagsbrand und Bücherverbrennung. Leipzig/Weimar 1983

Bronsen, David: Joseph Roth. Eine Biographie. Köln 1993

Broszat, Martin/Frei, Norbert (Hrsg.): Das Dritte Reich im Überblick. Chronik – Ereignisse – Zusammenhänge. München 1989

Budke, Petra/Schulze, Jutta: Schriftstellerinnen in Berlin 1871–1945. Ein Lexikon zu Leben und Werk. Berlin 1995

Christoffel, Udo (Hrsg.): Berlin Wilmersdorf – Die Juden – Leben und Leiden. Berlin 1987

Dick, Jutta/Sassenberg, Martina (Hrsg.): Jüdische Frauen im 19. und 20. Jahrhundert. Lexikon zu Leben und Werk. Reinbek bei Hamburg 1993

Dinesen, Ruth: Nelly Sachs. Eine Biographie. Frankfurt am Main 1992

Fischer-Defoy, Christine: »... und die Vergangenheit sitzt immer mit am Tisch« Dokumente zur Geschichte der Akademie der Künste (West) 1945/1954 – 1993. Berlin 1997

Granach, Gad: Heimat los! Aus dem Leben eines jüdischen Emigranten. Augsburg 1997

Kauer, Marthe: Die Katakombe. Zürichs Literatenkeller 1940–1973. Zürich 1991

Liepman, Ruth: Vielleicht ist Glück nicht nur Zufall. Erinnerungen. Köln 1993

Mayer, Paul: Ernst Rowohlt in Selbstzeugnissen und Bilddokumenten. Reinbek bei Hamburg 1967

Nachama, A./Schoeps, J. H./Simon, H. (Hrsg.): Juden in Berlin. Berlin 2001

Oberhauser, Fred/Henneberg, Nicole: Literarischer Führer Berlin. Frankfurt am Main/Leipzig 1998

Rothschild, Walter: 99 Fragen zum Judentum. Aus dem Englischen von Götz Elsner. Gütersloh 2001

Schneider, Wolfgang (Hrsg.): Alltag unter Hitler. Berlin 2000

Scholl, Sabine: Sehnsucht Manhattan. Literarische Streifzüge durch New York. Düsseldorf/ Zürich 2004

Serke, Jürgen: Die verbrannten Dichter. Weinheim/Basel 1977; Frankfurt am Main 1983

Voß, Karl: Reiseführer für Literaturfreunde Berlin. Vom Alex bis zum Kudamm. Frankfurt am Main/Berlin/Wien 1980

Wall, Renate: Verbrannt, verboten, vergessen. Kleines Lexikon deutschsprachiger Schriftstellerinnen 1933–1945. Köln 1988

Woltmann, Johanna: Gertrud Kolmar. Leben und Werk. Göttingen 1995

WERKVERZEICHNIS

Im Buch zitierte Gedichte und Prosatexte (P); (N = aus dem Nachlass)

PERSONENREGISTER

BILDNACHWEIS

Deutsches Literaturarchiv Marbach am Neckar: S. 2, 12, 15, 22, 29, 30, 32, 60, 61, 63, 72, 101, 108, 144, 163, 182, 205

Adelheid Kleineidam, Berlin: S. 254

Landesarchiv Berlin: S. 244, 245

Fernand Raußer: S. 214

Jutta Rosenkranz, Berlin: S. 261

Barbara Schopplick, Berlin: S. 179, 188, 203

Autorin und Verlag danken allen Rechte-Inhabern für die Erlaubnis zum Abdruck der Zitate, vor allem Gisela Zoch-Westphal, Zürich. Die Veröffentlichung der Auszüge aus Briefen von Martin Heidegger an Mascha Kaléko erfolgt mit freundlicher Genehmigung von Dr. Herrmann Heidegger, Stegen bei Freiburg.